# 자본의 유령

DAS GESPENST DES KAPITALS
by Joseph Vogl

# 자본의 유령

요제프 포글 지음 ∥ 김지원·이준서 옮김

도서출판 길

# 자본의 유령

2023년 9월 5일 제1판 제1쇄 찍음
2023년 9월 15일 제1판 제1쇄 펴냄

지은이 | 요제프 포글
옮긴이 | 김지원·이준서
펴낸이 | 박우정

기획·편집 | 천정은
전산 | 한향림

펴낸곳 | 도서출판 길
주소 | 06032 서울시 강남구 도산대로25길 16 우리빌딩 201호
전화 | 02)595-3153  팩스 | 02)595-3165
등록 | 1997년 6월 17일 제113호


ISBN 978-89-6445-271-4 93300

# 차례

일러두기

• 각주는 모두 옮긴이 주이고, 원주는 미주로 실었다.

# 머리말

정치경제학은 언제나 유령학으로 기우는 경향을 품고 있었으며, 보이지 않는 손이나 기타 허깨비들로 경제적 사건의 행보를 설명해 왔다. 이는 아마도 순환하는 대상과 기호들이 도깨비같이 제멋대로 굴기 시작하는 경제과정이 지닌 모종의 섬뜩함 탓이리라. 18세기 이후로 시장의 메커니즘과 자본의 움직임은 수수께끼 같은 것으로 여겨졌으며, 이 수수께끼를 어떻게 푸는가가 곧 근대 사회들의 자기계몽 정도를 측정하는 시금석이 되어왔다. 이는 특히나 현대 금융경제의 운동과 구조에 유효하다. 비록 우리가 금융시장을 인간의 복리 후생의 상당 부분이 그 안에서 결정되는 조직으로서 파악할 수 있더라도, 실제로 그 안에서 정확히 어떤 일이 벌어지는지는 여전히 알 수 없는 채로 남는다. 이는 비단 이 과정에서 유효한 행동방식, 성향, 실무나 이론뿐만 아니라 숭고한,• 즉 표상

• '금전량'이라는 맥락과의 관련성만 따지자면 '엄청난'으로 번역될 수 있으나, 숭고(das Erhabene) 개념 및 그 한국어 번역 전통을 참고하여 '숭고한'으로 옮겼다.

할 수 없는 전체 금액으로 말미암아 현재의 사회상황과 세계상황의 동인이 되어버린 일반적인 역동성에도 해당한다. 세상만사가 금융 과정에 의해 결정되고, 그렇기에 더더욱 사건과 사건들이 어떤 규칙, 어떤 논리에 따라 연결되는지에 대해 극도로 이론이 분분하다는 사실이 한층 더 중요하다. 다름 아닌 지난 2000년대에 발생한 이른바 위기들이, 국제적 금융경제의 무대에서 이성적 행위자들의 효율적인 협력이 이루어지는 것인지, 아니면 순수한 비이성의 스펙터클이 벌어지는 것인지에 대한 의문을 유발했다. 어쨌거나 그 안에 불려 나온 자본주의의 '정신'이 믿을 만하고 합리적으로 움직이는지, 아니면 그저 미쳐 돌아가는지는 결론이 나지 않았다.

그 결과로 다중적인 해석의 문제가 생긴다. 말하자면 세계를 보는 경제적 시각이 상당히 오래전부터 사람과 사물의 관계를 특수한 방식으로 생각해 왔다시피, 경제학은 다시금 자신이 이를 통해 야기된 착종들을 이해가 가게 만들어야 한다는 과제를 부여받았다고 본다. 이때 우리는, 경제학적 지식이 스스로를 자신이 지난 3세기 동안 만들어냈던 경제적 사실들에 대한 해독解讀과 직면하게 만드는 — 해석학적으로도 — 곤란한 상황에 봉착한다. 앞으로 이 책에서 이루어질 고찰들은 이러한 상황을 다룬다. 이 고찰들은 18세기부터 현재까지의 경제학적 지식의 몇 가지 별자리와 관련을 맺을 것이며, 그러면서 — 금융위기나 주가 폭락crash처럼 — 금융경제의 진행 과정을 파악할 수 없게 만든, 일견 전례가 없어 보이는 사건들 주변을 맴돌 것이다. 그러나 이때 중요한 것은 현재의 경제 시스템이 필요로 하는 재편을 위한 처방전이 아니다. 오히려 관건은 현대 금융경제가 어떻게 자기 자신이 만들어낸 세계를 이해하고자 하는가를 이해하는 일이다. 여기에서 '자본의 유령'은 우리의 현재에 법칙들을 잉태시키는 바로 그 힘들의 상징으로서 출몰한다.

1장

# 검은 백조

## 코스모폴리스

2000년 4월의 어느 날, 뉴욕에서였다. 아직은 월드 트레이드 센터의 쌍둥이 타워가 서 있었다. 미국의 경제는 100달이 넘도록 멈추지 않고 성장했고, 다우존스 지수가 막 사상 최고 기록에 도달해서 11,000포인트를 넘어섰으며, 나스닥의 전자거래가 본격적인 랠리로 추진되고 있었다. 동이트자 유엔 본부 근처 트럼프 월드타워 꼭대기 층에서는 이스트 강과 퀸즈 구역의 교각들과 굴뚝들을 넘어 연무와 갈매기 떼를 저 아래로 깔고, 교외 너머 아득한 곳까지 한눈에 들어온다. 스물여덟 살 먹은 한 억만장자이자 펀드매니저는 잠 못 이룬 밤을 지내고 나서 — 자신이 유년시절을 보낸 지역인 — 초라한 웨스트사이드에 있는 이발소에 들르려고 맨해튼의 이스트사이드 너머에 위치한 이 아파트를 나서기로 마음먹는다. 그는 개인용 엘리베이터 중의 하나를 타고 아래로 내려가서, 자신의 터무니없이 긴 흰색 방탄 리무진에 탄다. 리무진에는 방음 코르크, 감시 카메라,

세계 뉴스와 시세 차트를 위한 수많은 모니터가 장착되어 있다. 운전기사와 보안 및 기술 팀장이 이미 대기하고 있다. 승용차는 47번가에서 서쪽으로 향하는 길로 굽어 들어가서, 주거 구역들을 지나쳐 가며 밤늦게까지 오디세이아라는 칭호에 걸맞은 일련의 모험과 혼란스러운 일들에 빠져든다. 펀드매니저는 아내와 이런저런 애인들을 만난다. 국제통화기금 총재 살인 사건이 보도되고, 마찬가지로 러시아 신흥 재벌의 하나인 미디어 기업가 살인 사건도 보도된다. 그는 이 젊은 억만장자의 친구였다. 교통이 정체되는 와중에 그는 파크 가와 매디슨 가를 건너고 옛 유대인 구역을 가로질러서 브로드웨이 인근의 극장 구역에 도달하는데, 거기에서 지구화 반대 시위의 소요 때문에 지체된다. 한 투자은행의 입구에서 폭탄이 터지고, 어느 젊은 남자의 분신을 보게 되며, 조금 뒤에는 그 투기업자 자신이 케이크 투척 테러의 희생자가 된다. 갑자기, 별다른 이유도 없이 그는 자신의 보안팀장을 살해하고, 그런 다음 부두 근처에 있는 유년 시절의 이발소에 도착한다. 그는 다시금 이유도 없이 황급하게 이발소를 떠나고, 300명의 발가벗은 엑스트라들과 함께 야간 영화 촬영에 휘말리게 되고, 우연히 그리고 마지막으로 아내를 만난다. 어느 황량한 폐가에서 예전 직원 하나가 그를 기다리고 있는데, 그는 결국 그 남자가 자신을 살해할 자임을 알아챌 수밖에 없게 된다.

돈 드릴로Don DeLillo의 2003년작 장편소설 『코스모폴리스』*Cosmopolis*는 이 해괴한 이야기로 우리를 현대 금융시장의 무대공간 속으로 데리고 가고, 현대 금융시장의 서술 가능성이라는 질문에 손을 대고, 이를 위해서 금융경제와 그 종사자 및 작동의 수수께끼를 달리 표현한 일련의 서사적, 논증적 비유들을 동원한다. 장편소설 『선수들』*Players*, 1977에서 이미 금융업과 증권투기의 서사적 파악 문제에 몰두했던 드릴로는 『코스모폴리스』에서 뉴욕의 한 투기업자가 이발소에 가는 하루 여정으로 아직도 여전히 자본주의라고 부를 수밖에 없는 것의 인지방식과 문제상황들의 일람표로 귀결되는 형상화 방법을 선택한다. 이것은 주인공의 프로필에도 해당된다. 그는 현대 금융자본의 알레고리가 되게끔 농축되고, 이때 역사적인 준거 대상들뿐만 아니라 최신의 경제 이론적 발상들도 불려 온다. 동시에 드릴로의 소설은 비대한 사건 덩어리로 어떻게 오늘날 세계경제의 징후 속에서 사건들이 사건들과 연결되는지에 대한 근본적인 질문을 던지는 서술방식을 추구한다. 이는 또한 이 자본주의 경제 자체인 저 운명의 영향력에 대해서 질문할 기회도 제공한다.

## 자본주의 정신

그래서 드릴로의 펀드매니저 겸 투기업자는 우선 본보기가 되고 오랫동안 입증된 속성들 몇몇을 끌어모은다. 이 속성들은 적어도 200년 전부터 금융 및 증권 투기업자들의 이력과 동반해 왔으며 그들의 특징을 보장해 왔다. 가차 없는 효율성의 전설과 맹수의 본능, 그리고 "젊고, 명민하고, 늑대들에 의해 키워져서" 금융자본주의의 위험성을 체현하는 본보기들의 명성으로 무장한 채, 그는 발자크Honoré de Balzac의 작품들에 나오는 금전거래업의 "용병"Condottieri, "해적", "늑대인간"들에서부터 마르크스가 말하는 신용거래의 방랑기사들을 거쳐서 현재의 외환시장의 "미친개"mad dog, "주식 중개 사기꾼"rogue trader, "이리 떼"Wolfsrudel에까지 이르는 계열에 자기 자신을 끼워 넣는다.[1] 게다가 드릴로의 프로타고니스트는 에릭 패커Eric Packer라는 정력적인 이름으로 자신을 최신 금융자본의 성격가면Charaktermaske으로서 — 아니면 꿈이나 비전이라고 하는 편이 더 낫겠다 — 내보인다. 그는 그저 잠이 없고 지나치게 각성 상태인 데다 과도하고 조증적으로 행동하는 것만이 아니며, 어디에나 있으면서도 어디에도 보금자리가 없을 뿐만 아니라, 지구화의 오디세우스이자 통화通貨의 코스모폴리스의 세계시민이기만 한 것도 아니다. 그는 오히려 물질적인 세계의 둔중함, 신체상태와 소유상황들의 제국 자체를 유기하고픈 욕망을 통해서 두드러진다. 그는 사용가치들이 소멸하고 지시적 차원이 사라져버리기를 꿈꾸며, 세계가 데이터 흐름들로 해체되는 것과 이진법 코드의 독재를 꿈꾼다. 그리고 그는 영원한 빛으로, 즉 모니터에 뜬 차트의 광채와 깜박임으로 바뀌는 사이버자본의 영성을 신봉한다. 그것은 극단적이고 궁극적인 성체변화Transsubstanziation의 꿈이다. 이미 에밀 졸라Emile Zola의 중시 장편소설 『돈』*L'Argent*에서 숭고하리만치 엄청난 거금의 시인들이 이야기되었다시피, 여기에서는 최근의 변화, 즉 새로운 세대의 상징 전문가들의 저주받은 시인들poéte maudit이 관련된다. 그들은 신들린 상태를 도를 넘는 행동과 조합하고 돈의 "혼잣말"(87), 즉 기호와 정보의 자유롭고 인공적이며 자기중심적인 유희에 몰두한다. 코르크로 마감된, 그러니까 마르셀 프루스트Marcel Proust의 격리된 집필실을 연상시키는 사무실-리무진처럼 나머지 세상에 대해서 밀폐된 채로 말이다. 마지막으로, 여기에서는 나머지 시간에 대한 미래의 공격이 완수된다. 구어의 어휘와 개념들은 — 언젠가 이야기되었듯 — 여전히 역사적인 의미의 찌꺼기들로 지나치게 뒤덮여 있으며, 너무나도 "둔중하고" "반反미래지향적"이다. 이에 비해서 증권기계와 외환기계의 진동자들이 좌우하는 나노초의 박자에서는 역사의 흔적들이 말소되고, 미래형과 그 파생형•들의 소용돌이 속에서 파기된다. — 현재는 "통제받지 않은 시장과 그 거대한 투자잠재력들의 미래에 자리를 만들어주기 위해서 세계로부터 흡수된다. 미래는 급박해진다."(90) 시장이 과거도 아니고 현재도 아니라 오로지 미래의 수익 전망들에만 관심을 보이듯이, 이 자본의 꿈 또한 망각이다. 그 꿈은 미래의 권력을 다루며, 역사의 종말에서 성취된다.

가장 현대적인 금융자본의 미스터리들에 직면해서 드릴로의 소설은 분명히 예전 자본주의 정신의 요소들을 새로운 자본주의 정신의 요소들과 조합한다. 왜냐하면, 한편으로는 이때 요제프 슘페터Joseph Schumpeter가 언젠가 혁신 중독, 즉 자본주의적 기업가 시대의 세계구조와 경제구조의 지속적인 혁명화를 에둘러 표현할 때 썼던 저 창조적인 파괴의 과정이 토의되기 때문이다. "과거를 파괴하고 미래를 창조하라."(103) 자본의 힘은 단 한 번도 보존적이거나 '보수적'인 적이 없었다. 그러나 다른 한편으로 그 힘들은 생산 자체의 영역으로부터 떨어져 나왔다. "기술과 자본"(31)의 동맹과 더불어서 시장의 문화는 총체적일 뿐만 아니라 무중력인 상태가 되었다. 자본의 운동은 자신의 한계를 벗어나며, 부富의 물질적인 현상형식들로부터 자신을 해방하고, "손에 쥘 수 있는 돈과 지리地理 너머의 시간"(45) 속에 정착한다. 그것은 자기 자신의 역동성과 유동성

---

• 각각 선물(Futur)과 파생상품(Derivat)을 뜻할 수 있는 어휘를 활용하고 있다.

표준들을 마음대로 결정하고, 모든 지역적, 사회적 또는 정치적 토대에서 벗어난다. 그리고 그것은 이 과정에서 소요와 무정부 상태마저도 자신의 체계의 생명력 넘치는 표현으로서 흡수할 수 있으며, 저항을 자유로운 시장에 대한 환상으로서, 자본주의 비판을 자신의 일관된 자기최적화로서 장부에 올릴 수 있다. "저항은 체계적 위생의 한 형태였다 〔…〕. 그것은 시장의 문화에 또 한 번, 수만 번째로 스스로를 자신의 유연한 목표들로 변형하고 그러면서 주변의 모든 것을 받아들이는 혁신적인 솜씨와 능력을 증명해 주었다."(110) 이 시스템은 — 드릴로의 명제 소설•은 이렇게 시사한다 — 저항 속에서 스스로를 개혁하고, 자신의 적대세력을 포함하며, 즉발적인 행동을 통합해서 — 전적으로 뉴 매니지먼트New Managements의 의미에서 — 본연의 창조성의 보호지구로서 자신을 완벽하게 만든다. 전체 사건이 언젠가 한 슬로건으로 불거진 것은 우연이 아니다. 그 슬로건은 — 시위대가 어느 투자은행 건물의 전면에 걸려 있는 증권 시세 전광판 위 디스플레이에 써놓았다 — 『공산당 선언』의 유명한 첫 구절을 슬쩍해서 바꿔놓으며, 이로써 자본주의 정신을 그것의 예전의 '유령 같은' 적수와 혼동하기 쉽게 만든다. "한 유령이 세계를 배회하고 있다 — 자본주의라는 유령이."(107).

## 안전장치 해제

신구의 자본주의 분석들의 고전적인 관용구들을 이렇게 문학적으로

• 특정한 명제를 제시해 사회, 경제, 정치, 종교 등의 문제를 다루는 장편소설을 일컫는다.

짜깁기한 것은 — 그것은 족히 마르크스와 엥겔스에서부터 슘페터를 거쳐서 보드리야르나 볼탄스키, 치아펠로, 리프킨에까지 이를 수 있겠다[2] — 최근의 산업 혁명에 대한 일람표에 딱 들어맞는다. 이 혁명은 증기기관의 지배와 자동화 체제 이후로 "디지털 명령Imperativ"을 따르며, 이로써 "이 행성에 사는 수십억의 사람들의 모든 호흡을"(33) 결정하고자 한다. 그 배경은 실제로 기술적-경제적 변혁이다. 이 변혁은 전자 증권시장의 설립, 1980년대 이래의 컴퓨터 거래 확산, 네트워크의 확대, ISDN• 의 도입, 300메가헤르츠로의 주파수 대역 전환을 통해 완수되었고, 자본교류••에서 지수의 유동성이 커지도록 만들었다.[3] 그러나 드릴로의 장편소설에서는 정보기술과 금융자본으로 만들어진 이러한 도취경적인 연결의 중심에 한 사건이 놓여 있다. 이 사건은 곤혹스러운 방향으로 접어들고, 이때 완전히 황당무계하고 이치에 맞지 않는 진행 과정을 겪으며, 현재의 금융경제 시대에 세계란 무엇을 의미하는가에 대한 해석을 제공한다. 한편으로 이것은 서술된 사건들의 행보 자체에 해당한다. 왜냐하면, 드릴로가 그려낸 자본의 알레고리가 지나는 길은 단지 호화로운 주거타워의 89층에서부터 초라한 뒤뜰의 땅바닥으로만 인도하지 않고, 단지 동

• 디지털 원격통신망 국제 표준 Internationaler Standard für digitale Telekommunikationsnetze의 약어이다.

•• Kapitalverkehr: 원어의 Verkehr는 일반적으로 '교류', '교통' 등으로 번역될 수 있으며, 소통의 비물질적이며 물질적인 측면을 모두 포괄하는 명사이다. 인적이고 사회적인 교류와 화폐 및 신용 등을 통한 경제적 교류 양자에 동일하게 적용되는 것이다. 후자는 '거래'로 번역되는 경우도 많으나, 인문학, 사회학과 경제학, 정치학 사이에 선을 긋지 않고 넘나드는 이 책의 맥락을 고려해 번역어로 보다 일반적이고 포괄적인 의미를 지닌 '교류'를 그대로 살렸다.

쪽에서 서쪽으로만 인도함으로써 아메리칸 드림의 방향을 따르지도 않으며, 단지 삶에서 죽음으로의, 교환 불가능한 것으로의, 모든 거래의 종말로의 선만 그리지도 않기 때문이다. 현대의 또 다른 율리시스처럼 온종일 메트로폴리스를 헤매고 다니고 나서, 드릴로의 프로타고니스트의 궤도는 오히려 서사시적인 행보와 옛 방황의 진행 형식으로 되돌아가라고 지시한다. 이것은 호메로스에 대한 혼성모방Pastiche이라는 결과를 낳고, 오디세우스의 숙명과 그 변형들에 대한 연상을 불러일으킨다. 이때 노스토스nóstos의 길, 즉 기나긴 귀향의 우회로는 드릴로의 작품에서 유년기의 구역으로 향하는 치명적인 행로가 되었고, 남쪽 바다에서 온 영웅들의 탈것은 안전하지 않은 대도시 거리의 방탄 자동차가 되었다. 뜨개질하는 페넬로페는 시를 짓는 백만장자 상속녀로 귀환하고, 우리는 결말 부분이 아니라 중간중간에, 여러 차례, 완전히 우연히, 그녀와 마주친다. 나우시카, 키르케, 칼립소와 세이렌들, 신탁과 괴물들은 여성 경호원, 옛 애인과 말발 좋은 여성 인문학자, 행위예술가, 마스크를 쓴 시위대와 실직한 컴퓨터 공학자의 형체를 띤다. 그리고 단테의 작품에서 영악한 오디세우스에게 남겨놓은 지옥•은 드릴로의 장편소설의 결말에 나오는 끝없이 연장된 죽음의 순간의 암울한 광경에서 실현된다.

드릴로에게서 나타나는 이러한 서사적 경향은 일관되게 — 헤겔의 말로 하자면 — 결코 근대 소설문학의 "산문이 되도록 정리된 현실"을 전제로 하지 않는다. 그것은 오히려, 그저 느슨하고 에피소드적으로 연결될

• 단테의 『신곡』에 나오는 총 9개의 지옥 중에서 여덟 번째 지옥을 가리킨다.

따름이며 외적인 힘과 고난들임이 분명히 드러나고 재앙이 되고 마는, 서로 뒤얽히면서 운명적인 것으로 고조되는 사건들의 세계로 인도한다. 그러므로 서사적 사건은, 그것이 헤겔에 따르면 조직된 사회, 제도화된 공공조직, 법적인 질서와 전혀 부합하지 않는 만큼이나,[4] 드릴로의 소설에서 불가항력적인 위험 영역으로 들어가는 진입구를 표시한다. 소설의 첫 부분이 노골적으로 과장된 방식으로 시스템 안전성, 예방, 리스크 평가, 감시, 위험 방지에 대한 물음들을 축적해 가는 반면에 — "우리 시스템은 안전해"(20) — , 사건의 진행은 안전장치가 점점 더 해제돼 가는 과정이나 다름없다. 미합중국의 대통령, 즉 이 절대적 국가권력의 최종 대표자는 고작해야 "언데드"(87)의 이미지로서만 존재한다. 이러한 상황을 우의적으로 보여주는 것이 프로타고니스트가 자신의 보안팀장이 지닌 자동 권총의 안전장치를 암호를 사용해 해제해 버리고는 그야말로 느닷없이 그를 쏘아 죽임으로써 보안 체계가 자기 자신을 겨누도록 돌려놓는 순간이다. 이로써 드릴로의 자본의 알레고리가 걷는 길은 *선을 넘어*버리고 문명 내부의 야생 영역으로 이끌어간다. 이 야생의 영역은 갑작스러운 습격과 공격의 리듬으로 폭력적인 자제력 상실의 징후를 띠고 있으며, 게다가 야만적인 것의 속성들을 갖추고 있다. 이것은 화병火病, hwa-byung이나 수스토,* 아목**의 세계이며, 한국이나 카리브의 섬들, 말레이시아에서 어

* 수스토(susto): 스페인어로 "공포"를 의미하며, 트라우마적 사건의 영향에서 벗어나지 못하고 끊임없이 그로 되돌아가는 심리 현상을 가리킨다. 우울, 거식, 불면과 불안 등의 증상이 나타난다.

** 아목(amok): 말레이시아어로 "분노한", "극렬한" 등을 의미하며, 한 개인이 심적으로 불안정한 가운데 살인 목적을 갖고 무차별적으로 다수의 타인을 공격하며 자기 자신의 생명의

떻게 억압된 분노나 순전한 경악, 공황 발작이 토착민들에게서 사슬 풀린 폭력성으로 폭발하는가에 대한 상징이 된 바로 그 문화 관련 증후군들의 세계이다.[5] 그리고 이것은 정동Affekt의 원초풍경에 대한 캐리커처를 결과로 낳는다. 그곳에서는 "광신적인 열대"(37)의 무절제Exzess가 자기 사지 절단, 대량 학살, "붉은 살덩어리"(23)의 호러와 뒤섞인다. 드릴로의 프로타고니스트는 종국에는 "예정된 사건의 힘"(158)에 순응하고, 마치 "운명의 원칙"(118)에 그러듯이 임박한 죽음에 굴복한다. 투기업자라는 명칭이 한때 위험과 불운을 살피기 위해서 망을 보던 저 로마의 경비초소(파수꾼speculari)에서 기원했다면, 이 감시자나 "보는 자"(55) 자신으로부터 "위험한 인간"(27)의 유형이 생겨났다. 그는 결국에는 — 그리고 이야기의 경사선Neigungslinie에서 — 모든 위험상황을 끌어들이는 자가 되어 있다. 강탈당하고, 내쫓기고, 발가벗겨져서 말이다.

## 묘사 불가능성

그러나 다른 한편으로, 태고의 위협, 무절제한 폭력, 죽음에 매몰된 상태의 이러한 연쇄는 명백히 전지구적 자본 교류의 운동에 의해 좌우되는 단 하나의 사건구조를 반복한다. 말하자면 맨해튼의 거리를 가로지르는 방황 내내 그 젊은 펀드매니저는 일본 엔화 가치의 하락에 투기하고, 이때 이른바 기업담보 차입매수leveraged buyout•라는 그야말로 가장 공격

---

위험도 감수하는 비합리적 행태를 가리킨다.

• 매수회사가 매수 자금의 상당 부분을 피매수회사의 자산을 담보로 해서 차입한 자금으로 충당하여 기업을 매수하는 방식을 지칭한다.

적인 자금 운용 중의 하나를 수행한다. 부연하자면, 이것은 융자에 의존한 기업 인수로서, 이 경우에는 — 최근에 포르쉐/폭스바겐과 셰플러/콘티넨탈의 경우처럼 — 차입 재정조달을 통해서 수익 전망이 높은 기업의 지분을 대거 사들인다. 드릴로의 장편소설에 나오는 패커 캐피털Packer Capital을 예로 삼자면, 이는 — 엔화 환율이 떨어지기를 기대하고서 투기 수익을 추가적으로 극대화하기 위해 — 금리가 낮게 책정된 엔화 융자로 잠재적 수익이 높은 주식들을 대규모로 매집하는 것을 의미한다(캐리 트레이드carry trade). 그리고 이 과정에서 전대미문의 예기치 못한 일이 벌어지는데, 그것이 이 소설의 본래의 갈등플롯Intrige이다. 드릴로의 프로타고니스트를 죽음에 이르기까지 이 사건에서 저 사건으로 끌고 다니는 불규칙한 궤도는 불규칙한 시세 변동으로 인해 배가된다. 불규칙한 시세 변동과 더불어서 일본 엔화의 가치가 "기대와 반대로(기대를 거슬러)"(16) 막을 수 없게, 점점 더 계속 상승해서, 결국에는 패커 캐피털의 자본이 고갈되고 그 CEO는 파산한다 — 여기에서도 역시 치명적인 결말을 지닌 방황이다. 결국, 드릴로의 장편소설은 이러한 엔 캐리Yen Carry와 더불어서 뭔가 전혀 생각할 수 없고 부조리한 일이, 즉 뭔가 그 어떤 개연성 있는 시나리오에도 맞지 않고 그 어떤 수긍할 만한 현실도 더 이상 지시하지 못하는 "통제 불능 상태에 빠진"(96) 일이, 전이되면서 혼란스럽게 일어난다는 점에 의심할 여지를 남겨놓지 않는다. 세계 상황은 식별하기 어려워졌다. 근대와 현대 소설의 악명 높은 세계함유성Welthaltigkeit이 어떻게 그리고 어떤 규칙들에 따라 사건들이 배열되는가라는 질문과 연결되어 있다면, 드릴로의 장편소설은 의고주의들이 가장 현대적인 모습으로 귀환하는 것을 기록하고, 엄청나게 큰 위험성의 상징이 되어버린 사건의 폭풍을 통해서 금융경제 시스템의 세계가 특징지어진다는 의심을 품는다. 주식 거래와 날것 그대로의 폭력의 숙명성 — 여기에서는 10년은 족히 전에 "아메리칸 사이코"라는 제목을 얻었던 사건구조물의 변형이 나타난다. 어떤 경우든 금융시장의 난기류와 원초적인 위험의 영역은 서로를 반영하며, 외환 시세의 역동성을 서사적인 운명의 구조물로 변환하고, 가장 개연적이지 않은 것의 틈입에 견주어서 자신을 평가하는 서술논리적 프로그램을 각인한다.

그렇지만 이러한 시세 변동의 묘사 불가능성은 — "여기에서 벌어지는 일은 묘사되지 않는다"(29) — 비단 "인지의 한계에 대한 공격"(30)을 뜻할 뿐만 아니라 이로써 상상할 수 없는 금액의 숭고한 크기를 뜻하기도 한다. 그 어떤 감각적인 형태에도 흡수되어 사라지지 않고, 예컨대 2000년에 매일매일 1.9조 달러가 뉴욕 시의 전자 네트워크들을 통해서 흐르고 1990년대에 벌써 2주마다 거기에서 세계 전체생산의 총액이 거래되었다는 사실만으로도 이미 일깨워지는 경제적 숭고함 말이다.[6] 증권업자들의 관용어로 말하자면, 우리는 여기에서 오히려 "특별한 상황"(49)과 관련된 것이며, 예견할 수 없고 변덕스러우며 전조 없이 들이닥치는 저 개연성 없고 흔치 않은 사건들과 관련된 것이다. 오랫동안 정체가 드러나지 않은 채 "괜찮은 사람"이자 좋은 "오랜 이웃"으로서 곁에 살던, "미치광이 살인마"의 행위처럼 말이다.[7] 이것에 대해서는 또한 "검은 백조"의 이미지가 예약되어 있기도 한데, 이 이미지는 첫째, 모든 예상과 예상 가능성의 바깥에 놓여 있고, 둘째, 극도로 치명적인 영향력을 발휘하며, 셋째, 명백한 해명 필요성을, 즉 연관성과 맥락과 설득력에 대한 사후적인 탐색을 도발하는 개별적인 사건을 의미하고자 할 때 동원된다. 근대의 자연사 지식에서 검은 백조란 완전히 불가능한 것으로 보였고 그래서 문제가 있는 귀납적 추론의 상징이 될 수 있었듯이, 여기에서도 검은 백조는 사건들의 선형적인 연속을 중단시키고 고립적일 뿐만 아니라 믿을 수 없고 격렬한 사건, 즉 과도함 속의 우연성을 결과로 남기는 비약을 지칭한다.[8] 이러한 에피소드적인 사건 경과의 마지막에서 어쨌거나 두 가지가 발생한다. 한편으로는 투기적인 실책이 시스템 자체를 불안정한 상황에 빠뜨렸고, 전지구적인 위기라는 돌발사건을 야기했다. "그는 그것이 엔화 때문이라는 것을 알고 있었다. 엔화를 가지고 한 그의 사업들은 카오스의 폭풍을 불러일으켰다. 그가 과도하게 차입으로 자금을 조달했고leveraged, 그의 회사의 유가증권 현재고가 너무나도 크고 사방으로 뻗어 있었던 데에다, 너무나도 많은, 서로 손해를 끼칠 수 있는 핵심기관들의 사안들과 사활을 걸고 연결되어 있었기에, 시스템 전체가 위험에 빠져버렸다"(126~127). 실제로 신경제New Economy 시장이 2000년 봄에 유사한 이유들 때문에 붕괴했으며, 기술주 시장인 나스닥은 같은 해 4월의 첫 2주에 27퍼센트의 시세 급락을 겪었고 어찌할 바 모르는 분석가들을 남겨놓았다.[9] 다른 한편으로 이때 자칭 예언자들과 투기업자들이 극도로 명백한 실명 상태였음을 시인해야만 했다. "나는 엔화를 꿰뚫어 보지 못했다."(201) 세계는 읽어낼 수 없고, 세계의 연관관계는 불분명하며, 추세는 방향성을 상실했고, 일련의 시가와 지불 사건은 그 어떤 인식 가능한 표본에도 들어맞지 않고 동기가 부여된 진행 방식을 상실한다. 2000년

봄의 금융위기의 정점에서 드릴로의 프로타고니스트는, 오랜 기간 미국 연방준비제도이사회 의장을 맡았고 통제되지 않는 금융시장의 고집 센 옹호자인 앨런 그린스펀Elan Greenspan조차 8년 뒤에 스스로 이의를 제기해야만 했던 불편한 상황에 빠져들었다. 그린스펀 자신의 "세상을 보는 시각", 자신의 "이데올로기", 그리고 오랫동안 유효했던 자명성이나 해석들이 더 이상 작동하지 않는 상황에 말이다. 금융경제의 "지적인 건축물 전체"가 붕괴했다.[10]

드릴로의 『코스모폴리스』는 당연히 이러한 불규칙하고 일견 불합리한 움직임들로 20세기에서 21세기까지 이르는 금융위기의 급박한 박자를 인용한다. 1987년의 주가 폭락에서부터 1990년의 일본 위기, 1994년의 연금시장 붕괴, 1998년의 러시아 위기를 거쳐서 2000년의 이른바 테크놀로지 거품 혹은 닷컴 거품이나 2007년과 2008년 이후로 계속되는 재앙에 이르기까지 말이다. 죄다 그 어떤 경제적 개연성에 따르더라도 원래 전혀 일어나지 않아야 했거나 기껏해야 수십억 년에 한 번꼴로나 일어날 수 있었을 사건들이다. 그리고 드릴로는 이로써 어쩌면 1990년대의 달러 대비 엔화 시세가 띤 뜻밖의 투기적인 경향 역시 환기하고 있는지도 모른다. 당시에 엔화의 상승은 일본 경제에 혹독하고 지속적인 손해를 입혔고 1998년에서 2000년 사이에 파괴적인 방식으로 반복되었다.[11] 그러나 이야기는 매우 명백하게 특히 한 사건을 맴돈다. 이 사건의 묘사와 더불어 서술된 세계의 응집성과 경제 시스템의 합리성이 똑같이 위험에 직면한다. 여기서는 "추적되고 분석될 수 있는", "설득력 있는 현실들"의 존속이 문제가 된다.(95) 여기서는 금융시장의 동향들을 파악하고 "예측할" 수 있는 "묘사 가능성의 기술들"이 문제가 된다.(86) 그리고 여기에는, 엔화의 수수께끼 같은 환율 및 그 파괴적인 효과들과 더불어서, 일종의 전례 없는 사건성이 있다. 이 사건성은 모든 해석학적 노력에 도전장을 던지고 자그마치 이 일이 벌어진 충분한 이유에 대한, 즉 그 연결 형태, 동기, 기대 가능성 및 가능하거나 개연성 있는 경과에 대한 질문을 던진다. "엔화는 우리에게 무엇인가를 말해주죠. 그걸 읽어내 보십시오."(29) 어떤 사건이 현재 시가時價인지, 무엇이 그 시가에서 표현되는지, 시가는 어떻게 변동되고 앞으로 어떤 길을 택할 것인지, 사건들이 얼마나 필연적으로 또는 우연히 다른 사건들과 연결되는지, 이런 일이 얼마나 비약적으로 또는 선형적으로 벌어지는지 — 이 모든 것이 드릴로의 서사적 갈등플롯의 핵심에, 그뿐만 아니라 앎에 대한 금융경제적 의지의 초점에 놓여 있는 질문들이다. 문학적 텍스트와 투기적 기호유희는 똑같이 독해 문제를 제기한다. 여기에서는 예측할 수 없는 것의 돌발, 그리고 경제적 이성의 시스템 혹은 이 시스템의 이성을 시험에 들게 하는 — 다시금 그린스펀의 말로 하자면 — 비이성적 과열irrational exuberance의 역학 혹은 비이성적 과잉이 문제가 되고 있음이 명백하다.

## 당혹감

이는 필연적으로 경제적 지식 자체 내부의 모종의 당혹감에, 여기에서 여전히 경제적 세계의 응집성이라는 생각이 표명되는지, 된다면 어떻게 그렇게 되는지에 대한 미결의 난제에 주의를 환기한다. 왜냐하면 근본적으로 경제학, 즉 우리 시대의 이 교의론은 현재의 금융업에서 벌어지는 일들과 사건들의 궤도를 해명하기 위해서 완전히 상이하고 모순되는 해석들을 준비해 놓고 있기 때문이다. 그중의 첫 번째 것은 정교주의적orthodox 성격으로, 시카고학파의 시장 근본주의로 소급되며, 스스로를 효율적 시장 가설Efficient Market Hypothesis이라고 명명한다. 이에 따르면 시장 상황을 그 자체로서, 그리고 가장 순수하게 대변하는 것은 바로 금융시장들이다. 거래비용 걱정도 없고 생산에 드는 노력과 운송 부담도 없이, 금융시장은 합리적이고 수익지향적이며 그래서 신뢰할 만한 경제 행위자를 갖춘, 가격 형성 메커니즘 및 완벽한 경쟁을 위한 이상적이고 마찰 없는 무대이다. 그러한 까닭에 이 시장에서의 그때마다의 가격과 가격 동향은 또한 얻을 수 있는 모든 정보를 직접적이고 남김없이 반영하기도 한다. 최적의 시장조건과 경쟁조건 아래에서 모든 행위자가 — 신속성과 접근성 범위의 견지에서 — 모든 시세 관련 정보에 대한 동일한 접근권을 소지하는 한, 현재 호가들은 그때마다 경제적 사건의 진실을 정확하게 표현한다. 상응하는 자산은 결코 실제로 저평가되거나 고평가되지 않는다. 그리고 만약의 오류와 비효율들, 즉 실제 수익과 기대 수익의 큰 격차들은 그저 시장의 자유로운 움직임에 대한 다양하고 불쾌한 방해들 탓이며, 기껏해야 신속하게 다시 수정될 따름이다. 이 학파의 시조 중의 한 명인 유진 파마Eugene Fama는 2007년에만 해도 "거품"이라는 개념과 사태가 금융시장에서는 근거 없고 터무니없음이 확실하다고 여겼다.[12] 이에 따르면 모든 위기와 불경기는 적응기에 불과할 테고 경제적 이성의 냉엄한 진행을 기록할 뿐이다. 시장 자체는 실제적인 것이며, 따라서 이성적인 것 그 자체이다.

다른 해석은 약간 덜 보수적이지만 그렇다고 덜 정교주의적이지는 않다. 이때 — 지극히 상이한 금융위기들의 예에서 — 실제로 거품이, 예금 인출 사태runs, 파산busts, 호황booms이, 금융공황이나 열광적인 점진적 상승이 언급된다. 그리고 이러한 의미(론)들로 이미 17세기부터, 그러나 특히 19세기 이후부터 상품시장의 모든 합법칙성들, 경제적 합리성의 원칙들, 이른바 실물경제의 토대로부터 근본적으로 분리되어 나온 투기업의 명백한 비합리성이 지칭되었다. 이미 대니얼 디포Daniel Defoe가 주식투기꾼stock jobber은 온갖 종류의 현혹과 기만에 대한 면역력이 없음을 증명했고, 주식 거래 전체에서 완전히 어리석은 짓거리에 한계가 없음을 확인했다. 그리고 나중에는 주식 거래와 투기 거래가 — 네덜란드의 튤립 광풍에서부터 영국의 남해 거품South-Sea Bubble이나 프랑스의 미시시피 거품Mississippi-Blase에 이르기까지 — 집단 광기, 군중 현상, 맹목적인 모방 본능의 효과에 대한 본보기적인 무대로 인식되었다. 마지막으로, 이들은 바로 이 금융시장의 높은 변동성을, 큰 시세 동요는 합리적인 기대를 따를 수 없으며 그래서 이 시장 자체가 극도로 오류투성이이고 비효율적이며 불규칙하게 작동한다는 데에 대한 근거로 보려고 했다.[13] 전적으로 일관되게 여기에서는 필연적인 고평가나 저평가들이 확인되는데, 이는 결국 고유의 것이 아니라 외부적이며 경제와 거리가 먼 요인들, 즉 감정, 미숙한 행동, 도박꾼 행태, 탐욕 또는 단순히 이성 결여의 작용이라고 역추적될 수 있다. 이에 따르면 최근의 붕괴에 이르기까지 금융시장과 증권거래소는 본격적인 포함Inklusion 문제와 씨름하고 있다. — 지나치게 많은 게임 참가자가 너무나도 비전문적인 활동들을 벌이고 있거나 불투명한 성향들을 품고 있으며, 이것들은 함께 비합리적인 움직임들을 방출하고 이따금 다름 아닌 경제적 예외상황들을 만들어낸다. 그러므로 시장은 여기에서 효율적이지도 않고 합리적이지도 않으며, 그저 아무것도 모를 뿐이다.

금융시장에서의 가격 동향이 끊임없이 거듭해서 난기류와 순수한 분자적 비산飛散으로 묘사되었던 점을 논외로 하면,[14] 여기에서는 비단 학파 사이의 다양한 견해들의 불일치뿐만 아니라 무엇이 지불 사건들을 지불 사건들과 연결하는지, 어떤 힘들을 통해서, 어떤 이성 또는 비이성을 통해서 금융경제적 사건, 그 역학, 변칙들에 동기가 부여되는지에 관한 분명한 의견 불일치가 기록될 수 있다. 게다가 이러한 문제상황은, 경제적 기호 유희가 무엇을 지시하는가, 시세 동향과 호가의 연쇄는 무엇을 지시하는가 — 그러니까 증권시장과 금융시장에서의 가격 내지 가격 변동의 연속은 어떻게 읽어야 하고 해석해야 하는가, 그리고 그것들은 어떤 재현적인 힘을 내포하고 있는가 — 라는 질문을 통해서 더욱 복잡해진다. 이러한 기호학적 질문에 직면해서 우리는 다시금 금융경제 지식의 고유한 분열성을 확인할 수 있다. 왜냐하면, 한편으로는 이른바 *기본 분석* Fundamentalanalyse이 금융시장에서의 가격 동향을 기저 경제데이터들, 즉 생산성이나 수익 상황, 비용구조, 기대 배당금, 어음 할인율, 경상수지, 구매력 같은 요인들과 일치시키는 데에 집중하기 때문이다. 기호학적 사건들에 대한 근거 있는 지시대상이자 사실적 혹은 객관적 가치지향을 나타내는 요인들 말이다. 이를테면 고전적인 이러한 견해에서는 금융가격과 증시 호가들이 장기적으로 기업이나 전체 국민경제의 내재적 가치 주변에서 진동하고, 시장에서의 경기와 추세들이란 그저 자신의 진짜이자 실제인 기저가치를 결국 관철해 낼 무언의 경제 현실의 다소 직접적인 표현일 터이다.[15] 그러므로 외환시장과 주식시장의 동향, 그것들의 기호와 호가들은 실질적인 지시체계를 위해 투명해지고, 기초적인 경제데이터들에서 충분한 근거를 발견한다.

다른 한편으로 *기술 분석*technische Analyse의 일반적인 실무는 이 지시차원들을 일관되게 도외시하는 관찰 형식으로 운용된다. 이것은 전문적인 은행과 증권거래소 직원의 수수께끼학이며, — 운영연구Operations Research와 계산금융Computational Finance에서 유래한다 — 오로지 차트와 시세 동향의 특성으로부터만 단기적 투자 결정을 위한 예측적인 정보들을 얻는다. 여기에서는 개연적인 움직임의 모사, 이미지로 응결된 희망과 기대가 문제가 된다. 이미 1884년에 찰스 다우Charles Dow가 월스트리트에서 가장 중요한 증권시세 12개의 일일 평균을 산출해 냈고, 이때 분명한 움직임의 프로필과 다양한 — 일간, 월간, 다년간의 — 진동 패턴들을, 즉 일종의 일반적인 사업기후의 바로미터 수치를 인식하고자 했다. 그리고 늦어도 1950년대 이후로 그것은 반복된 패턴과 그래픽 표본의 의미를 해독하고 과거의 시황에서 개연적인 미래를 추론하는 성공적인 사업 실무로 자리 잡았다. 거기에서 다른 모든 데이터 — 예컨대 증권의 실질가치나 장부가치 같은 — 에서보다 시장 상황의 명료성이 더 잘 모사되고 주식 시세 및 외환 시세 변동의 숨겨진 리듬을 알려주는 그래프의 형상화 의지와 진술력이 더 잘 모사된다고 한다. 차티스트와 애널리스트들은 여기에서 예컨대 '추세선'trend line과 '추세대'trend channel, '하락형'bear 및 '상승형'bull, '엎어진 접시형'inverted saucer,• '머리어깨형'head and shoulders top,•• 부채형scallop이나 '깃발형'flag과 '페넌트형'pennant에 관해 말한다. 모두 다 추세 진행과 그 전환점들을 기록하는 특징적인 대형들이다. 이 그래프들은 저변에 놓인 가치지시들을 별로 대변해 주지 않는다. 매매 결정은 오히려 오로지 어떻게, 그리고 어떤 진행 형태로, 어떤 통합체를 가지고 여기서 가격신호가 다른 가격신호들과 연결되어 있는지에 따라서 정해진다. 이것은 한편으로 경제세계의 일종의 청서淸書 혹은 정서正書를 결과로 낳는다. 트레이딩룸에서는 외부세계의 신호들이 잡음 없는 전광판을 이룬다. 다른 한편으로 그 안에서는 금융경제적 형태학의 종種 다양성이 집결한다. 마치 자연의 주기에서처럼 시장은 끊임없이 거듭해서 동일한 옛 루틴으로 동일한 움직임을 반복하고, 역사는 반복 가능한 형태가 되어버린다.[16]

## 경정론 經正論, Oikodizee•••

금융학은 이 통용되는 모델, 입장 및 처리 방식들을 가지고 20세기 후반 이래로 외환시장과 증권시장에서 가격이 형성되는 경과와 시간적 역

---

• 그래프가 뒤집힌 U자보다 완만한 '엎어진 접시' 모양을 형성하는 것을 지칭한다.

•• 주가 전환 패턴 가운데 가장 널리 알려진 모형으로서 세 개의 봉우리 모양이라 삼봉형이라고도 한다.

••• 신이 전능하다면 악을 저지할 수 있어야 하는데 세상에는 고통이 존재한다는 모순에 대해 악의 존재 역시 신의 섭리라고 주장했던 신정론(神正論, Theodizee)과 유사하게, 경제 체계의 모순 내지 논리적 허점을 처리하려는 이론적 시도를 가리킨다. 이 책의 지은이 요제프 포글이 만들어낸 조어다.

동성을 해명하고 제시하고자 시도한다. 그러므로 그것들은 시세 동향과 가격 변동의 수수께끼 주변을, 그리고 이에 속하는 타이밍 문제와 예측 방법 주변을 맴돌고, 그것들이 함께 작용하면서 모종의 당혹감에 대한 증거가 된다. 금융 사건에 대해 해명할 필요성은 폭넓은 경제 해석학을 유발하며, 이때 무엇보다 실무적·이론적 개입 공식들에서, 상이한 처방과 해석 제스처들에서, 의견 충돌을 기록한다. 이 모든 해석과 견해는 현대 금융경제의 중심에 있는 기호학적 사건들을 위한 다양한, 결국에는 양립할 수 없는 해명 시도들이다. 그 안에서는 비단 동일한 사건성의 그때마다 서로 다른 층위나 측면들만 관철되는 게 아니라 상이한, 서로 부분적으로는 모순되고 부분적으로는 겹치는, 경제세계의 연관관계에 관한 생각들 또한 관철된다. 여기서 위험에 처해 있는 것은 다름 아닌 금융경제 시스템의 일관성, 즉 그것의 질서를 만들어내는 내용이다. 금융시장에서의 사건이란 무엇인가, 그것은 어떻게 나타나는가, 그것은 어떤 이유로 일어나며 어떻게 시간의 축에서 다른 축과 결합되는가에 대한 질문과 연관해서, 그리고 가격신호의 유희에서 어떤 현실이 표현되는가, 어떤 힘들이 현대 금융시장의 추세와 경기, 예외사건과 위기들을 유발하느냐는 질문과 연관해서, 분명히 논쟁이 과장되고, 이 논쟁은 결국 이러한 질문들의 명백한 미해결성을 지시한다. 그러므로 경제학 분과 내에서의 쟁점이 관건이 된다. 시가의 역사가 미래의 시세 진행과 투자에 대한 교훈을 제공하는지 마는지, 시세 변동이 경제적 기초데이터나 나머지 세계의 상황들과 연관되는지, 그리고 어떻게 연관되는지, 허구적 기호유희가 이른바 실물경제에서 분리되었는지, 그리고 어떤 방식으로 분리되었는지, 금융시장에서의 움직임이 법칙에 따라 일어나는지 아니면 순전히 우연히 일어나는지, 지불 사건이 지불 사건에 얼마나 동기가 부여되어서 이어지는지 아니면 이유 없이 이어지는지, 금융사건이 효율적으로 작동하는지 아니면 카오스적으로 — 혹은 효율적인 동시에 카오스적으로 — 작동하는지, 시장의 역동성이 합리적인 공동작용을 보여주는지 아니면 순전한 비이성의 표명을 내놓는지 — 이러한 질문들은 금융경제의 모델과 가설들을 행동프로그램들로 보이게 하는데, 이 프로그램들은 경제세계를 고려하면서 역사적일 뿐 아니라 예측적으로 진행되지만, 무엇이 이 세계를 내부에서 결속시키는지에 대한 합의를 기록하지는 않는다. 이 질문들은 함께 미지의 혼란스러운 경험적 지식Empirie의 영역으로 이끈다. 그것들은 무엇이 대체 경제적 현실인지에 관한 불확실성을 환기하고 몇몇 실망의 여지를 준다. 예컨대 경제학자 바실리 레온티예프Wassily Leontief•는 "경험적 연구의 그 어떤 영역에서도 일찍이 그토록 머리를 짜낸 통계 기계가 그토록 별 볼 일 없는 결과들과 더불어 활용된 적이 없다"[17]고 언급한 바 있다. 특수한 상황들, 흔치 않은 사건들, 검은 백조의 수수께끼는 계속된다.

어쨌거나 금융경제 지식의 소실점에 골칫거리 하나가 있는 것은 분명하다. 이는 결정적인 사건 무리의 알아맞히기 그림Vexierbild••과 관련되어

• 러시아 출신의 미국 경제학자로 산업연관론, 투입산출분석, 다부문분석 등의 산업부문 분석을 창시했으며, 1973년 노벨 경제학상을 수상했다.(1906~99)

•• 겉보기에는 옳으나 잘 보면 불가능한 것을 그려놓았다거나 보는 방향에 따라 다른 내용이 보이는 등, 속임수나 농담이 감추어져 있는 그림을 뜻한다.

있으며, 그 그림으로부터 언제나 다시금 이성과 비이성, 혼란과 질서, 세계의 예측 가능한 작동과 고삐 풀린 우연 사이의 불안정한 구분 가능성을 제시해야만 하기에 문제가 된다. 그러나 이러한 종류의 질문, 해석 노력, 논쟁 들은 그것들에서 무엇보다 자유주의 경제의 파괴할 수 없는 오랜 확신의 통용이 관건인 까닭에 더욱 중요하다. 그 확신에 따르자면, 시장활동은 질서, 통합 메커니즘 조절, 합리적 분배, 그리고 이에 따라 사회적 이성의 표본적인 무대이며, 전부 응집력 있고 체계적인 구현 형태를 추구한다. 그러므로 이러한 논쟁들의 핵심에서, 그리고 금융경제 위기의 마스터키 담론에서 모종의 문제상황들이 회귀한다는 점을 인식하는 것이 당연해 보일지도 모르는데, 그 문제상황들에 대해 유사하게 체계적으로 대응해야만 했던 것은 오로지 신정론Theodizee의 오래된 시도들밖에 없다. 말하자면 자본주의 경제가 운명이 되어버린 한, 수익 기대와 경제 성장이 현세적 섭리의 잔액殘額에 대한 희망에 속하는 한, 현대 금융이론 또한 다음과 같은 수수께끼 질문들을 피할 길이 없다. 외관상의 불규칙성과 비정상성이 그 시스템의 이성적인 정립과 부합하는지, 그리고 어떻게 부합하는지, 어떤 사건들이 어떤 다른 사건들과 함께 가능해 보이고 그러니까 양립할 수 있어 보이는지, 그 안에서 법칙성이 표명되는지, 어떻게 표명되는지, 어떤 법칙성인지, 어떻게 기존의 경제세계가 가능한 모든 것 중에서 최선일 수 있는지 말이다.

어쨌거나 칸트가 언젠가 신정론에서의 시도들이 견지될 수 있는지를 점검하고자 제기했던 물음들은 틀림없이 금융경제 시스템의 정당성에도 유사하게 제기될 수 있을 것이다. 그러니까 여기서는 명백한 "목적위배성"과 기능장애들이 사실은 그런 것이 아니라는 점을, 혹은 그것들이 여건으로서가 아니라 "본성에서 비롯된 불가피한 결과들"로서, 전체적으로는 만족스러운 세계질서의 감수해야만 하는 효과들로서 평가되어야만 하리라는 점을, 혹은 그것들이 결국은 그저 효력을 잃은 "세계 속에서 서로 연관된 존재들Weltwesen", 믿음직하지 않은 동참자의 제한된 사려 탓이라는 점을 증명할 필요가 있을 법하다.[18] 그러므로 이에 상응하는 질문은 다음과 같다. 비이성적인 과열은 정말로 예외의 경우인가 아니면 오히려 바삐 돌아가는 자본주의 경제의 정규적인 과정인가? 이성적인지 비이성적인지를 구분하는 것 자체가 이 시스템의 효과들을 파악하기에 충분한가? 정말로 단지 금융 종사자의 신뢰 불가능성, 제한된 통찰력과만 관계된 것일까? 아니면 경제적 합리성이 여기서 직접 자기 자신의 비이성과 맞닥뜨리는 것은 아닐까? 여기 있는 것이 질서 형태인가 아니면 분산된 개별 행위들의 무계획적인 총계인가? 시스템은 정말로 이성적이고 효율적으로 작동하는가? 그리고 설득력 있는 금융경제 서사가 있기는 한가?

일찍이 1755년의 리스본 지진이 근대 신정론의 토대를 뒤흔들어 놓았듯이, 지난 20년의 금융동요에 직면해서도 역시 경제 지식의 학문적 포맷이 문제가 된다. 문제는 자그마치 자유주의 또는 자본주의 *경정*론의 타당성, 가능성, 견고성이다. 문제는 시스템 내적인 목적위배성, 악, 오작동이 시스템의 현명한 정립과 부합할 수 있게 보이거나 그렇지 않은 저 경제적 교의들의 일관성에 대한 질문이다.

2장

# 시장의 목가 I

## 사회의 물리학

이러한 경정론과 함께, 정치경제학을 정립하는 기초적인 발상 중의 하나가 물음에 부쳐져야 한다. 이 발상은 오직 시장과 시장 행위자들만이 자발적인 질서, 세속적 섭리, 체계성에 대한 보증으로서 기능한다는 가정과 결합해 있다. 정치경제학의 역사는 이 희망적인 발상의 역사이다. 왜냐하면, 17세기 이래로 자연법론, 정치적 조언서 및 도덕철학에 유래를 두고 형성된 경제학적 지식은 수학이나 천문학, 물리학, 의학이 발전함에 따라 자연계의 물체와 행성의 운동법칙과 마찬가지로 인간 행동의 운동법칙 역시 밝혀질 수 있으리라는 기대에서 자신의 체계 관념 또한 얻기 때문이다. 코페르니쿠스의 천문학에서부터 갈릴레이와 뉴턴의 물리학에 이르기까지, 자연계의 움직이는 물체들에 대한 보편적인 법칙성의 공식화는 신에 의한 세계 통치의 모범에서 벗어나서 자기 자신에게서 자신의 원칙들을 찾는 정치·사회적 존재의 특수한 합리성이라는 표상과 조응한다. 그 결과로 늦어도 18세기에, 즉 정치학과 사회학 분야의 라이프니츠, 데카르트, 뉴턴이 점점 더 절박하게 촉구되던 시대에, 사회적 · 정치적 힘들의 역학을 실증적인 자연 경험의 인식 모델에 따라 체계화해야 한다는 요청이 제기되었다. 그 당시에 누군가가 기하학의 법칙들이 자연에서뿐만 아니라 사회에서도 통하며 중력의 법칙이 물리적 우주에서뿐만 아니라 도덕적 우주에서도 똑같이 통한다고 주장했다면, 이는 결코 단순한 유추해석이 아니다. 오히려 이로써 사회질서의 구성은 오직 그 메커니즘, 힘, 요소들에 대한 실증적인 규명을 통해서만 정당화될 수 있다는 주장이 제기된 셈이다. 이미 근대적 이성법과 자연법을 둘러싼 논쟁들이 정치적 인식론Epistemologie의 토양 위에서 전개된 것인데, 이 인식론은 흩어져 있는 개별 현상 뒤에서 통일적이고 스스로 동기화된 질서의 형상을 식별해내고 겉보기에는 무질서한 움직임, 사물, 존재 들 사이의 합법칙적인 관계들을 알아낸다. 그렇기에 다양한 방식으로 천문학의 체계 표상들에 의존하는 것이다. 천문학은 법칙성과 변화에 대한 모델, 운동과 힘의 연관관계에 대한 모델을 제공해 주니까. 그리고 그렇기에 정치의 물리학이나 기계공학이 시도된 것이다. 그것들은 사회적 교류방식들의 감춰진 내적 작용구조에 적용되니까. 그리고 마지막으로, 그렇기에 인간의 '본성'에 대해 질문하는 것이다. 그것을 이 역학들의 동인이자 문제 사례라고 파악하니까. 예컨대 홉스의 글에는 이렇게 적혀 있다. "스스로 작동하는 시계의 경우만 해도, 그리고 모든 약간 복잡한 기계의 경우에, 먼저 기계를 분해해서 각 부분의 재료, 형태, 움직임을 별개로 관찰하지 않는다면 개별 부분과 바퀴들의 작용을 이해할 수 없다. 마찬가지로 국가의 권한과 시민의 의무를 조사할 때도, 국가가 분해되지는 않지만, 마치 분해된 듯이 관찰해야만 한다. 즉 인간의 본성이 어떻게 만들어졌는지, 그것이 국가 형성에 어느 정도 적합한지 아니면 적합하지 않은지, 그리고 사람들이 단일체를 이루려면 어떻게 협동해야 하는지를 제대로 인식해야만 한다."[1]

근대에 단지 지구만 태양 둘레를 돈 것이 아니라 돈도 지구를 휘돌아 다니기 시작한다면,[2] 이러한 공전/혁명Revolution들은 인류학적 혁명 하나도 동반한다. 이 혁명으로 더 이상 임의의 인간상이 아니라 '실제' 있는 그대로의 인간이 제시되고 그는 이 판본에서 새로운 질서 관념의 출발점이 된다. 적어도 바로크 시대 이후로는 더 이상 인간을 단순히 *정치적 동물*zṓn politikón, 즉 직접적이고 주저 없이 사회 속에서 살도록 정해진 정치적 동물이라고 파악할 수 없다는 데 대해 자연법론자들과 도덕철학자들의 의견이 전폭적으로 일치했다. 대부분의 다른 존재들과 달리 인간은 오히려 기능적인 장애가 있다고, 공동체를 이루기에 적합하지 않다고 증명되었다. 인간은 동족에게 불편한 이웃이 되고 말았다 — 그리고 "자기애"Selbstliebe나 "자기보존" 같은 구상들에 관한 방대한 문헌들은 이때, 즉 인간의 경우에, 칸트가 그랬듯이 기껏해야 "반사회적 사회성"ungesellige Geselligkeit이나 "악마의 무리"Volk vom Teufeln라고 말할 수밖에 없음을 입증한다. 이 실제 인간은 절망적인 "부패 상태"에 처해 있으며, "갖가지 나쁜 탐욕으로 가득 찬 피조물"이다.[3] 그리고 이제 정치적 실증주의가 한 생물종 표본 주위를 맴돌고, 그것의 신뢰하기 어려운 감각과 상상, 역겨운 욕정과 욕망이 함께 참작된다. 이러한 종류의 성찰들은 정치적 인류학의 탄생으로 이해될 수도 있고, 어쩌면 인류학적 문제 자체의 기원으로 이해될 수도 있지만, 무엇보다도 사회적 교류의 메커니즘에 대한 새로운 구상을 파악하고 실현하기 위한 결정적인 한 걸음으로 이해될 수 있다. 그러니까 개혁된 인간 유형은 새로운 종류의 질서 표상들과 공조하는데, 이 표상들에서는 결국 시장사건들과 정치경제학이 특권적인 역할을 넘겨받는다. 이러한 현상을 어떻게 이해해야 할까? 이 실재하는 부패한 인간은 기독교 신학의 옛 원죄적 존재와 어떻게 구분되는가? 또한, 근대 경정론은 어디에 기반하는가?

## 사적 악덕…

일단은 이 실제 인간이 — 예컨대 17세기 이래로 묘사되는 바에 따르자면 — 탐욕을 좇는다는 점, 욕망과 혐오, 매혹과 거부감에 의해 움직인다는 점, 그러니까 구조적으로 사회적 결핍과 기능장애로 구성되어 있다는 점을 분명히 해두어야만 하겠다. 하지만 이것이 전부는 아니다. 왜냐하면, 거꾸로 — 다음과 같이 확언하려고들 했다 — 바로 이를 통해서 어쩌면 다른 모든 질서보다 더 잘 작동할지도 모르는 사회질서가 가능해지기 때문이다. 사적 악덕private vices-공적 편익public benefits이라는 유명한 문구는 바로 이것을 뜻한다. 이 문구는 18세기 초엽에 버나드 맨더빌Bernard Mandeville의 도덕철학서 『꿀벌의 우화』*The Fable of the Bees*에서 유래해서 그 이후로 제법 회자되었으며, 널리 영향을 미치는 사회공리를 등장시켰다. 물론 인간은 — 이것도 맨더빌의 글에 나온다 — 정동과 욕망, 격정에 지배되며, 그중에는 심지어 사람의 마음을 불타오르게 만드는 교만superbia, 탐욕avaritia, 시기invidia, 색욕luxuria 같은 예전의 7대 죄악들도 있다. 맨더빌의 논증은 다음과 같이 계속된다. 그렇지만 본래 적당한 성향이 아니라 무절제한 성향이야말로 정말로 창조적이고, 교묘하고, 생산적이다. 그리고 더 나아가, 이 모든 서로 다른 격정들이 서로를 불러일으키고 계속 운동하게 만든다는 사실, 결국에는 그것들이 서로 균형을 잡고 보완된다는 사실이 인식될 수 있다. 그러므로 누군가의 인색은 다른 이의 낭비를 막으며, 이 둘은 함께 서로 간계를 부리고 교활하게 행동하는 것까지 포함해서 공익에 이바지한다. 이것은 다음과 같은 논거의 소실점으로 작용한다. 개개인에게서는 악덕하고 규칙에 어긋나며 비난받아 마땅해 보이는 바가 전체 연관관계 속에서는 역동적이고 조화로운 질서를 낳는다. 그리고 맨더빌은 이렇게 쓴다. 훌륭한 정치가는 그저 인간의 가장 나쁜 면을 계산에 넣기만 하면 된다고. 그는 덕이나 평균적인 성질들이 아니라 열정들이 고삐 풀린 극단적인 경우에서 출발하며, 이런 열정들이 어떻게 뒤섞이는지, 서로 어떻게 작용하는지 — 이것들이 어떻게 "올바로 섞이고 서로 상쇄되며 그들이 속한 상응하는 전체에게는 유익하다고 입증되는지를"[4] 마치 시약처럼 관찰한다. 근대의 인간은 그저 합리적인 인간으로서만이 아니라 특별히 열정적인 주체로서 태어나며 옛 기독교적 대죄들마저 새로운 차변항목으로 바꿔놓을 수 있다.

바로 이렇게 반사회적인 까닭에 — 놀라운 논거는 이렇다 — 인간은 사회질서의 요인임이 판정되며, 다름 아닌 신뢰 불가능성을 통해서 신뢰할 수 있고 예측할 수 있는 단위로서 통합된다. 어떻게 이런 일이 가능한가? 어떤 메커니즘을 통해서 아노미적인 존재로부터 합법칙성이 만들어질 수 있는가? 이것으로 어떤 역동성, 어떤 체계 기능이 지목되는가?

여기에서도 역시 영국의 실증주의자들과 프랑스의 도덕주의자들, 독일의 사회공학자들이 내놓는 답이 하나의 본질적인 지점에서 일치한다. 이 모든 열정적인 역동성의 소실점은 이해관계의 메커니즘에 있다는 것이다. 모든 행동과 격정, 모든 욕망과 성향의 핵심에는 결국 더 이상은 환원할 수 없는 근본요소가 들어 있으며, 이것은 17세기 이후로 "이해관계"Interesse 또는 "자기이익"Eigeninteresse이라고 불린다. 이해관계 개념은 언젠가 국가 이성Staatsräson이나 국익 개념에서 사회이론으로 넘어온 듯하며, 아주 일반적으로는 다음에 이야기할 측면들을 확인할 수 있는데, 이해관계 개념은 이 측면들로 근대 인적 교류의 질서에 대한 이론적이며 실제적인 축점임이 입증된다.[5]

## 이해관계

먼저, 이해관계란 궁극적이며 더는 분해되지 않는, 태도의 원자일 수 있겠다. 누군가가 원하거나 욕망하는 무엇, 성향이나 열정이 그를 몰아가는 방향—많든 적든 의식적인 결정 과정에는 매번 선호의 논리가 작동하고 있고 그 마지막에는 언제나 그 자신에게 더 나은 것이 있다. 가장 나쁜 욕망이나 가장 뜨거운 열정조차도 자기이익의 미량원소를 통해 정제된다. 이 미량원소가 더 편하고 덜 괴로운 것을 선택하게끔 지휘하는 까닭이다. 이로써 동시에 이해관계란 금욕과 극기, 억제가 아니라 역으로 자기주장을 통해서 기능하는 의지Wollen의 형식임이 드러난다. 이해관계는 자기절제를 모른다. 그것은 원칙 없는 원칙 역할을 한다. 이 원칙은 구체적인 상황 속에서, 구체적인 양자택일에 직면해서 실현되고, 일반적인 (도덕적) 법칙이라고는 모르며, 세상사의 우연성에 반응한다. 그러므로 이해관계의 주체는 결코 도덕적 주체, 법칙적 주체가 아니며, 거부를 받아들이지 않는다. 그러나 더 나아가, 이해관계에 의해 행동하는 사람은 필연적으로 다른 사람들과 거래와 교환을 하게 되고, 자신의 성향과 소통하며, 이로써 사회적 합법칙성 자체를 만들어내게 된다. 모든 행위자의 성향과 열정이 이해관계에서 조우하고, 행위자들이 각자 자신의 이해관계를 좇는 바로 그곳에서 마침내 사회적·정치적 자연법칙이 모습을 드러낸다. 자연의 물체들이 중력의 법칙 아래 놓여 있듯이 사회는 이해관계들의 운동법칙에 의해 규정된다. 여기에서 물리학과 인적 교류의 유사성이 생겨나고, 바로 여기에서 우주론의 법칙들이 사회의 통치를 결정한다. 프랑스의 도덕철학자 엘베시우스Helvetius는 이를 다음과 같이 표현했다. "물리적 우주가 운동법칙에 예속되어 있다면, 도덕적 우주는 이해관계의 법칙을 따른다."[6]

이 모든 것을 총괄해 보면, 인류학적이자 도덕적인 혁명의 형체를 식별해 낼 수도 있을 것이다. 17세기와 18세기에 형성된 인간은 원죄를 모른다. 그는 선하지도 악하지도 않고, 악마 같지도 천사 같지도 않으며, 기능적인 동시에 기능장애적이다. 그가 기능장애적인 까닭은 그가 그저 마지못해 우연히만 사회에 다다르기 때문이며, 그가 기능적인 까닭은 바로 이 저항이 합법칙적이고 예측 가능한, 모두가 모두와 함께 매진하는 연관관계를 결과로 낳기 때문이다. 이것이 그 어느 도덕적 또는 법률적 법칙보다 더 훌륭하게 사회를 통치하는, 사회의 바로 그 법칙이다. 이로써 사적인 이익을 공적인 손실로 보고 "이웃도 살 수 있도록"[7] 사적인 이해관계에 한계를 두라고 요구했던 예전의 구호가 반전되고 생산력 있는 해로움의 시스템으로 변환된다.

그러니까 17세기부터는 인간의 내면에서 욕망으로 가득 찬 심장이 고동친다. 하지만 모든 욕망과 열정은 오로지 적나라하고 환원 불가능한 하나의 요소만을 변장시키며, 이 요소는 이해관계라는 성질을 지닌다. 이것이 사회적 교류의 역학을 각인하고, 무규칙성에서 규칙을, 무법칙성에서 합법칙성을 유발한다. 오늘날까지도 사람들은 여기에서 섬처럼 분산된 행위들을 예견 가능한 질서 형태들로 바꿔놓는 메커니즘을 식별해 낼 수 있다. 예컨대 아마르티아 센Amartya Sen은 경제행위론 비판에서 이렇게 확언한다. "한 인간의 이해관계를 다음과 같이 정의하는 것이 가능하다. 그가 무슨 일을 하든 그는 그 하나하나의 결정에 있어서 자기 자신의 이해관계를 따른다고 간주될 수 있다고 말이다."[8] 이는 동시에 우리가 이제 경제적 인간이라고 칭해야만 할 새로운 '실제' 인간을 움직이는 동인이 되었다. 그의 다양한 열정과 이해관계의 메커니즘을 통해서 비로소 사회성이 생산된다. 이를 통해서 전체적이고 체계적인 연관관계가 생겨나고, 이를 통해서 사회적 자연법칙이 자리를 잡는다. 그리고 이로써 마침내 경제, 시장, 경제 체계에서 실현되는 교류 체계가 특권을 부여받는다. 17세기부터 시장과 경제 체계들에 관한 성찰이 구체화한다면, 이는 비단 가격, 상품, 지불의 관계에만 해당되는 것이 아니라, 경제적 인간의 기층을 포함해서, 이해관계의 법칙이 지배하는 행위장에도 해당된다. 이 기층은 즉각 사회성의 기본 형태를 만들어내는 매개체가 된다. 감정적 자극과 행동을, 행동과 소통을 연결해 주는 매개체 말이다. 이는 다음과 같은, 동일한 맥락에 있는 추가적인 물음들로 귀결된다. 이런 인간의 효율성을 형성하는 것은 무엇인가? 그는 이 체계들 속에서 정확히 어떻게 움직이는가? 그의 합법칙성은 어떤 구체적인 형태를 띠는가? 그리고 그는 새로운 경정론에서 어떤 역할을 넘겨받는가?

조망하기 어려운 세계 속에서 이해관계에 이끌리는 새로운 인간이 그렇게 안심하고 움직일 수 있는 이유는 우선 바로 그 자신이 맹목적이고 제한된 상태에 머물며 "사리사욕의 아둔한 두더지 눈"[9]으로 아무런 통찰도 얻으려 애쓰지 않기 때문이다. 그는 우연적이고 본래 불합리한 세계 속에 자리한 합리성의 작은 섬처럼 작동한다. 그 가장 빛나는 예 중의 하나처럼, 즉 섬에 흘러 들어간 로빈슨 크루소처럼, 새로운 인간은 세계의 질서가 주어져 있지도 않고 불가능하지도 않으며 오히려 만들어져야만 한다는 사실을 알고 있다. 경제적 인간은 시작과 상황의 전문가이며, 그가 전문가인 이유는 그가 세상사를 참과 거짓, 선과 악, 정당함과 부당함에 따라 분류하지 않고 이익과 손해라는 기준에 따라 처리하기 때문이다. 오늘날까지도 경제 이론들은 그에게 다음을 증명해 준다. 만약 현실이 그 현상과 신호의 다양함을 영리적으로, 그리고 득과 실의 본보기에 따라 조직할 기회를 주지 않았더라면, 경제적 인간은 존재하지 않았을 거라고 말이다. 자신의 성향과 이해관계를 따르는 사람은 자기 성향과 이해관계의 제한성을 고수한다. 더 나아가 그는 당연히 나머지 세계를 외면하고, 기껏해야 다른 사람도 죄다 자기와 이러한 제한성을 공유하며 열정을 이해관계로, 이해관계를 이득으로 바꾼다고 지레짐작할 따름이다. 그의 합리성이 합리적인 이유는 오로지 그것이 분수를 알고 국지적이기 때문이다.

그렇다면 이 경제적 인간은 제한된 앎의 주체일 테고, 원인과 결과의 연쇄를 조망하지 못하며, 스스로 자기가 알지 못하고 의도하지도 않았으며 자신의 제한된 시야를 벗어나는 효과들을 낳는다.

## 보이지 않는 손

그러나 이해관계와 이기적인 성향에서 유래한 바로 이 의도치 않은 효과들이 뜻하지 않게 전체의 공익 쪽으로 방향을 전환한다. 이러한 전환은 18세기 부르주아 도덕철학의 상투어가 되었고, "이해관계들의 조화"라는 문구와 함께 세속적 섭리에 대한 기대를 규정했다.[10] 그러나 무엇보다도 늦어도 애덤 스미스 이후로 악명을 얻었으며 "보이지 않는 손"으로서 오늘날까지도 질서에 대한 정치경제학의 주장들을 해명하는 삽화 구실을 하는 바로 그 이미지가 이를 대변한다. 도덕철학 강의 제2권인 1776년의 『국부론』에서 인용되는 대목은 다음과 같다. "사실 그(경제 행위자)는 통상 의식적으로 공익을 촉진하지 않으며, 자신의 기여도가 얼마나 되는지도 모른다. 만약 그가 외국의 경제보다 자국의 경제를 지원하기를 선호한다면, 그는 기실 그저 자기의 안전을 생각하는 것일 뿐이며, 만약 그가 이를 통해서 수익이 최고치를 달성할 수 있을 정도로 산업 활동을 촉진한다면, 그는 그저 자신의 이익을 얻고자 애쓰는 것일 따름이다. 그리고 그는 이 경우나 다른 많은 경우에 보이지 않는 손에 의해 인도되어서 자신이 전혀 달성하기를 의도하지 않았던 목표를 촉진하게 된다. 국가 자체에도 개인들이 의식하지 못한 채 이러한 목적에 매진하는 것이 절대로 항상 최악의 일은 아니다. 아니, 자신의 이해관계를 추구하는 바로 그 행위를 통해서 그는 빈번히 자기가 정말로 그렇게 하려고 의도할 때보다 더 영향 깊게 사회를 육성한다. 일찍이 자신의 사업이 공익에 도움이 된다고 둘러댔던 사람들은 모두 내가 아는 한에는 단 한 번도 뭔가 좋은 일을 한 적이 없다." 그러니까 여기에서는 투명한 불투명함이 지배적이다. 왜냐하면, 한편으로는 그곳에서 보면 전체의 메커니즘이 완전히 투명하게 드러나는 유일하며 흡사 신적인 장소가 분명히 존재하기 때문이다. 그러나 다른 한편으로, 이 메커니즘은 오로지 어떤 동참자도 이 장소를 차지하지 못해야만 작동한다. 욕구의 충족과 이를 통한 사회적 상호성은 개개인의 선의, 예컨대 정육업자나 양조자, 제빵사의 선의가 아니라 오로지 이들이 각자 고전 중이고 오로지 자신의 이익과 "자기 자신의 이해관계만 도모한다"는 사실에 달려 있다. 사회질서는 통찰과 자선, 협조를 중심으로 구축되지 않는다. 이해관계들의 소통에서는 오히려 "협상, 교환, 판매"가 관건이며, 이해관계는 교환관계에서 마침내 사회적 이성의 원칙을 발견한다.[11]

여기에서 우리는 새로운 사회법칙, 경정론, 경제적 인간과 그의 주변환경, 시장의 가장 중요한 구성요소 중의 하나에 도달했다. 즉, 경제적 인간은 제한성으로 인해 믿을 만하고, 사회성의 결여로 인해 사회적이며, 자신의 이해관계로 인해 그리고 교환 과정에서, 그 자신에게는 중요하지 않은 목적을 유발하게 된다. 그러나 무엇보다도 그는 자기가 통제당하지 않을 때 자기 자신도 다른 사람들도 가장 잘 통제한다. 그 무엇도 — 그리고 이것은 후기 자유주의들의 주도동기Leitmotiv 중의 하나가 되었다 — 선을 추구하는 정부보다 더 해롭지 않으며, 여기서는 오히려 메피스토펠레스의 프로그램, 말하자면 언제나 악을 추구하지만 원치 않게 모두에게 선을, 최선을 행하는 힘에 대한 환기가 더 중요하다. 경제적 인간의 환경을 형성하는 시민사회는 불투명성을 통해, 비가시성의 원칙을 통해 통치된다. 그리고 조망과 통찰로 보편적 선을 원하고 실행할 수 있는 선한 정치적 행위자란 존재하지 않는다. 다름 아닌 이기적 이해관계의 맹목성이 그 어떤 투명성이나 조망보다 더 보편적 목표의 추구를 보장해 준다. 경제적 인간은 자신의 제한된 이해관계만의 주체이지만 시민사회의 매개체라고 말하고자 한다면, 이는 위와 같은 뜻이다.

애덤 스미스가 이로써 시장경제의 작동 방식에 대한 아마도 가장 널리 알려진 핵심어 중의 하나를 각인했다면, 이 의미론은 추가적인 두 측면을 통해 규정된다. 왜냐하면, 한편으로는 보이지 않는 손이라는 은유의 여러 갈래 역사가 우선 이 은유와 함께 신학적 · 우주론적 질문들이 사회 존재론Sozialontologie의 영역으로 가라앉았음을 적시하기 때문이다. 예컨대 애덤 스미스보다 100년 전에는 보이지 않는 손이란 자연 사물들의 연관관계 속의 감춰진 작용을 뜻했다. 시계장치 메커니즘처럼 시곗바늘과 숫자판의 드러내놓은 가시성 뒤에 숨어 있는 우주론적 진행 말이다. 즉, "*자연은 말하자면 보이지 않는* 손을 빌어 모든 사물 속에서 작용한다."[12] 스콜라학파의 통치자의 손manus gubernatoris 개념, 즉 모든 피조물을 보이지 않게 조종하는, 신의 작용하는 손은 자연질서, 즉 자연 경제oeconomia naturae의 섭리에 대한 효과적인 신학적 은유로서 귀환한다. 더구나 『국부론』에서 "보이지 않는 손"이 자기이익과 이익 추구를 공익으로 전환해 주는 합법칙적 운동에 대한 토포스Topos로 나타나기 전에, 애덤 스미스 자신이 이 표현을 전혀 다른, 그렇다고 덜 중요하지는 않은 맥락에서 등장시킨 바 있다. 스미스는 아마도 1758년경에 집필했을 『천문학의 역사』에서 단지 중력과 관성을 포함한 뉴턴의 우주체계를 옹호하려고만 한 게 아니라, 다신교적 종교들이 불규칙한 자연 사건들, 즉 바로 그렇기 때문에 옛 신들의 기적적 권능이 표명되는 사건들을 규칙성으로 환원시킬 능력이 없음 또한 부수적으로 기록했다. 전적으로 자연스럽게 "불은 태우고 물은 식히며" "무거운 물체들은 낙하하고 가벼운 물질들은 위로 떠오르는" 반면에, 번개나 천둥이나 폭풍 같은 이례적인 현상들은 해명이 요구되었는데, 고대인들은 결국 이에 대해 고작 유피테르Jupiter의 "보이지 않는 손"이나 갖다 붙일 뿐이다.[13] 그러니까 보이지 않는 손은 여기서도 역시 우주론적 사실이다. 그리고 훗날 보이지 않는 손이 이기적인 주체들의 불규칙한 성향들을 질서 있게 만들듯이, 보이지 않는 손은 불규칙한 자연 사건들에서 합법칙적이며 신적인 주재主宰를 명백하게 만든다. 현세의 사안들이 은밀한 개입을 통해서 신의 섭리에 따른 진행 과정이 되는 것, 불규칙성이 질서로 바뀌는 것, 그리고 무질서한 힘과 운동들이 사실은 그들을 한데 엮는 보이지 않는 권능을 적시하는 것. 보이지 않는 손들의 이러한 협연은 은밀한 조작이 — 문자 그대로 — 자연 사물의 운행에든 사회적 교류의 역학에든 골고루 개입한다는 점을 상기시킨다.

다른 한편으로, "보이지 않는 손" 개념이 애덤 스미스에게서 또 다른 버전으로 제시된다는 점을 잊어서는 안 된다. 그의 도덕철학론의 첫 권인 1759년의 『도덕감정론』이 그것이다. 여기에서는 경제적 인간이 비단 전체, 다시 말해서 전체에 대한 조망에서 멀어진 사람이기만 한 것이 아니다. 그는 오히려 언제나 무엇인가가 완전히 근본적으로 부족할 때에만 기능한다. 애덤 스미스에 의하면, 이 "의기양양하고 무정한 대지주"는 자신의 드넓은 경작지를 훑어보며 수확물 전부를 먹어치우는 상상을 하면서도 "형제들의 욕구"에 대해서는 단 한 톨의 생각도 허비하지 않는다. 그러나 "그의 위장의 수용 능력"은 "그의 탐욕의 한없는 크기와 아무 상관도 없고", 그렇기에 이제 물리적 내지 생리적 한계처럼 작용한다. 그래서 그는 수확의 나머지를 분배할 수밖에 없게 되고, 바로 이 더 많은 "사치", "잡동사니들"에 대한 자신의 갈망으로 다른 이들의 욕구를 달래주게 된다. 그러니까 "자연스러운 이기심과 소유욕"에도 불구하고, 혹은 바로 그 때문에, 부자들은 자신의 부를 가난한 사람들에게 나눠주게 된다. 글자 그대로 옮기자면, "그들은 보이지 않는 손에 이끌려서, 살아가는 데에 꼭 필요한 재화들을 만약 토지가 모든 거주민에게 똑같이 분배되었더라면 그랬을 정도로 거의 동등하게 분배하는 것을 실현하게 되고, 이렇게 그들은 전혀 의도하지 않고도, 아니 부지불식간에, 사회의 이해관계를 장려하고 종의 증식을 위한 수단을 제공한다."[14]

여기에서도 역시 맹목적이고 이기적인 노력의 원동력이 공익을 촉진한다. 그러나 더 나아가 늘 달래지지 않는 욕망 하나가 도입된다. 이 욕망은 모종의 무한성으로 모든 욕구와 만족을 넘어서고, 육체적 저장고의 수용 능력을 넘어선다. 훗날 마르크스는 이것을 자본가의 "추상적 향유욕"이라고 부르게 되는데, 자본가의 돈과 자본 축적은 그 어떤 구체적인 욕구와도 균형이 맞춰지지 않는다. 그리고 이것이 경제적 인간과 그에 의해 운영되는 경제 시스템의 또 하나의 구성요소이다. 이것의 대상과 요소들은 단순히 수요에 따른 것들이나 재화가 아니라, 대상관계, 선호, 소망, 탐욕이며, 그것들은 다름 아닌 그것들의 과도함으로 균형의 한도를 보장한다. 늦어도 18세기 말부터는 결핍에 영혼을 불어넣음으로써 경제적 주체가 생산되었다. 이들은 자신이 얻지 못한 것을 필연적으로 갖고 싶어 (해야만) 하는, 욕망의 자동인형이 되었다. 이 경제적 인간은 이제 괴테의 파우스트처럼 충만에서 결여를 감지하고, 부족함에서 자신의 소망의 조건을 알게 되어, 결국에는 미달의 기술, 즉 무한히 노력하면서 유한하고 항상 부족한 재화들을 원하는 기술에 통달하는 유형이 된다. 이것이 이기적인 성향, 원치 않은 효과, 제한된 지식, 그리고 마지막으로 한계를 모르는 욕망을 지니고서 자신이 할 수 없는 바를 원하고 원하지 않는 바를 행하는 경제적 인간이라는 소망기계일 터이다.

## 경제적 인간

지금까지의 논의를 다음과 같이 요약할 수 있겠다. 17세기 이후로 자연법 담론과 도덕철학 담론들에서 경제적 인간이라는 만능열쇠를 만드는 데 쓸 몇몇 부품들이 형성되기 시작했다. 그것들 속에서 세계 상황에 관한 가정들이 잘못된 인류학적 주장들과 결합하고, 오래 영향을 끼친, 도덕적 재정과 인적 교류의 경제에서의 변혁으로 이어진다. 이는 첫째로, 이 근대의 경제적 인간이 단지 합리적인 주체로서뿐만 아니라 정열적인 주체로서 무대에 등장하고 자신의 열정을 기껏해야 이해관계의 메커니즘을 거쳐 제어한다는 것을 의미한다. 둘째로, 그는 제한적 지식의 눈먼 주체로서 행동한다. 바로 그 맹목성 속에서 그는 — 의도치 않게, 그리고 의식하지 못한 채 — 사회적 교류의 조화를 만들어낸다. 그래서 그에게는 또한 특수한 내재적 인생행로가 있다. 그는 무지하기에 영리해지며, 제한된 의식으로 자신의 좁은 지평들을 통과해 나아간다. 그런데 독일 교양소설Bildungsroman의 도식에서도 비슷한 것이 인식된다. 빌헬름 마이스터도 다름 아닌 제한된 지식과 원치 않은 효과를 통해서, 그러니까 보이지 않는 "지고한 손"을 통해서 올바른 장소에 자리하게 되지 않았는가.[15] 셋째로, 이 경제적 인간은 특별한 의미에서 국가의 적이다. 그에게 (법, 제도, 행정 등의) 훌륭한 체계의 정립이란 체계성의 훌륭한 정립 자체를 거스르는 일이다. 경제적 주체의 등장과 더불어, 그리고 자유주의 경제의 영향권 안에서 이제, 18세기 말부터, "지나친 통치로 인한 재앙" 혹은 장애가 문제가 되며, 시장 메커니즘은 평소에 "시민사회"의 삶을 규정하는 모든 "인위적 제도들"의 효율성에 대한 시험이 된다.[16] 넷째로, 하지만 이러한 적대성이 경제적 인간과 더불어 특히 손쉽게 통치할 수 있는 표본도 동시에 실현되었음을 오도하지는 않는다. 경제, 교환, 시장의 우선은 경제적 인간의 욕망과 이해관계가 자신을 스스로 통치하고 제어하고 균형을 이루고 보충하는 환경을 조성했다. 여기서 질서를 수립하는 법칙은 개별 행위자들의 외부에 있지 않다. 이 법칙은 그들의 이기적인 마음에서 발원하며, 그 어떤 통치자보다, 심지어 보이지 않는 손보다도 더 훌륭하고 효율적으로 통치한다. 경제적 인간은 용의주도한 정치가 같은 현명한 입법자를 더는 필요로 하지 않는다 — 이것이 그가 항상 되풀이하는 요구가 될 것이다. 경제적 인간을 통해 형성된 시민사회는 역동성에 자신을 내맡기는데, 이 역동성 속에서는 개별 행위자들이 수시로 변하고 일정하지 않으면서도 전체적으로는 예측과 산정이 가능하며, 그래서 법규와 도덕법칙의 경계 안쪽에 있는 합법칙성의 사례로서 행동한다. 그렇기에 시장은 어느 무대가 아니라 사회질서가 발생하는 장소 그 자체이다. 즉, 열정을 이해관계로 변환하지만 이기적 이해관계를 적절한 연관관계로 변환하고 그 안에서 자연법칙을 따르는 촉매인 것이다. 그러므로 다양한 해악은 단지 필연적으로 체계에 속할 뿐 아니라 오히려 체계의 조화로운 작동 방식들의 토대를 다지는 것이다 — 이는 어느 옛 신정론의 반향들을 확인해 준다.

이 모든 요소는 경제적 인간의 보호구역을 꾸미고, 상업의 '달콤하고' '부드러운' 정신에 대한 계몽주의의 찬사뿐만 아니라[17] 경제학과의 젊은 대표자들의 몽상에도 영감을 주는 시장의 자유주의적 목가를 각인한다. 예컨대 밀턴 프리드먼Milton Friedman도 여전히 그렇게 주장하다시피, 판매자와 구매자의 자발적인 거래에서 유래하는 가격들이 수백만 참여자의 행동을 조정하는 것은 시장의 기적 덕분이라고 한다. 가격 체계는 부재하는 중심을 대체하고 분산하는 개별 힘들에서 무의식적이고 비의도적으로 사회질서가 출현하는 것을 보장하는 과제를 넘겨받는다. 서로 좋아해야 할 필요 없이, 아니, 심지어 서로 정말로, 그리고 의도적으로 소통하지 않고도, 그들은 자기이익으로 모두의 상황이 개선되도록 추동한다. 전능한 보이지 않는 손의 작용으로, 경제적 행위자들의 유일한 책임은 오로지 무엇에 대해서도, 누구에 대해서도 책임지지 않는 것으로만 이루어질 수 있게 된다.[18]

## 자연주의

다소 거친 개념들로나마 여기에서 자유주의적 전제주의liberaler Despotismus의 탄생을 이야기해야만 할지도 모르겠다. 왜냐하면 이 시장은 단지 자신들의 욕망과 이해관계의 힘에 스스로를 내맡기는 그 주체들의 거리낌을 없애려는 노력만 요구하는 게 아니기 때문이다. 지역 시장에서 시장사회로의 확대는 오히려 경제, 정치, 사회의 관계를 새로 조정하도록 만든다. 시장은 흡사 자연법칙처럼 행동하고, 모든 다른 선한 법률이나 제도는 이들이 얼마나 이 자연법칙, 즉 자연발생적인 경제 메커니즘에 순종할 수 있는지로 평가된다. 이러한 견지에서 시장은 실천이성이 실현되는 무대가 되었다. 그리고 이 중대한 도덕철학적 전환은 중농학파, 즉 경제생활을 체계적으로 파악하고자 한 첫 시도라고 일컬어질 수 있었던 정치경제학 이론가들에 의해서 최초로 명시적으로 요청되었다. 왜냐하면, 중농학파의 합법적 전제주의despotisme légal가 바로 그것을 의미했기 때문이다. 다시 말해서 자연의 질서ordre de la nature가 경제의 교환 과정의 규칙을 결정하고 이때 불변하는 자연법칙을 따르는 반면에, 도덕적 질서ordne naturel의 과제는 모든 참여자의 행동원칙이 바로 그 자연적 합법칙성의 원칙을 준수하게 만드는 데 있다. 그 결과는 "인류의 법학" 혹은 일반 공법Jus publicum universale이며, 이것은 기관, 법조항, 행동규칙을 자연법칙의 진행 과정들과 통일하고 시장의 메커니즘에서 이러한 일치의 장소를 찾아내게 만든다. 시장은 이제 자연법칙이 도덕적 삶에도 유효하도록 보장해 주며, 시장의 힘은 특수자의 차원인 경제법칙이 보편자의 차원인 자연법을 대표할 수 있게 해준다.[19] 시장 형태를 띤 이러한 동화同化의 필연적인 결과는 무엇보다도 — 근대의 국가이론에서 유래하는 — 시민사회와 자연상태의 구분이 여기서는 더 이상 의미가 없다는 데에 있다. 시장은 이러한 경계선을 지워버리거나 건너뛰며, 이와 연계된 자연법적 난제들을 제거한다. 시장은 사회계약을 무력화하고 일종의 시민적 자연상태état de nature로서 나타난다.

그러므로 나중에 언젠가 '자유주의'라고 불릴 것이 우선은 자연주의로서 편성되었다. 그리고 이른바 시장의 자유는 무엇보다, 자신의 주체들을 풀어놓아 줄 의무가 정부와 행위자들을 자생적인 시장의 법칙에 복종시켜야 할 의무와 결합한다는 데에 있다. 그러나 제도를 자연법칙적 과정들의 원칙들로 오염시키고 이로써 자유주의 경제의 도덕철학적 근거를 요구하는 통치의 이러한 자연주의[20]는 우선 경제생활의 법칙적 힘부터 확보하고 보는 이론적 핵심부를 중심으로 구성되어 있다. 왜냐하면 시장은 오로지 조절과 균형의 범례적 장소로서 조직될 때에만 경제적·사회적 합법칙성의 척도가 되기 때문이다. 그리고 이는 곡식과 식료품의 분배에 관한 흔한 논쟁들의 배경 아래에서 시장에 대한 성찰이 18세기 중반 이후로 욕구 체계와 이에 상응하는 공급 상황의 관계에 대한 물음에 의해 결정된다는 것을 뜻한다. 다시 말해서, 시장의 움직임은 가격의 역동성에 의해 좌우된다. 여기에서, 즉 공급과 수요의 관계 속에서 신비로운 "전체의 균형"이 발견된다. 그리고 여기, 자유로운 시장의 가격 형성에서, 순환하는 욕망들을 포함한 인적 교류를 "한없는 사랑"을 가지고 모두의 복지로 돌려놓는 "섭리"의 손이 작용한다. 거래의 평형과 균형에서 자연의 은혜로운 작용이 되풀이된다.[21]

## 가격 체계

이로써 교환이, 더 정확히 말하자면 구매자와 판매자의 관계가 기초적인 사회관계가 되고, 정치경제학이 로빈슨 크루소 풍 이야기를 총애하게 되는 담론적 호황의 시작을 표시한다. 다시 말해, 세 개의 섬이 있다고 치자. 그중 한 섬에서는 오직 곡식만, 다른 한 섬에서는 양모, 세 번째 섬에서는 포도주만 생산한다…. 한 섬의 과잉이 다른 섬의 욕구에 화답하고, 잉여가 필요와 교환되면, 단지 섬의 고립 상태만 지양되는 게 아니라 두 의지의 균형이 이루어진다. 두 의지는 정당한, 즉 '적절한' 혹은 '자연적인' 가격으로 조절이나 균형을 이룬다. 그래서 근본적으로 재화와 금전의 순환은 서로 통하는 용기容器들의 체계처럼 표상되어 왔다. 이 체계에서 과잉은 끊임없는 교환 활동을 통해서 자기가 유용성과 필요성을 얻고 늘 새로이 전체의 균형을 보장할 수 있는 곳으로 흘러간다.[22] 마침내 역시 이러한 견지에서 애덤 스미스가 체계적인 파악을 내놓는다. 그것도 그 "아름다움"이 오늘날까지도 영감의 원천이자 "자유 경제질서"를 위한 첫 성과의 역할을 하는 가격 이론으로 말이다.[23] 스미스의 균형 이론은 말하자면 두 가지 가격 유형의 적절한 상관관계를 통해 규정된다 — 가격 유형들은 한편으로는 수요와 공급의 비율 변동에서 결과하는 실제 시장가격을 통해서, 다른 한편으로는 지대地代, 근로소득, 자본소득을 위한 비용에 의거해서 산정되는 내적, 중심적 가격 혹은 "자연가격"을 통해서 상호작용한다. 그리고 여기에서 체계가 어느 쪽에 호의를 지니는지가 입증된다. 즉, 모든 노동자, 사업자, 지주의 "자기이익"은 번번이 "자연가격"이 "모든 재화의 가격이 끊임없이 도달하고자 하는" 중력점이나 마찬가지이기를 추구한다. "이런저런 우연이 이따금 가격을 자연가격보다 제법 높게 유지할 수도 있고, 가끔은 심지어 자연가격보다 약간 더 낮게 머무는 것이 불가피하게 만들 수도 있겠지만, 어떤 장애들이 가격이 서서히 안정화해서 이 중심에서 진정되는 것을 방해할 수 있든 간에, 그럼에도 불구하고 가격은 지속해서 이 방향으로 밀고 나아간다."[24] 설사 갑작스럽고 해명할 수 없어 보이는 가격 변동이 불안을 조장할 수 있을지라도, 설사 독점이나 국가의 개입, 특권 부여가 시장의 힘들의 작용을 방해하거나 왜곡하더라도, 경제학적 지식은 다음과 같이 진정시킬 준비가 되어 있다. 즉, 라그랑주Joseph Louis Lagrange나 라플라스Pierre Simon Laplace의 해석역학에서 천체가 안정적인 궤도 주변에서 주기적으로 동요하듯이, 어느 정도 우연적인 시장가격들은 장기적으로 볼 때 자연가격 주변에서 진동하고, 거기에서 이성적 근거를 발견한다. 이로써 시장가격들은 비단 모든 자원의 최선의 분배만 제공하는 게 아니라, 정확히 말하자면 전체 국민경제를 균형 상태로 나아가게 만든다. 시장은 공정성의 문제를 해결하며, 적절한 몫들을 분배해 준다. 생성 중이던 정치경제학에서 이러한 균형이 실제로 어떤 위상을 차지할지, 즉 이 균형을 최적값으로 이해해야 할지 아니면 원리 혹은 현실로 이해해야 할지가 아무리 별로 결정되지 못했더라도, 아무리 애덤 스미스 자신조차 균형에 대한 정확한 개념적 설명을 별로 제공하지 못했더라도, 균형 공리는 이제 경제학적 지식의 본질적인 요체가 되었으며, 리카도David Ricardo와 발라Marie Esprit Léon Walras,• 제번스William Stanley Jevons,•• 파레토 Vilfredo Pareto•••를 거쳐서 20세기의 교의들에 전달되었다.[25] 경제 이론은 균형 이론으로서 탄생했다.

그러니까 시장 메커니즘들에 대한 조망과 함께 일종의 이론적 소원 성취가 표명되었다. 사회적 교류에서의 법칙성에 대한 질문은 눈먼 열정과 이기적인 이해관계들에서 출발해서 조절과 균형에 대한 질문으로 이어진다. 그러나 이러한 균형은 오로지 이질적인 노력과 힘, 이해관계 들이 가격 체계를 통해 조정되고, 연결되고, 같은 소리를 내게 되는 장소인 시장에 의해서만 보장된다. 이로써 가격 형성의 동역학은, 온갖 불규칙성에도 불구하고 중력이 영원한 천체궤도들의 균형성을 관장하는 우주 질서에 대한 유사성만 제공하는 것이 아니다. 이 동역학은 또한 사회질서 자체가 가능하다는 것에 대한 충분한 근거를 제공하기도 한다. 시장은 사회적 교류의 조직에 있어서 수단이자 목적이다. 이로써 전도유망한 모델 하나가 형성되었다. 이 모델에서는 인적 교류의 메커니즘이 경제생활의 과정에 따라 작동하지만, 경제생활의 과정들은 시장의 힘들과 가격의 운동에 따라 작동한다. 이에 따르면 시장이란 자연발생적이고 개별화된 행동들을 규제된 결과들로 번역하는 것이라 하겠다. 시장이란 수요와 생산비용 사이의 적합한 관계를 만들어내고 가격이 적절한 방식으로 자연적인 혹은 진정한 제품가치 주위로 인력을 받게 만드는 것일 터이다. 시장의 힘들이란 자원, 재화, 부의 최적화된 분배를 보장하는 것일 터이다. 그리고 마지막으로 시장 메커니즘이란 늦어도 애덤 스미스 이후로 그 참여자

---

• 프랑스의 경제학자로 로잔 학파의 시조이자 일반균형이론의 창시자이다.(1834~1910)

•• 영국의 경제학자이자 논리학자로 근대 경제학의 창시자이자 한계효용이론의 제창자이다.(1835~82)

••• 이탈리아의 경제학자이자 사회학자로 발라를 계승하여 파레토의 법칙을 주창했다.(1848~1923)

들의 분산된 충동과 이해관계들, 제멋대로의 행동들을 이성적인, 즉 합법칙적인 연관관계들로 변환하고 이로써 흡사 신의 섭리를 따르는 듯한 길로 보내는 것일 터이다. 세계 정황을 내다볼 수 없게 되고 세상의 존재들이 빈약해져서 그 운명을 가늠할 수 없게 되어버린 마당에, 시장이 시민질서의 제한적이기는 하지만 공고한 보호 구역을 창설한 듯이 보인다. 그러므로 18세기 이후로 — 그리고 오늘날까지도 — 자유시장 이론은 시장에서 벌어지는 일들에 모범적인 질서 확립 업적을 증빙해 주고 이로써 그 어떤 다른 모델보다도 조화로운 사회질서의 척도를 잘 마련해 줄 수 있는 표준을 만들어내는 데에 몰두한다.

사람들 사이의 관계들은 교환과 상품 교류를 통해 합리화되지만, 바로 그렇기에 시장과 가격 체계는 경제적 사실관계 그 이상이 된다. 아무리 애덤 스미스에 대해 생성 중인 자본주의를 서슴없이 옹호했다고 말하기 어렵다 하더라도, 그리고 아무리 그가 사회적 삶을 순전히 경제적인 행위들로만 환원하지는 않더라도, 그는 경제의 과정들을 사회의 토대로, 시장을 자연발생적 사회질서의 운영자로서 생각한다. '경제 이데올로기'는 근대 사회사상의 외곽이 아니라 중심에서 형성되었다. 시장이라는 구상은 도덕철학적 유래를 입증하고 있으며 정치, 사회, 역사에 관한 앎에서 실용적 진실의 장소를 차지하고 있다.[26] 그 구상에서 사회적 교류의 법칙들은 자생적이게 되었다. 18세기 이래로 '시민사회'라고 불리는 것은 시장의 목가에 근거하였으며, 이러한 경정론과 홍망을 함께한다.

3장

# 자본의 시간

## 균형

오늘날까지도 조절Ausgleich과 균형Gleichgewicht이라는 발상은 경제 지식이 사회 과정의 일반적인 이해를 도운 가장 중요한 기여로서 파악된다. 그것은 동시에 이 경정론으로, 즉 시장의 자유주의적 목가로 시장사회에 대한 일종의 진화론적 우화를 제공한다. 이때 중요한 것은 비단 교환 용의가 있고 이해관계를 동반한 분산된 행위자들이 어떻게 가격신호에 반응하는지, 그들이 어떻게 시장 활동 중에 서로를 발견하고 그 메커니즘과 법칙성에서 분배 정의의 모델, 사회질서의 척도, 실천이성의 효율적 집행 조직을 식별해 내고자 하는지만이 아니다. 정치경제학의 담론형식에서는 오히려 특정한 계보와 전제들이 어떠한 방식으로 사회적인 것의 새로운 존재론에 대한 전망들을 찾아내는지가 주목할 가치를 지닌다. 그것이 경제적 인간의 인류학적 토대이든, 우주론적 기능 발상이나 물리신학적 잔재이든 간에 말이다. 늦어도 애덤 스미스 이래로 — 분화하는 이해관계들 사이, 구매자와 판매자, 공급과 수요, 상품량과 화폐량, 자연가격과 시장적정가격 사이의 — 조절의 가설은 사회를 시장사회로서 정초하기 위한 전제이다. 설사 균형 개념이 경제학 고전에서부터 19세기의 한계주의자들을 거쳐서 20세기의 신자유주의들에 이르기까지 여러 상이한 이론적·인식론적 포맷을 취해왔더라도, 이 개념은 공동의 근본 가정이 지닌 제한된 스펙트럼을 통해 특징지어진다. 모든 참여자가 이익이나 이득의 최대화에 관심을 지닌다는 것, 상이한 크기, 힘, 요인 들 사이의 자기조절적 관계가 모습을 드러낸다는 것, 교환 메커니즘이 비례적으로 자의적 간섭이나 개입의 감소 쪽으로 최적화된다는 것, 그러므로 시장이 다른 곳에서는 개관 불가능하고 불투명한 사회 교류를 해명하기 위한 모범적인 무대로서 제시된다는 것이 그러한 근본 가정이다.[1] 시장의 균형이 통속적으로, 기계적으로, 결정론적으로 생각되든지, 아니면 역동적인 힘들의 복잡한 체계로서 생각되든지 간에 — 이와 더불어 시장은 사회적인 것의 기본적인 제도 혹은 자기-제도를 이룬다.

이는 또한 정치경제학의 특수한 성격, 그것의 담론으로서의 그리고 이론적 실천으로서의 지위를 각인하기도 한다. 이것은 한편으로, 경제 이론 자체가 경제원칙을 따르고, 오컴의 면도날 원리•를 신뢰하고 있으며, 복잡성을 감소시키고, 간소한 모델, 효과적인 단순화를 택하며, 통틀어 사람들이 생각하는 것보다 더 단순해야 하는 세계 상황을 받아들인다는 것

• 모든 조건이 동일할 때 가장 단순한 것이 옳다는 원리로, 중세 수도사이자 철학자 오컴의 윌리엄에게서 비롯되었으며, 절약의 원리, 단순화의 원리라고도 불린다.

을 의미한다. 응집력 있는 경제 체계를 응집력 있게 포착하기 위해서는 이상화된 탈중심적 시장 상황을 가정하고, 개관 불가능한 교류 관계를 합리적 행위자와 경쟁적 반응 방식으로 환원하지 않을 수 없다. 정치경제학은 내구성 있는 이론의 변종들을 항상 제공한다. 다른 한편으로, 사람들은 이때 절대로 순진하게 처신하지 않는다. 왜냐하면 정치경제학의 지적인 요구는 이상적인 시장에 대한 주장이 비록 반드시 진실은 아니더라도 진실이 될 수도 있음을, 즉 이상적 시장에 대한 가정은 전적으로 '현실주의적'인 것이 아니라 단지 실현 기회를 지녔음이 틀림없음을 증명하려고 더더욱 고집하기 때문이다. 아무리 완전히 탈중심화된 시장이, 그러니까 자기이익에 의해 동기가 부여되고 가격신호에 의해 이끌어지고, 그래서 경제 자원의 완벽한 분배를 보장하는 시장이 실제로 존재하는지 확인되지 않았더라도, 아무리 그러한 추상화가 진짜 세계의 밀림과 일치하지 않더라도 말이다.[2] 우리는 여기에서 사회적 상상의 효력, 즉 사회의 자기이해를 지도하고 사회적 · 상징적 실천들을 이행하고 기능 개념과 행동옵션들을 위한 직관적으로 정당화된 이미지나 명증들을 마련해 주는 허구의 효율성을 인식할 수도 있다. 따라서 균형을 잡는 시장의 힘은 특권을 지닌 이미지 저장고를 제공하며, 현대 사회는 그로부터 자신의 자기재현들을 얻는다.[3] 그러나 무엇보다도, 자유주의 경정론의 견고한 핵심이 여기에 있다. 자유주의 경정론은 가능한 세계의 일관성을 심리한다. 그것은 단순히 존재하고 있는 것을 통해서가 아니라 실제로 존재할 수도 있을 것을 통해서 스스로를 정당화한다. 그리고 18세기에 발생한 이래로 정치경제학이 얼마나 실용적으로 혹은 공상적으로 이루어졌든 간에, 그것은 단한 번도 실제 경제활동의 재현이나 기록을 가지고 구성된 적이 없다. 시장 개념은 바로 그 시장이 작동을 시작하기도 전에 모습을 드러냈다. 아무리 정치경제학이 실제 상황의 전사傳寫를 통해 자신을 주장하려고 안간힘을 쓰더라도, 이 현실은 아직 완성되지 않은 것으로서, 여전히 너무 응집력이 부족한 것으로서, 미완의 과정으로서 표상된다. 정치경제학의 리얼리즘은 미래지향적이며, 언제나 관건은 사물과 상황에 담긴 잠재적 가능성을 완성하는 것이다. 이것이 현대 경제 지식의 이중적 구조를, 혹은 달리 표현하자면, 그 수행력을 각인한다. 다시 말해서 시장 개념은 거기에서 모델인 동시에 "진실 프로그램"•이며, 그러므로 시장법칙 자체를 진실로 만들라는 요구와 연결되어 있다. 주어진 상황은 그것이 프로그래밍될 수 있다는 징후 아래에서 나타나고, 현실은 그것의 실현 전망 속에서 나타난다. 그러므로 현대 정치경제학은 무엇보다 어떻게 시장의 가능한 세계가, 그러니까 어떻게 역사 자체가 선험적으로 실현될 수 있는가라는 질문 주위를 맴돈다. 그리고 이러한 요구는, 칸트의 역사철학적 반어를 동원해서 말하자면, 여기에서 즉 정치경제학의 목표 설정에서는 "예언자가 자신이 미리 예고하는 사건을 손수 만들고 실행한다"[4]라고 표현될 수 있다.

• 진실 프로그램은 푸코의 동료였던 폴 벤느(Paul Veyne)가 초역사적으로 불변하는 '진실' 개념에 대항하기 위해 제안한 개념이다. 그에 따르면, 시대, 지역, 분야 등에 따라 복수의 진실들이 구성되는데, 이를 구성하는 상이한 기준들과 방식들이 곧 진실 프로그램이다.

## 경쟁

이는 현대 정치경제학의 주제와 담론 질서를 규정하는 두 가지 결과를 낳는다. 첫째로 이를 통해서 늦어도 19세기 이후로 경쟁이라는 생각이 시장활동에 관한 논의에서 점유한 논리적·전략적 지점이 표시된다. 왜냐하면 경쟁 이론의 방법론적 독특성은—1968년에 나온 프리드리히 폰 하이에크Friedrich von Hayek의 강령적인 논문에 따르자면—우선 그것이 오로지 모든 실증적 증명에 대한 거부를 통해서만 입증된다는 데에 있기 때문이다. 경쟁과 경합의 본질이 행위자가 불분명한 상황 속에서 예기치 않은 행동으로 예견할 수 없는 사건을 생산해 내는 데에 있는 한에서만, 경험적인 개별 경우들에서 검증되지 않고 이것이 곧 경쟁 절차가 열려 있음을 의미하는 한에서만, 경쟁 개념은 말이 된다. 아무도 누가 어디서 어떻게 무엇으로 경쟁에서 이기거나 질지 모른다. 확인해 볼 수 있는 바는 기껏해야 경쟁사회가 다른 사회형태가 그러는 것보다 경쟁의 기회를 더 잘, 그리고 더 효율적으로 분배한다는 사실뿐이다. 이것은 동시에, 경쟁의 경제 이론이, 비록 특수한 사건과 분배의 미래에 관해서는 구체적으로 진술하지 못하지만, 경쟁에서 생겨나는 구조와 질서 패턴의 종류에 관해서는 진술할 수 있음을 의미한다. 경쟁은 패턴 예측pattern prediction을 가능하게 해준다. 이것은 무엇보다도 추가적인 행동과 행동옵션들이 다시금 가격 체계를 목표로 하게 만드는 행동들을 촉진해 특권을 부여하는 가격 체계의 운에 달려 있다. 그러므로 이를 통해 만들어진 패턴은 뚜렷한 목표를 향한, 목표의 위계와 의도에 의해 주도된 조직으로 귀결되지 않는다. 그 성격은 오히려 최종목표를 추구하지는 않지만 일반적인 합목적성에 상응하는 "카탈락시"Katallaxie•나 자생적 질서에 부합한다.[5] 시장 내지 경쟁은 — 원래는 불가능한 — 조망이나 다름없다. 그리고 여기에서 다시 한 번, 그리고 아직도 여전히, 애덤 스미스의 보이지 않는 손이 지배한다. 다시 말해, 기대할 수 있는 기대를 만들어내고 개별적인 계획들이 서로 맞추어가게 만드는 것은 지불과 가격의 체계다. 수요와 공급을 조율하고 부정적인 피드백을 거쳐서 "자기조직적 시스템"을 마련하는 것은 가격 체계이다. 그리고 경쟁의 비개인적인, 강제 없는 강제를 지도하고, 안정된 균형은 아니더라도 최적의 균형 상태에 유동적으로 접근하는 일을 완수하는 것은 결국 가격 체계다.

이러한 경쟁의 구상에서는 두 가지가 주목할 만하다. 한편으로는 경제적 교류의 합리성이 경쟁으로 새롭게 코드화되고 교환의 역학으로부터 경쟁의 그물 쪽으로 옮아간다. 경쟁사회는 — 18세기에도 여전히 그랬듯이 — 교환의 상호성보다는 경쟁의 불평등에 의해 규정된다. 그리고 한때는 시장이 이해관계의 (자유주의적) 자연법칙을 수행하던 곳에서 이제는 시장이 경쟁의 (신자유주의적) 본질 또는 에이도스eídos를 따른다. 말하자면 경쟁이 — 이 경제의 "영혼", 생산의 "활기", 흡사 모든 것을 규정하는 듯한, 시장의 "중력"의 원리[6]가 — 균형을 잡는 질서와 동시에 발생하는 한, 경쟁은 무엇보다도 형식적 특권을 통해 두드러진다. 균형을 잡는 질서는 단지 대략적으로만, 즉 다소 많거나 적게 실현되지만, 그럼에

• 하이에크가 개인 혹은 가정경제와 같이 단일한 목적체계를 지닌 조직 내에서의 자원 배분 문제를 의미하는 오이코노미아와 달리 서로 다른 가치체계를 지닌 개인들이 서로에게 필요한 물건과 서비스를 교환하는 자율적인 시장경제를 지칭하기 위해 사용한 개념.

도 변화를 넘어 유지될 수 있다. 그러므로 경쟁은 시장의 실제 사건들에서 그저 어느 정도만 나타나는 저 이상상理想象, Idealbild적인 추상이다. 이는 다른 한편으로 경쟁이 근본적인 여건이 아니라 만들어지고, 촉진되고, 관철되고, 실현되어야만 함을 뜻한다.[7] 경쟁은 현재 존재하는 게 아니라 역사적 목표이며, 이 목표는 능동적일 뿐 아니라 단호한 정치를 요구한다. 경쟁은 자신의 경기규칙을 지시하고 그것이 엄수되는지 감시하고 참여자를 동참하도록 활성화시키는 정부에 호소한다. 경쟁은 부재하거나 허약한 국가를 통해서는 자신의 자유공간을 얻지 못한다. 경쟁은 오히려 정치적 경계심과 개입을 통해서 현실역사적 기반을 획득한다. 경쟁과 경합의 조건은 항상 새로 성취되어야만 한다. 그리고 제법 오래전부터 규제완화라고 불리는 것은 언제나 격렬한 개입의 앙상블에서 연원한다.

## 물리주의Physikalismus

그러나 둘째로, 자유주의 경정론은 — 보이지 않는 손과 균형을 잡는 힘의 효력과 더불어 — 물리주의라고 부를 수밖에 없는 담론의 투입과 연결되어 있다. 이것은 비단 정치경제학이 물리학의 본보기에 따라 자신이 실증적인 학문임을 입증하고 다시금 물리학의 본보기와 더불어 가치중립적인 학문적 실천임을 입증할 수 있으리라는 희망만을 뜻하지는 않는다.[8] 오히려 정치경제학의 역사는 경제적 기능의 발상들이 직접적으로 자연적 합법칙성의 본보기에 따라 모델화되는 현저한 교차점들을 이은 실마리에 의거해서 기술될 수 있다. 그것이 뉴턴의 중력물리학의 법칙들에 따라 조절되는 분화하는 이해관계의 활동성이든, 18세기부터 20세기에 들어서서까지 상품과 화폐의 순환을 서로 연결된 통, 관, 우물, 탱크의 시스템으로서 특징짓는 흐름의 유체역학이든, 에너지 일원론과 신고전학파의 연관관계이든 아니면 자연과학의 경계 문제 및 변형 문제 취급 방식을 지향했던 한계주의의 정치경제학 혁신이든, 마지막으로 늦어도 20세기 후반에 금융시장에서의 우연적인 변동과 개연성에 관한 논의와 더불어 귀환한 통계역학과 추계학의 문제들이든 간에 말이다.[9] 이 모든 경우에 문제는 단지 유비나 은유적 대체, 단순한 이미지 차용이 아니다. 이러한 종류의 상통성은 무엇보다 19세기 이래의 경제 지식이 점점 더 수학화하는 것의 본질적인 동인을 보여준다. 정치경제학에서 나타나는 수학 모델로의 회귀는 자연과학적 반향들에서 영감을 얻었다. 하지만 후자는 균형을 유지하기 위한 규칙들을 작성하려는 탐색을 통해 규정된다. 상이한 크기, 양, 상호작용이 어떻게 그 상호의존성과 균형 면에서 제시될 수 있느냐, 어떻게 평형과 안정성이 복잡한 경제적 교환관계 자체에서, 즉 산술적으로 가능하냐는 질문의 실마리에서, 정치경제 담론은 형식화의 문턱을 넘어섰으며 수리 물리학에 점근적으로 근접했다.

그러므로 경제 지식이 19세기 이래로 단지 과학화하는 경향뿐만 아니라 그 공리를 형식화하는 경향도 따른다면, 이는 본질적으로 시장 활동의 합리적 질서 능력에 대한 가정에, 그리고 항상성 능력에 대한 신뢰에 빚지고 있는 것이다. 여기서는 시스템의 "아름다움"이 위험에 처해 있다. 정치경제학은 일반 균형 이론을 따라 확립되었고, 시장이 균형연관 문제를 해소할 수 있을 것이며 어떻게 그럴 수 있는지를 증명하는 데에서 자신의 진실성을 주장한다. 경제 동역학 이론에 있어 이것은 그 개념과 준거들이 특정한 시점에 주어진 시스템의 상황들을 충분히 기술할 수 있고 이로부터 미래의 시스템 상황에 대한 믿을 만한 예측들이 전개될 수 있음을 뜻한다. 이러한 주장, 이러한 이론적 면모는 아마도 뉴턴의 의미론이 경제 이론에서 놀라운 견고성을 가지는 이유이기도 할 것이다. 뉴턴의 동역학이 오랫동안 모범일 수 있었던 까닭은 그것이 현재 상황과 물체의 가속도에 대한 지식으로 미래의 모든 상황상태, 동역학, 시스템 상태 또한 제시할 수 있었기 때문이다. 그러므로 물리학 자체가 이미 고전 동역학과 결별하고 19세기 말 이래로 통합 가능한 물리적 체계들의 동질성을 의심하기 시작한 뒤에도 정통주의 경제학이 여전히 물리적 조절 발상을 고수하는 것은 놀라운 일이 아니다.[10] 그러므로 시장의 조절력들에 대한 표상은 비단 도움이 되는 단순화나 어쩌면 유토피아적 토대이기만 한 것이 아니다. 설사 실물경제가 실제로 조절 경향이 있는지를 정말로 알 수 없다고 하더라도, 균형에 대한 가정들은 논리적으로나 이론적으로 불가피하다고 간주되어야만 한다. 오로지 그 가정들을 통해서만 경제 지식의 체계성이 보장된다. 그리고 오로지 그것들을 통해서만 경제 분석을 위한 응집력 있는 대상 영역이 구성되었다. 마지막으로, "이상화된 탈중심적 경제"에서는 "완벽한 경쟁"이 지배하고 "합리성의 공리들"에서 경제 행위자들의 태도가 도출될 수 있다는,[11] 형식적으로 치밀한 논증이 현대 정치경제학의 인식론적 일관성을 입증한다. 순수한 불균형의 '이론'은 응집성 없는 체계라는 발상이나 비이성에 관한 공리적 이해만큼이나 터무니없다. 그러므로 경제학이 응용수학 분과로 변하는 것과 다양한 물리주의는 균형 잡힌 시장에 대한 긍정이지만, 또한 이론*으로서의* 경제 이론의 지속적인 자기주장이기도 하다. 시스템의 본질에 관한 진실주장은 그 쪽으로 투사된다. 그러므로 여기에서도 경정론, 즉 경제 내지 자본주의 세계의 합목적적 정립이라는 표상이 유효하다.

## 신용경제

그러나 이는 효율적 시장사회의 우상, 균형의 정리定理와 그 변형이 끊임없이 다시 추가질문 공세에 시달리고 "생산적 오류"나 순전한 "환영", "학문적 수수께끼"라고, "경제 이론사의 최대 오류"라고, 가소롭다거나 부적절하다거나 또는 한마디로 "뇌 적출 기계"라고 일컬어질 수 있음을 결코 배제하지 않았다.[12] 말하자면 특정한 사회 현상의 수량화와 측정 가능성이 지니는 우연한 특성이 경제적 사실과 비경제적 사실의 엄격한 분리를 정당화하느냐는 질문, 그리고 정치경제학이 자신의 가정과 데이터의 선별 조건을 스스로 충분히 검증할 능력과 의지가 있느냐는 질문을 논외로 하더라도, 교환이나 경쟁이 균형으로 귀결되는 서사를 지닌 시장의 진화 우화가 도대체 근대와 현대의 경제에서 벌어진 일들의 기초적·내생적 과정을 파악할 수는 있는지에 대한 의심이 이미 제법 오래전부터 표명된다. 그러니까 경제 동역학의 이론과학이 고전적 또는 신고전적 개념의 조건 아래에서 가능한지에 대한 의심 말이다. 그리고 여기에서 자본주의 경제의 본질적인 한 요소와 관련되고 자본경제와 신용경제의 논리에서 발생하는 담론적 장애가 기록될 수 있다. 상업과 거래의 발달은 의심할 나위 없이 신용경제의 발생, 어음과 예금증서, 채권의 활용 개시, 금융거래 실무들, 지불 약속의 양도 가능성과 직결되어 있었다. 그리고 작동하는 신용체계의 기틀들은 중세 이래로 상업자본 확장의 필연적인 조건이었다.[13] 그것이 더욱 놀라운 까닭은 18세기 말경에야 비로소 신용제도, 자본, 은행통화의 메커니즘에 관해 충분히 체계적인 논의가 이루어질 수 있었기 때문이다. 이는 뚜렷한 거래실무에 비해 경제 체계에 대한 지식은 악명 높을 만큼 지지부진한 탓일 수도 있겠지만, 어쩌면 또한 순수하게 자본주의적인 구조, 즉 신용, 자산, 수익 전망을, 그러니까 시간을 수단으로 한 상거래가 더 이상 곧장 기초적 교환 및 조절 관계로 역번역될 수 없다는 사실에 대한 이론의 모종의 저항일지도 모른다. 채무, 신용, 자본의 순환에 대한 관찰이 시장의 조절 역학에 대한 가정과 충돌하며, 상응하는 경제적 결정과 행동의 효과들은 이 과정에서 분명히 불안한 포맷을 띤다.

18세기 말경의 한 금융경제적 상황을 이러한 불안에 대한 일종의 근원장면Urszene•이라고 평가할 수 있다. 가장 중요한 금융기관 중의 하나와, 그리고 그것과 함께 취해진 그야말로 전대미문의 금융정책 조치와 관련된 사건이다. 문제는 다음과 같은 본보기적 상황관계다. 18세기 말경에 잉글랜드 은행Bank of England••이 논의의 대상이 되는데, 이 논의에서는 조절과 균형의 구상이 현대 자본 교류의 동역학을 파악하기에 충분한지에 대한 몇몇 질문이 두드러지게 나타난다.

• 프로이트의 정신분석학 용어로 아이가 처음으로 목격하는 부모의 성행위 장면을 뜻한다.

•• 영국의 중앙은행. 문제가 되는 18세기 말부터 1차 세계대전까지는 그야말로 세계의 중앙은행 역할을 했다.

## 잉글랜드 은행

이 은행은 1694년에 설립되면서 이미 심각한 경제적 우려에 응답했고, 이후로 계속해서 불안을 일으키는 원인이 되었다. 그 한 예가 조지프 애디슨Joseph Addison이 1711년에 자신의 《스펙테이터》Spectator 지에 소개한, 이 새 기관의 상황과 관련된 기이한 형상이다. 그것은 황금 왕좌에 앉아 있는 처녀의 알레고리인데, 그녀는 당대의 통상적인 관례대로 심기증을 앓고 있고 온갖 망상에 시달리는 것처럼 보인다. 이때 예민한 체질과 상태의 급변은 — 경화증에서 생기발랄함으로, 무기력에서 각성 상태로, 홍조에서 창백으로 — 이 장면을 완성하는 몇 가지 사항과 사건들에 의해 규정된다. 우선은 벽에 금빛 글자로 적혀 있는 텍스트들, 즉 마그나 카르타Magna Carta, 통일령the Act of Uniformity, 관용령the Act of Tolerance — 그러니까 증서나 법조문이 흡족해하거나, 염려스러워하거나 두려워하며 주시된다. 이 숫처녀의 발치에서 세계 곳곳의 소식들을 낭독하는 몇몇 서기관들로부터 독특한 불안감이 유발된다. 이 보고의 박자에 맞춰서 쇠약과 충만, 건강과 질병의 징후들이 곧장 연달아서 이 알레고리적 인물을 스쳐 지나간다. 그리고 무정부 상태, 압제, 거짓 믿음, 혹은 무신론 같은 음산한 형체들과 더불어 특별한 경악이 나타난다. 이는 결국 그 장면 자체가 치명적으로 암담해지는 결과를 낳는다. 왕좌를 에워싸고 있는 금괴 자루들이 돌연 바람만 잔뜩 든 자루, 공기 자루로 변하고 금덩이들은 빈 종이 쪼가리로 바뀐다. 그러면서 애디슨은 이 알레고리적인 처녀가 무엇을 지시하는지에 대해 한 치의 의심도 남겨놓지 않는다. 그녀는 "공적 신용"Publick Credit이라는 칭호를 지니고 있으며 큰 홀에 사는데, 그 홀은 오

인할 나위 없이 런던에 있는 잉글랜드 은행 본점이다.[14]

설사 애디슨의 비유에서 공적 신용인 이 숙녀께서 온갖 부침을 극복하고 늘 다시 회복한다고 하더라도, 그녀의 상황과 과제는 언제나 쉽지 않으며, 그녀를 둘러싸고 그녀와 더불어 발생하는 그 모든 사업 교류에도 불구하고, 그러니까 온갖 불행에도 불구하고 미덕과 위협받은 순결을 지키기가 어려움을 증명한다. 애디슨의 텍스트는 이로써 시사정치적·당정치적 갈등 상황 외에도 잉글랜드 은행의 — 그리고 은행 제도 자체의 — 작동 방식에 깊숙이 다다르고 정치경제학이 17세기 말 이래로 다루어온 몇몇 물음들을 모은다. 이는 우선 이 은행 자체의 발생 조건에 해당한다. 이 은행은 암스테르담 외환은행의 모범에 따라서, 그리고 다수의 상이한 사업들로 이루어진 프로젝트를 개발한다는 정신으로, 복권사업에서부터 상사商社와 세금 인상을 거쳐 은행 기관에까지 이르는 70개의 상이한 통화창출 프로젝트들 중에서 선별되었다. 이 은행은 왕실의 채무와 자본 수요를 충당하기 위해서 설립되었다. 그러나 무엇보다도, 이 프로젝트의 발기인 중의 하나인 사업가 윌리엄 패터슨William Patterson은 1690년대 초 이후의 여러 청원서에서 다양한 동기들 외에 다음과 같은 특별한 의도 하나를 추구했다. 즉, 날강도 같은 군주정의 강도짓들을 법제화하는 것이 무엇보다 관건이었다. 이미 1640년에 찰스 1세는 런던 상인들 소유였던 주화와 귀금속으로 약 20만 파운드를 징발했다. 1672년에는 찰스 2세가 크라운• 차용증에 대한 지불을 중지시켰고, 이로써 불가피하게 왕권

• 당시 영국의 화폐 단위 중의 하나로 1크라운(Crown)은 4분의 1파운드이다.

의 재정적 평판을 뒤흔들어놓았다. 영국 왕실은 거듭해서 런던탑과 금고에 예탁된 시민과 상인 들의 귀중품들을 압류했고, 그냥 간단히 120만 파운드 스털링을 8퍼센트의 이율로 왕실에 선지급하자는 패터슨의 제안으로 시도된 바는 언제든지 일어날 수 있는 군주의 도적질을 채무자와 채권자 사이의 계약으로 바꿔놓으려는 시도일 따름이었다. 자금 조달을 위한 다양한 실험들과 더불어 잉글랜드 은행이 국가 파산의 결과로서, 그리고 국가 재정에 대한 절망에서 나온 행위로서 설치되었다. 왕권 자체를 신뢰할 수 있게 계약에 의해 구속하는 것, 그것이 새로운 은행의 설립 증서였다.[15] 동시에 이 은행은 생성 중인 세계시장에서 재정기술상의 항법장치가 되어야 했고, 해외 무역과 식민지 사업에 필요한 자본을 마련해야 했으며, 처음부터 암스테르담 외환은행이 이전에 이미 그랬듯이 전지구적 의존성과 뉴스 들의 광대한 그물조직의 통제실로서 구상되었다. 경제에서 17세기 말부터 지구화를 향한 최초의 추진력을 알아볼 수 있는 한, 위험들 역시 유사하게 전지구적이었다. 그리고 예컨대 1776년에 『인류 일지』*Ephemeriden der Menschheit*에 씌어 있었듯이 중국 재상의 오류가 유럽 전체를 혼란에 빠뜨릴 수 있었다.[16] 그러나 이 모든 네트워킹에는 앞의 알레고리 인물을 특히 더 벌벌 떨게 만드는 특수한 위험이 도사리고 있었다. 즉, 애디슨의 텍스트를 격앙시키는 위험, 돈이 공기로 바뀌고 금이 종이로 돌변하는 위험이다. 애디슨이 여기에서 은행업, 자본시장, 상거래의 악령이라고 거론하는 것은 계몽주의적 화폐정책 및 기호정책의 기본 정리定理에서 연원한다. 말하자면 순환•하는 기호, 어음, 은행권, 대부총액과 차용증서가 가치의, 즉 귀금속과 귀중품의 등가물을 통해서 보장되어 있어야만 하며, 그러니까 순환되는 기호는 오로지 지시대상인 금은보화를 통해서 구속되고 통제되는 한에서만 가치를 대변하고 평형을 이룬다는 기본 정리 말이다. 순환되는 화폐기호는 오직 담보된 가치실체Wertsubstanz, 즉 은이나 금에 대한 연관을 통해서만 자신의 균형을 유지한다.

그러니까 이러한 네 개의 기능 내지 원리가 곧 애디슨의 간단명료한 비유가 계몽주의 정치경제 프로그램을 지칭하는, 그리고 계몽주의가 다시금 신용제도의 문제와 잉글랜드 은행의 활동을 지칭하는 수단이다. 국왕 자신마저도 포함하며 일종의 사회계약을 유발하는, 계약으로 담보된 쌍방성. 개관할 수 없는 네트워크들과 인지되지 않은 의존성들 속에서 믿음직스럽게 길을 잡는 조종 기능. 공허하고 허황된 기표와 지시대상 상실을 그 어떤 고약함보다 꺼리는 상징의 정치. 그리고 마지막으로 견고한 가치실체에 닻을 내리고 이로써 교환 교류에서의 규제와 조절을 보장하는 화폐기호의 순환 — 이 모든 것으로 잉글랜드 은행과 공적 신용은 17세기 말 이후로 런던의 한복판에서 전략적인 만큼이나 상징적인 장소를 차지하고 정치적·경제적 힘의 유지를 위한 보증을 제공해야 했다. 민간 기관이 여기에서 전혀 예기치 않게 정치적인 역할을 획득했고, 마치 군주제 제도 자체로 병렬전환이라도 하는 것처럼 이제 잉글랜드 은행에 국가 복

---

• Umlauf/Zirkulation: 기호학에서 '순환'은 단순히 기호가 유통된다는 의미만이 아니라 그 과정에 있어서 기의가 끊임없이 다시 기표로 전환되거나 혹은 지시체가 다시 기표로 전환되는 등, 구조상의 순환이 일어난다는 의미도 담고 있다. 이 책에서 이는 돈과 그 지시체 간의 상호 경계가 모호해지거나 역전된다는 현상과도 연결되므로 '순환'으로 옮겼다.

지의 본질 그 자체가 자리 잡는다. 예를 들어서 대니얼 디포가 1710년에 쓰기를, 공적 신용은 국가의 이런저런 움직임의 효과가 아니라 모든 통치 업적의 총체이며, 왕권과 의회의, 정확한 관리와 훌륭한 사업의 상호작용의 결과이다.[17] 그러니까 모든 것과 모든 것의 정치적·경제적 연관관계가 잉글랜드 은행에서 그리고 공적 신용에서(를 통해) 대표되고, 이러한 견지에서 처녀의 알레고리적인 몸은 전적으로 왕의 추가적인 몸이라고 할 수 있다.

## 1797

그러나 100년 뒤에 이러한 질서와 알레고리 숙녀의 순결은 실제로 커다란 위험에 처하며, 결국에는 둘 다 완전히 돌이킬 수 없게 상실되고, 이러한 상실로 정치경제적 목가가 붕괴될 가능성을 예고한다. 제임스 길레이James Gillray가 제작한 1797년의 에칭 동판화 두 점이 이를 암시한다. 하나는 그사이 늙어버린 공적 신용을 보여준다. 그녀는 보물상자 위에 앉아 있는데, 1783년부터 영국 수상으로 있었던 윌리엄 피트William Pitt라는 이름의 서른일곱 살짜리 정부情夫에 의해 스캔들이 나고 들볶인다.(그림 1) 그리고 곤경에 빠진 그녀의 구조 요청은—"살인이다! 살인! 강도다! 살인이다! 오 이 불한당아! 내가 어떻게 그토록 오래 명예를 지켜왔는데, 결국 네놈한테 명예를 실추당한단 말이냐? 오 살인이다! 강도다! 겁탈이다! 파탄이다! 파탄! 파탄!"—곧장 두 번째 캐리커처의 주제로 이어진다. 여기에서는 잉글랜드 은행의 둥근 지붕 위에 공적 신용, 즉 미다스Midas의 부글거리는 배가 우뚝 솟아올라 있다. 그런데 이 미다스는 치

그림 1 제임스 길레이, 「정치적 뇌쇄, 혹은 위험에 처한 스레드니들 가(街) 여인!」(1797.5.22.)

명적인 치환으로 자기가 만지는 것을 금이 아니라 종이 쪼가리로 만들어버린다.(그림 2) 어쨌거나 1797년에 잉글랜드 은행은 미덕과 순결, 정치경제적 품위를 모조리 잃어버린 것처럼 보이며, 이러한 불행은 정치경제학의 작동 방식의 분기점, 경제 지식 자체의 판단 유보epoché로밖에는 달리 이해하기 어렵다. 그렇다면 길레이의 캐리커처를 유발한 격앙의 이유는 무엇일까? 이때 어떤 전대미문의 사건에 대한 담판이 이루어지는가? 이때 어떤 혼란과 거부가 정치경제학적 담론에서 분명해지는가? 그리고 어떤 견지에서 이를 금융경제적 근원장면이라고 말할 수 있는가?

근본적으로는 이때 1797년 2월의 중요한 이틀에 나뉘어 일어난 사건이 문제가 된다. 먼저 이것은 1797년 2월 4일을 뜻한다. 프랑스에서 혁명

그림 2 제임스 길레이, 「미다스, 모든 것을 ~~황금~~ 종이로 변화시키다」(1797)

자금과 국가 재정 충당을 위한 기획이, 즉 프랑스의 아시냐 지폐 내지 망다 테리토리오mandats territoriaux• 기획이 좌절되었다고 최종적으로 선언될 수밖에 없었던 날이다. 이 국가지폐는 1789년 이래로 몇 년 만에 액면가의 0.5퍼센트로 가치가 하락했고, 급속도의 가치 절하를 겪었으며, 종국에는 그저 혁명정부에 지급•• 능력이 없다는 사실밖에는 나타낼 수 없었다. 같은 시기에 이러한 몰락과 정확히 유비관계에 있는 동시에 정반대이기도 한 무엇인가가 발생했다는 사실은 그만큼 더 놀랍다. 여기에서는 동시대인들이 거듭해서 "믿기지 않는다", "불안하다", "몹시 미심쩍다"고, 형용하기 어렵고 당황하게 만드는 사건이라고, "상상할 수 있는 가장 끔찍한 일"이라고, 그러나 동시에 또한 "이번 세기에 국가경제 분야에서 이루어진 좋은 경험"이라고도 느꼈던 금융기술적 사건이 문제가 된다—그러니까 분명히 경제적 기호 사용의 시대 전환으로서 받아들여진 사건이다.[18] 다시금 문제는 기억할 만한 1797년 2월, 그것도 1797년 2월 26일이다. 이날 잉글랜드 은행은 의회의 의결을 통해서 이제 은행권을 주화로 태환해 주고 이를 통해서 순환 중인 지폐의 지속적인 지급 준비를 보장할 의무에서 해방되었다.

이것은 프랑스 아시냐 지폐의 슬프고 황폐한 종말과 정반대이다. 왜냐하면, 이 경제적·법률적 행위에서 전례 없는 바는 분명히, 주화 지급 거

---

• 1796년에 무가치해진 아시냐를 대체하기 위해 토지를 보장 수단으로 삼아 발행된 은행권으로, 이 역시 곧 가치가 급락한다.

•• Zahlung: 일반적으로 '지불'의 의미이나, 한국어에서는 맥락에 따라 '지급'으로 경제 용어화된 경우들도 있다. 이 책에서는 채무 상환의 맥락에서 지급 준비율 등이 문제되는 경우에는 '지급'으로 번역하였다.

부가 아예 지급 거부나 마찬가지일 수밖에 없었다는 데에, 그러니까 바로 지불 불능과 지시대상 상실을 토대로 새로운 시스템이 만들어졌다는 데에 있었기 때문이다. 이로써 경제 분석에 대한 새로운 도전이, 그리고 어쩌면 경제 지식의 설계도 자체의 단층이 표시된다. 말하자면 예컨대 말에 대한 권리는 말을 타듯 탈 수 없지만 돈에 대한 청구권만으로도 지불을 할 수는 있다는 차이를 생각하는 것 말이다.[19] 잉글랜드 은행의 결정에서 "거대한", 아직은 "충분히 〔…〕 진가를 인정받지 못한 세계적 사건"을, 따라서 일종의 국가 재정의 숭고성을 관찰하고자 할 때면, 사람들은 그것에만 관심을 두었다.[20] 그리고 그것이 주목할 만한 정세였다. 즉, 프랑스의 지급 불능이 아시냐 기획에 종지부를 찍었던 반면에, 거꾸로 — 동맹전쟁을 위한 자금 조달에서 유발된 — 영국의 지급 불능은 피트에 의해 추진된 개입의 전제이자 시작이었다. 이러한 개입은 시세의 붕괴가 아니라 경미한 시세 개선을 유발했고, 프랑스의 관찰자를 놀라게 만들었다. 여기에서는 "한 국가가 한 은행의 주주, 관리자, 채권자 들과 겪을 수 있는 가장 큰 쟁점이 이틀 만에 마치 집안일처럼 훌륭하게 종결되었다"고 말이다.[21]

## 아시냐

여기에서는 분명히 동일한 한날에 유사하고 비교 가능하면서도 완전히 상치되는 두 개의 지폐 체계가 충돌하며, 상이한 경제적 기반 구조들이 두 체계의 상이한 작동 방식에 표현될 뿐만 아니라 무엇보다도 또한 돈, 지불, 기호 교류에 관한 각기 다른 지식이 결정체를 이룬다. 그래서 우리는 국가 부채에 대한 프랑스의 자금 조달을 바라볼 때면 언제나 다시금 지폐 기획을 떠올리게 된다. 악명 높은 모사꾼 존 로John Law는 루이 14세가 죽은 뒤에 이 기획으로 토지 저당, 주식회사, 지폐의 복잡한 시스템을 통해서 임박한 국가 파산을 막으려고 했다(그리고 이러한 방향 전환으로 『파우스트』 2부에 나오는 메피스토펠레스의 모델 중의 하나가 되었다). 그리고 프랑스 시스템이 이론적·실천적으로 토의되었던 방식 또한 18세기 화폐 및 순환 이론들에서 유래하는 몇몇 기본 원칙을 매우 직접적으로 되풀이한다. *첫째로*, 무엇보다 보장의 문제가 그러하다. 그것이 지폐의 질에 대한 숙고의 도화선이 되었다. 왜냐하면 한편으로는 이 지폐가 몰수된 교회 재산에 대한 채권(아시냐)으로서 발행되었고 — 이미 존 로에게서 그랬듯이 — 단순한 현금과는 달리 귀금속 가격의 변동에 내맡겨지지 않을 특권을 요구했기 때문이다. 자기 고유의 거래 시세를 확보하고서, 이 지폐는 부가적인 교류 수단이자 "토큰"으로서 순환을 활성화시켰다. 다른 한편으로 이 지폐는 가치실체로의 태환과 상환이 의심되거나 중지되는 지점에서 "허구적 주화", "허구적 기호" 그 자체가 되고 만다. 그것의 재현력은 불확실해지거나 약화되거나 소멸되며, 그것을 그저 자기 자신의 지시대상 부재와 무가치성이나 증명하는 "의미 없는" 재현자로 보이게 만든다. 다시 말해서, "모든 종류의 자산은 지폐를 통해 표상될 수 있다. 〔…〕 기호를 건네주면서도 그 대가로 지칭된 것을 가지고 있지는 않는 경우가 발생하지 않도록, 지폐를 발행하는 자는 지폐 발행을 통해 표상된 자산을 지니고 있어야만 한다."[22] 그러니까 아시냐의 첫 문제점은, 18세기의 화폐 교류 자체에서 그러하듯이, 기호의 재현력, 즉 가치 보장과의 연관이 얼마나 단단하거나 느슨하게, 협소하거나 폭넓게 만들어질 수 있느냐는 물음일 것이다. 그것이 귀금속이나 보물이든 아니면 — 아시냐의 경우에는 — 몰수된 토지 소유권이든 간에 말이다.

*둘째로*, 이러한 기호 형태에는 발행된 아시냐의 총액이 재화의 가치와 일치해야만 한다는 점, 그러니까 "인공적인" 부가 "자연적인" 부의 정도를 초과해서 창출되어서는 안 되며 오로지 기호의 양과 가치실체의 관계가 정확히 비례해야만 균형 잡힌 순환을, 따라서 화폐상징과 재화잔고 사이의 균형을 보장한다는 점이 포함된다. 재화에 대한 비례 관계가 그것의 순환 능력의 토대가 되며, 어떻게 사람들이 정통주의적 화폐수량이론의 의미에서 이 아시냐 경제가 종말을 맞을 때까지 헛되이 두 개의 꿈을 품고 있었는지는 주목할 만하다. 말하자면 순환되는 아시냐를 줄여서 그 가치가 상승하게 되거나 아니면 거꾸로 가격 상승을 통해서 수입 또한 비례적으로 상승하게 되리라는 꿈 말이다.[23] 그러니까 아시냐 교류의 문제적인 점들이 그것이 가치실체로 변하는 문제, 그리고 허구적인 기호와 실질적인 부의 균형에서 인식되었다 — 재현하는 기호와 재현된 부가 서로 조화를 이루고 균형 잡힌 비례 상태에 있어야만 한다는 계몽주의 화폐수량이론의 본질적인 측면이다.

*셋째로*, 궁극적으로 특수한 법적 형식절차, 즉 아시냐의 담보 성격 또한 이와 연관되어 있으며, 이는 다시금 계몽주의 화폐 이론과 서로 부합한다. 말하자면 18세기에 화폐란 특정한 양의 상품이나 재화를 대가로 구속력 있게 교환될 수 있는 기호일 뿐이었듯이, 이 지폐의 가치 또한 찍혀 있는 가치의 등가물을 그 소유자의 손에 돌려준다는 약속을 통해서 결정된다. 내적 가치, 지불 약속, 그리고 — 아시냐의 경우처럼 — 법령이

동일하게 이러한 확실성을 보증하거나 책임질 수 있다.

바로 이 약속이 이제 아시냐의 사례에서 문제가 있는 항목으로서 토의된다. 그것도 경제적인 견지와 정치적인 견지에서 말이다. 그래서 예컨대 콩도르세Marquis de Condorcet•는 아시냐의 경제적 담보 성격이 지닌 근본적인 내적 모순을 확인한다. 왜냐하면 그것은 특정한 만기가 있는 각각의 융자로서 이해될 수 있기에 기한이 정해진 태환 의무에 묶여 있거나, 아니면 지폐이자 단순한 지불수단일 따름이기에 자유롭고 즉각적인 실행과 태환을 요구하기 때문이다. 다시 말하자면, 여기에서 약속되는 미래의 행위의 종류와 시점에 관해 혼란이 존재하는 까닭이다. 그러니까 콩도르세(와 다른 이들)에 따르자면 아시냐의 결손적 특성은 그것이 결합될 수 없고 모순된 두 개의 약속을 포함하고 있으며 따라서 혁명정부가 한 말 전체를 의심하게 만든다는 데에 있다. 동시에 여기에서는 여전히 계약 이론의 기본 개념, 즉 쌍방성에 대한 법률 형태의 의무가 인식되었는데, 새로운 지폐는 이를 통해서 새로운 헌법••에 따른 질서의 "떨어지지 않는 접착제"ciment indestructible로 보일 수 있었다. 이것이 뜻하는 바는, 괜찮은 경우에는 아시냐와 더불어 법질서와 헌법의 계약성 자체가 순환되고 국가 전체를 넘어서 퍼지며 "모든 시민에게 그들의 부양과 보호에 대한 동일한 이해관계를 마련해 주게"[24] 되지만, 최악의 경우에는 — 그리고 이것

---

• 프랑스의 사상가이자 수학자로 프랑스 혁명에 참여하였으며, 사회 역사도 자연법칙처럼 법칙성을 띠며 발전한다고 주장한 계몽주의자이다.(1743~94)

•• 왕권신수설에 근거한 전제정이 아닌 헌법에 기초한 국가라는 구상도 바로 이 시기에 대두되었다.

이 상응하는 반대논거이다 — 동일한 지폐가 시세 하락과 더불어 "인공 접착제"임이 입증되고 시민citoyen으로 이루어진 국가를 "투기꾼"과 "도박꾼"의 국가로 만든다. 이 지폐는 결국에는 그 몰락 과정에서 헌법과 그 법질서를 함께 찢어발기고 혁명이 이뤄낸 것들 자체도 수포로 돌아가게 만들 것이다.[25]

이것이 뜻하는 바를 요약하자면 다음과 같다. 증서의 재현력, 기호와 부 사이의 균형, 담보의 법적 보증은 아시냐에 대한 논거와 반대논거의 안무Choreographie를 조직할 때 중심이 되는 좌표들을 낳는다. 1797년까지만 해도 아시냐는 계몽주의적 화폐 이론의 지평에서, 자연법적·이성법적 틀 안에서 토의되었다. 그러므로 바로 그 붕괴는 그저 언약의 가치 절하라고밖에는, 즉 다름 아닌 일반의지volonté générale의 정치적 근거 박약을 증명하는 의지 표명의 기호라고밖에는 이해될 수 없다.

## 은행권

반면에 1797년 2월의 잉글랜드 은행을 예로 삼은 성찰들은 완전히 다르다. 이제는 비단 존 로의 오래된 기획만 새롭게 조명받고 현재의 금융 정책 전략의 전도유망한 선구자였다고 주장될 수 있는 것이 아니었다. 오히려 앞서 언급된, 아시냐를 판단하는 데 쓰인 기준들 역시 영국 은행권의 작동 방식을 파악하기에 충분하지 않다는 점이 분명해졌다. 애디슨 이후로 지폐의 은유를 지배하고 라틴어 플라레flare(불다)로서 "인플레이션"Inflation의 팽창이나 허풍에서 다시 나타나는 공허한 것, 부풀려진 것, 팽창된 것, 그러니까 바로 로의 지폐와 아시냐의 결손적 특성을 만들어냈던 바, 즉 지불수단과 요구증서의 혼동이 이제 런던의 은행이 발급한 지폐의 지위를 정의한다. 왜냐하면, 유통 중인 은행권을 금속화폐로 태환해 줄 의무가 없어진 뒤에 은행권이란 동시에 다음과 같은 두 가지이기 때문이다. 한편으로 은행권은 지불수단으로서 순환 중인 금속화폐를 대체하고, 다른 한편으로는 상응하는 보상이 당장은 존재하지 않는다는 점만을 기록할 따름이다. 그리고 은행권은 한편으로는 예탁된 가치와 총액에 대한 청구권을 보장하고, 다른 한편으로는 오로지 이 청구권의 실현을 포기하는 것을 통해서만 순환수단으로서 기능한다. 은행권이 — 영국의 금장 어음goldsmiths note•에서처럼 — 납입된 귀중품의 수령을 입증하는 수단이었던 예탁증서와 계약의 법적 성격에 그 근원을 두고 있다면, 역으로 지급거래는 이 계약성의 회피 아래에서만 견지될 수 있다. 최초의 신용 이론가 중의 하나가 이렇게 썼듯이 말이다. "만약 그러할 권리가 있는 사람들 전부가 한 번에 자신들의 돈을 원한다면, 세상의 금과 은을 모두 끌어모아도 이러한 종류의 요구를 충족하지는 못할 것이다."[26]

은행권은 — 이것은 늦어도 1797년 2월에 가시화되었다 — 단순히 명목화폐나 순환수단의 종이 대체물이 아니다. 그것은 약속의 자연법적·계약법적 포맷에서는 더 이상 파악할 수 없거나 기껏해야 역설로서 위험한 결과를 초래할 따름이다. 그것은 특정한 화폐량의 실현에 대한 약속을 통해서뿐만 아니라 그것이 약속하는 금액의 결여를 통해서도 발생한다.

• 금세공인들이 발행한 귀금속 주화 또는 지금 예탁증이 어음 구실을 하게 된 것으로서 어음의 기원을 이룬다.

그것은 역설적인 구조에 의해 특징지어지며, 1800년경에는 아직 그에 해당하는 간명한 개념이 존재하지 않던 혼종이다. 그것은 신용의 경제적 측면과 현금 지불의 법적 측면을 포괄한다. 그것은 신용증서로서 지불 실행의 연기를 요구하고, 지불수단으로서 즉각적인 상환을 요구한다. 그것은 화폐의 대용물로서 완전태환을 요구하고, 신용증서로서는 이를 배제한다. 그것은 돈인 동시에 돈에 대한 약속이며, 그것의 기호학적 구조는 그것이 '있다'와 '없다'에 대한 지시를 하나의 동일한 행동 안에 포괄한다는 사실을 통해 특징이 부여된다. 지급 능력과 지급 불능의 합일 속에 농축되는 자기지시의 역설 말이다. 정확히 보자면, 그러므로 그것은 화폐의 두 번째 유형이 아니라 화폐 사용을 면해주는, "*순환능력이* 가장 크기에 *가장 효과적인*" 신용증서이다. 그것은 "신용증서와 지불수단의 특성과 기능이 하나의 동일한 증서에서 합일되는 데에서 발생하는"[27] 모순을 포함하고 있다.

이에 상응하게 1800년 무렵에는 많은 용어적인 노력을 들여서 — 아시냐의 경우와는 달리 — "국채증권"Münzzettel•의 바로 이 허구적 또는 "공상적" 특성, 즉 보장되지 않은 특성이 지불을 가능하게 만들고 이로써 혼종적인 지위를 기록한다고 표현되었다. 이는 다음과 같은 몇 가지 결의론••에 대한 계기를 부여했다. "만약 (…) 사용된 기호가 실재가치를 제공하지 않거나 그게 아니더라도 통상적인 안전성 및 활용 가능성과 더불어

• 국가가 발행한 물품 교환증 내지 채무증권.

•• 결의론(決疑論, Kasuistik): 개별 사례들을 (주로 법이나 도덕의) 일반론적인 원칙이나 법칙에 따라 이해하고 판단하려 시도하는 방법론.

제공되지 않는다면, 적법한 지불의 본질적인 필요조건은 오인할 나위 없이 결여되어 있다. 다만 그 자체로는 옳은 이 원칙을 적용하면서 조심해서 처리하기만 하면 된다. 왜냐하면, 국채증권에는 실재가치를 획득하게 될 전망이 절대로 결여되지 않을 터이기 때문이다. 말하자면 국가가 미래의 태환에 대한 지시를 통해서 그러한 전망을 마련해 주기도 하고, 수요자 공중이 그러한 전망을 — 그것도 더욱 많이 — 주기도 한다. 그리고 후자의 전망이, 적어도 공적인 현금 출납소에 지불할 경우에는, 확실할 수 있으므로, 엄격히 말하자면, 국채증권으로 지불할 때 실재가치가 완전히 결여되었음은, 그러니까 확실한 부당성은 결코 주장될 수 없다. 하지만 그럼에도 불구하고, 이러한 확실한 전망은 너무나도 제한적일 수 있고, 반면에 불확실한 전망은 워낙에 요원하고 클 수 있어서, 그것은 거의 없는 것으로 치부될 수 있다. 그러나 이러한 상황에서는, 비록 결정적인 판단으로는 아닐지라도 — 완전히 규정된 개념들이 없어 결코 가능하지 않다 — 추정에 따라 다음과 같이 주장할 수 있다. 태환을 통해서든 아니면 지급관례를 통해서든, 실현의 커다란 불확실성과 시간 간격을 지니고 국채증권으로 이루어지는 지불은 현존하는 민법에는 적합할 수 있을지 몰라도 자연법에는 어긋난다고 말이다."[28] 이러한 종류의 지나치게 상세한 논의들은 공적 신용과 자본 교류의 역학에 대한 모색 과정을 보여주며, 이제 교환 행위와 시장의 조절력보다는 불확실성, 가능한 전망, 미래 기대라는 당혹스러운 요인들 주변을 맴돈다.

## 시간화

보장과 비보장, 실재가치의 결여와 존재, 지불수단의 보유와 부재, 태환의 확실성과 불확실성, 법적임과 법적이지 않음 — 개념적 파악의 어려움은 잉글랜드 은행의 결정으로 막 효력이 발생했던 모순적인 기능들과 결부되어 있다. 동시대의 표현에서 나타나는 어리둥절함과 곤란함은 신용의 순환과 화폐의 순환을 뒤섞은 결과로, 이러한 혼종에 직면해서 최초의 신용 이론의 발생, 화폐 이론의 "새로운 시대"에 관해 말할 수 있는 것은 우연이 아니다. 이 이론들은 이러한 규정들의 역설을 해소하고자 시도하고, 이로써 경제 교류 혁신된 지식을 대변한다. 그리고 이러한 탈역설화는 시스템의 철저한 시간화를 통해 이루어진다.[29] 본질적 결여의 순환은 오로지 끝없는 유예를 통해서만 해명될 수 있는데, 이러한 유예는 순환 중인 채무의 보편적이고 완전한 변제를 배제한다. 지불 연쇄는 이제 항상 지불 약속의 연쇄이며, 모든 활동들은 열린 미래의 선취로서 나타나고, 단순한 상호성의 폐쇄된 순환에 종지부를 찍는다. 상환 능력과 상환 불능, 지급 능력과 지급 불능이 똑같은 정도로 유통하고, 모든 금융거래가 추가적인 거래와 항상 종료 불가능한 금융거래에 대한 전망을 열어준다는 점을 통해서 시스템의 작동을 보장한다. 1797년 2월에 있었던 잉글랜드 은행에 대한 제약에서 구체적인 금융정책적, 담론사적 날짜를 획득하는, 신용을 통한 가치 창출은 기존 화폐 이론의 조절 발상, 제로섬 게임, 수량이론을 붕괴시킨다. 채권자와 채무자는 이연된 보장, 불규칙한 비율, 조절의 결여를 통해서 법률상 동일한 금액에 대한 처분권을 지닌다. 각자는 단지 "그 자신이 다시금 소유하게 될 만큼"만 소유한다. 그리고 모든 지불이 (태환 불가능한) 지불 약속이고 모든 소유가 동시에 비소유이며 모든 과다가 과소이고 모든 잉여가 부족이고 시스템의 붕괴는 오로지 시스템의 무한한 계속을 통해서만 피할 수, 즉 유예될 수 있다는 사실에 대해 합의가 이루어진다.[30] 자신의 불균형으로 스스로를 열린 미래의 방향으로 역동화하는 시스템, 그 시스템의 본질적인 불균형에 대해서 말이다. 시간이 생산요소가 되었고, 신용화폐의 시간 구조를 고려할 때 상품화폐나 금속화폐로 그것을 보장하는 것은 적어도 일관성이 없어 보인다.

뒤돌아보았을 때, 이러한 관점에서는 프랑스의 아시냐 시스템이 갖추어지고 성찰되게 했던 조건들이 바로 그것이 실패하도록 만든 조건들로서 나타난다. 이 지폐의 급속한 가치 붕괴는 이제 그것이 첫째, 압류된 재화를 통한 보장에 의존하고 있으며, 둘째, 금속화폐에 대한 비율로 사고되고, 셋째, 공적 신용 정책에 연결되지 않았다는 사실을 통해서 설명된다.[31] 기호의 재현적인 특성에 그것의 시간화된 자기지시성이 맞세워진다. 겉보기에는 유사하지만 통합될 수 없는 두 개의 관점이 여기에서 나란히 등장한다. 18세기의 경제 지식에서는 지폐와 은행권이 사실상 구분될 수 없었고 양자 모두 기호의 재현력에 부속되어 있었던 반면에, 늦어도 1797년 2월 이후로는 마침내 근대적 지폐본위의 작동을 규정하는 것이 — 즉, 시간화, 보장의 유예, 순환 중인 신용이 — 위기로서 경험될 수밖에 없었으며, 이 위기에서는 시스템의 자기지시가 파괴적인 탈지시화로서 나타난다. 이러한 차이가, 그리고 이로 인한 1800년 무렵의 경제 지식의 절박한 판단 유보가 이보다 더 분명히 드러날 수는 없었을 것이다. 다시 말해 나폴레옹이 영국 은행권을 보고 장차 영국이 파산할 것을 알아챘다고 생각했듯이 (그리고 출정 중에 금속비축금을 조성했듯이), 영국 수상 피트는 아시냐를 보고 장차 프랑스가 파산에 이르리라고 예견했다.[32] 프랑스의 아시냐와 영국의 은행권의 대립에서 경제적 기호 작용의 변화가, 그리고 아마도 기호학적 코드화 자체의 변화가 농후해진다. 존 로의 기획에서부터 아시냐 경제에 이르기까지는 가치실체가 위험하게 키메라와 그림자로 변해버리는 것, 사물들이 덧없는 것들로 대체되는 것이 인식될 수 있었던 반면에,[33] 1800년경에는 바로 이 변화들이 기능적이게 되었다. 기호의 재현력은 유예되었고 이제 자기지시를 통해서 양도될 수 있는 능력에 근거를 둔다. 돈이란 신용화폐이며, 따라서 돈에 대한 약속이다. 그것은 교환과 맞교환의 대칭을 해체한다. 이를 여전히 약속이나 상호성의 어휘들로 표현한다면, 이 약속은 구속력이 있는 만큼이나 지킬 수 없게 보여야만 한다. 말하자면 어떤 시점에서도 태환될 수 있게 보여서는 안 된다. 즉, 약속의 말이되, "단 한 번도 금속화폐로 실현되지 않으면서도" "수백 년을 유통할"[34] 수 있을 말이어야만 한다. 신용화폐에서는 실행 과정에서 스스로를 파기하는 약속의 행위가 표명된다.

## 자본의 신조

그러니까 18세기 말 무렵에는 공적 신용과 자본의 작동 방식이 몇 가지 정치경제적 근본 전제를 혼란시키는 문젯거리가 되고 말았다. 이러한 초기 신용 이론의 시도들은 돈을 이동시키지 않으면서도 순환시키는 처리 방식을 기술한다. 그 시도들은 성체변화의 신비 주위를 맴도는데, 이는 유동성의 공급과 연관되어 있으며 신용화폐에서 무로부터의 창조를 완수한다. 그것들은 지불수단의 다양화를 확인하고, 이로써 순환하는 재화의 양으로부터 분리된 화폐량을 확인한다. 이는 최초의 금융경제적 혁명의 형태를 각인했는데, 이 혁명은 비생산적인 돈에 증식력을 갖춰주고 채무의 판매 가능성을 수단 삼아 자본의 순환을 활성화한다. 이는 첫째로 순환 영역이 자율적이 되며 생산과 분리되고 고유의 법칙성의 지배를 받으며 어떤 경우에도 더 이상 단순한 교환 행위로 변환될 수 없음을 뜻한다. 지불은 열린 지불 약속이며, 신용화폐와 자본의 유통은 단순한 화폐 유통과 달리 존재하는 화폐의 한계나 현존하는 재화와 무관하다.[35] 그것의 통사Syntagma는 W-G-W(상품-화폐-상품)의 교환을 G-W-G…의 연쇄로 대체한다. 그리고 근래의 용어로 말하자면 이때 자기지시의 제도화뿐만 아니라 모든 지불이 지불의 속행續行, Fortsetzung 가능성 조건 아래서 발생하는 시스템의 자기생산적 완결이 이야기되어야 할 법하다. 신용경제는 화폐 순환의 전제가 되고 그것의 자본주의적 구조를 각인한다. 이때 자본 교류의 새로운 차원과 생성 중인 금융시장의 윤곽이 뚜렷하게 나타날수록, '올바른' 평가에 대한, 그리고 믿을 만한 지시소들에 대한 연관은 시대에 뒤떨어지게 된다. 여기에서 실제적 가치와 허구적 가치, 자연적 부와 인공적 부, 물질적 재화와 비물질적 재화, 실물 경제와 가상 경제의 구분은 별로 의미가 없다. 정말이지 교류의 낭만적인 특징에 관해 말할 수도 있을 법하다. 다시 말해 신용 순환은 "자기 스스로 보장하는 돈"의 역설에 토대를 두며, 효율적인 허구 혹은 "창작"Dichtung의 무대임이 입증되는데, 이 무대에서는 가상적인 것의 순환이 실제로 경제적 연계들의 결정자가 되어버린다.[36]

둘째로, 이는 내적으로 무제한적이며 무한한 운동 내지 자기운동을 우회적으로 표현한다. 이러한 경제학은 채무와 변제의 폐쇄된 순환을 중단시키고, 끝없는 유예를 끌어대는데, 이러한 유예는 시간을 탈중심화 요인으로서 도입한다. 순환은 진척되는 보상이 아니라 만회 불가능한 채무의 끝없는 증식들을 거치며 진행된다. 비현존의 현존에 근거하고 시스템 진행에 부단성을 프로그래밍하는 시간화이다. 시간은 궤도에서 이탈한다. 자본 교류는 내적인 미래 중독을 통해 규정되고, 미래 자체가 생산적이 되며, 이제부터 금융경제와 신용경제를 경제적 근대화의 척도 그 자체로 만든다.

이 모든 측면에서 담론적인 단층이 관찰될 수 있는데, 이것이 1800년경의 경제 지식을 특징짓는다. 공적 신용의 지위, 무로부터의 화폐 창조, 채무의 연속적인 이전, 그리고 이로써 자본의 논리가 더 이상 곧장 — 발생학적으로나 진화적으로 — 교환 행위의 메커니즘으로 소급될 수 없다는 사실이 두드러지게 나타난다. 신용경제의 역동성은 상품경제 및 화폐경제의 메커니즘과 서로 맞춰질 수 없으며, 기존의 크기나 수량으로 작동하지 않는다. 이로써 신용의 시간 요인은 비단 새로운 준거가 되었을 뿐만 아니라 경제적 지식의 불확실성이 되었고, 이로 인해 교환과 맞교환, 폐쇄된 순환, 조절, 상호성의 비시간적 관계가 붕괴되었다. 자본의 시간과 더불어 경제의 시스템성에 대한 성찰이 기한, 기대, 불확실한 미래로, 그러므로 불안으로 방향을 전환하며, 이러한 불안은 균형 시스템들의 안정성 약화로서 표명된다.[37] 이 시스템은 자신의 불균형을 통해서 계속 움직이도록 유지된다. 어쨌거나 이제부터는 정치경제적 교의들이 다음과 같은 의문들에 시달린다. 혹시 그리고 어떻게 화폐 대용물이 화폐의 기능을 넘겨받는지, 혹시 그것이 태환 가능성, 가치실체, 귀금속 본위를 통해 안정화되어야만 하지는 않을지, 혹시 그리고 어떻게 시장의 힘들이 금융시장의 힘들과 조응할 것인지, 혹시 그리고 어떻게 신용경제와 자본경제의 메커니즘들이 '자동적으로' 조절하는 경향을 보일 수 있는지. 신용은 단지 화폐 교류의 한 유형일 뿐 아니라 그것의 본질 없는 본질 그 자체이다. 이로써 공적 신용은 "자본의 신조"(마르크스)로서 자유주의적 경정론의 핵심 교리에 대해 비판적 조회를 하고, 시장의 균형을 잡는 힘들에 대한 근거 있는 의심에 양분을 공급한다. 금융경제의 문제들과 더불어 정치경제의 악명 높은 균형 모델들은 신뢰할 만한, 이를테면 자연산 규약들을 상실한다.

4장

# 시장의 목가 II

## 금융경제의 시대

자본과 금융혁명의 근원장면이라고 말할 수 있으려면, 부채 사이클의 작동과 더불어 화폐 발행이 행해져야 한다. 이는 이미 17세기 네덜란드의 사업 실무에서 체계적인 방식으로 이루어지며, 18세기 말경에는 — 잉글랜드 은행의 사례에서 나타나듯이 — 최초의 신용 이론들을 낳을 뿐만 아니라 경제적 교류에서 시대 전환을 인지하게 만들기도 한다. 여기에서는 화폐경제와 신용경제 사이의 범주적인 구분, 즉 그 메커니즘, 매개변수, 기호적 작동의 분화가 뚜렷이 드러난다. 그러면서 시간, 즉 주기나 순환을 선형으로 펼쳐놓은 시간성Temporalität•이 본질적인 경제적 결정요인이 되었다. 부의 재현에 대한 발상들의 분화가 정치경제학적 지식에

• 보편적 시간성 개념인 Zeitlichkeit보다 더 좁고 특수한 시간성 개념으로, 선형적 차례를 지켜 진행되는 일련의 과정을 의미한다.

모종의 양가성을 만들어내고, 상이한 학파들이 이제 당분간 다음 두 가지 방향을 취하도록 부추겼다. 금속을 통한 보장과 은행 준비금Bank reserve의 보장이 통화 체계의 흡사 자동적인 균형의 조건이라고 보거나, 반대로 화폐 내지 화폐 대체물의 안정성을 이와 무관하게, 작동 중인 경기 순환에서 인식해 내는 것이 그것들이다.[1] 하지만 잉글랜드 은행이 몇십 년이 채 지나지 않아 현금 지급을 재개하고 은행권의 태환성을 인정하는 쪽으로 바뀐 까닭에, 그리고 금속본위 또는 금본위가 모조리 19세기 및 20세기의 통화 균형에 관한 표상에 있어서 진정 신화적인 의미를 획득한 까닭에,[2] 에피소드에 불과한 이러한 비난과 의문들이 여전히 계속해서 경제 체계들과 금융정책적 조치들의 획기적인 성격을 가늠하는 시선을 규정해 왔다는 사실은 놀라운 일이 아니다. 이를 위한 새롭고도 특별한 무대를 제공한 것은 지난 세기의 60년대와 70년대이며, 그와 더불어 1800년경의 '낭만적' 상황의 재림이자 변주라고 해석될 수 있는 정세이다. 여기서도 "금융혁명", "역사적 분수령", "중요한 화폐사적 불연속성", "전례 없는" 상황, 그리고 "일회적" 사건, 전환점, 새로운 금융경제 시대의 시작이 기록되었다.[3] 여기서도 또한 화폐 순환의 메커니즘, 가치 보장 및 조절 과정의 동역학과 관련된 불안과 기대들이 표명되었다. 그리고 이때 낭만주의 담론 상황과의 유사성을 꼬집어내고 싶다면, 이는 다시금 재현의 위기에 대한 대응에 있다.

이때 문제는 브레턴우즈Bretton Woods 협정의 종말에 관한 논쟁들이다. 이미 잘 알려져 있고 여러 차례 서술된 이야기가 문제인 것이다. 대공황Great Depression, 전간기와 전시경제의 위기들을 배경으로 하여 1944년

7월 23일에 뉴햄프셔주 브레턴우즈의 마운트 워싱턴 호텔에 모인 44개국 대표자들은 전후 세계경제의 신질서 구축을 위한 몇 가지 조치들에 합의했다. 이로부터 적극적 통화정책에 대한 요구에 부응하기 위한 국제통화기금, 세계은행, (나중에 세계무역기구인 WTO로 대체되는) 관세 무역 일반 협정 같은 기관들이 생겨났다. 그러나 국제적 지급거래의 안정, 화폐의 제한 없는 태환성, 재화와 자본의 장애 없는 순환을 고려하여, 신뢰할 수 있는 환시세의 구축은 또한 금융경제적 자동성에, 그리고 이와 더불어 금본위제의 수립에도 연결되었다. 모든 화폐에는 기축통화인 미 달러에 대해 고정환율 내지는 차등적인 변동환율이 의무화되었고, 반면에 미 달러에는 금에 대한 고정환율이 의무화되었다. 이제부터 명목상 금 기반으로, 실제로는 금-달러-체계로서 통용되어야 하는 것은 다시금 화폐와 금 사이의 교정적korrigierende 교환에서 연원하는 원초적 균형 가설과 연결되어 있었다. 그러니까 금본위제는 달러를 매개로 해서 혹시 모를 시스템의 동요를 통화량-가격-메커니즘으로 조절하고 상계하는 일종의 닻 기능을 떠맡아야 했다.[4]

방대한 문헌들에서 브레턴우즈 협정이 어떻게 판단되었든 간에, 그 협정에서 유용한 제도, 아니면 역사적 필연성, 과도기적 조치, 경제적 불가해함, 또는 단순한 정치경제학적 기형아 중 무엇을 인식했든 간에 — 어쨌거나 이 협정은 합의될 수 없는 입장들, 즉 금 보증과 통화 패리티, 조절 메커니즘, 외환 관리, 변동환율 들 사이의 어려운, 일관성 없는, 아니면 심지어 불가능한 타협으로 보였다. 이 과정에서 브레턴우즈 체제를 초장부터 갉아먹고 종말을 예견할 수 있게 만들었으며 그 조절 구상들에 대한 다양한 의심을 촉발했던 수많은 정황이 다음과 같이 거명되었다. 국제 자본 교류의 이동성 증대, 미국의 확장적 통화정책, 외국의 달러 보유고 비축, 베트남전쟁으로 인한 미국의 재정 적자 증가, 미국 산업계의 수익율 저하로 인한 더 높은 자본 수익율 추구, 미국의 의무와 금 보유량 사이의 불균형, 고정된 금 가격의 유지 불가능성, 또는 정부와 중앙은행 간의 끊임없는 협의를 요구하는 번거로운 제도가 그러한 정황들이다. 여기에서도 역시 그야말로 전형적인 금융경제적 논점이 선명하게 드러난 것은 우연이 아니다. 다시 말해, 한편으로는 빈약한 균형 구상들에 대한 근거 없는 신뢰가 언명되었던 반면에, 다른 한편으로는 치명적인 제도적 장애가 조절 메커니즘의 효력을 저해한다고 보았다. 그러므로 브레턴우즈 안정성 협정의 연대기는 필연적으로 그 몰락의 이야기로서 서술된다. 이미 1961년에 산업국가들은 자국이 보유한 미 달러를 금으로 태환하기를 포기하겠다고 확약했다. 그리고 미국이 달러의 태환성을 완전히 중단하겠다고 위협한 뒤에, 다른 통화, 특히 일본 엔과 독일 마르크의 평가절상이 강제된 뒤에, 1971년 초에 달러가 다량으로 독일 마르크로 유출되고 프랑스와 영국이 자국 달러 보유고를 금으로 태환해 달라고 요구한 뒤에, 닉슨 대통령의 권고로 1971년 8월 15일에 이른바 '금 창구'가 상징적으로 폐쇄되었다.[5] 달러의 태환성은 정지되었고, 금본위는 쓸모없어졌으며, 브레턴우즈 협정의 종말은 얼마 지나지 않아 1973년에 공식적으로도 확정되었다.

나중에 브레턴우즈 체제는 금융시장의 적응 메커니즘에 관한 빗나간 발상으로, 금본위제 자체는 그저 환상에 불과한 것으로, 그리고 그와 연동된 경제정책은 통화의 세계질서를 화폐 보장을 통해 확보하고자 했던 마지막이자 헛된 노력으로 보일 수밖에 없었다. 이는 실물화폐에서 신용화폐로의, 태환 화폐에서 불환 화폐 체계로의 점진적이지만 최종적인 이행이라고 생각되었다. 브레턴우즈 체제의 종말과 함께 불태환 지폐 및 계산화폐는 더 이상 위기 시기의 일시적 응급수단이 아니라 국제적 자본 교류의 전제조건이자 기능요소, 불가피한 운명으로 여겨지게 되었다. 이는 시대 전환이라는 수사의 정당성을 잘 증명해 준다. 브레턴우즈 통화 협정의 파기로 미 달러에 대한 형식적 관계들과 달러의 금 기반이 무효화되었고, 이로써 비단 전후 금융정책 구성들의 실패뿐만 아니라 2,500년에 걸친 화폐사의 예상치 못한 단절이 확인되었다. 마침내 화폐의 불환성으로의 도약이 완수됨으로써 결국 무려 "탈근대적" 단락, 즉 경제적 *탈근대의 조건*condition postmoderne이 이루어졌다. 이는 격동과 불안정성에 의해 유연하고 '부유하는' 환시세를 향해, 즉 정박점과 한도가 없는, 초월적인 기의를 통한 보장이 없는 부유하는 기표들의 체제Regime를 향해 나아간다. 이는 "유례없다"고 일컬어지는 "한 체계의 부상"을 알린다. 화폐가 오로지 화폐에만 연관되며 직간접적으로 불환 계산화폐라는 표준에 근거하는 체계 말이다.[6] 1800년경의 신용경제계에서는 상환 불가능한 지불 약속의 에피소드적이고 국지적인 순환이었던 것이 170년 후에는 전지구적 금융경제 체계가 되었으며, 이것은 다름 아닌 가치지시체들의 파기를 통해 본보기가 되었다. 경제 이론에 대한 새로운 도전 역시 의심할 나위 없이 여기에 자리한다.

그러니까 브레턴우즈 협정이 응집성 없는 균형 발상들 때문에 실패했는지 아니면 반대로 조절 과정에 대한 정치적 방해 때문에 실패했는지 여전히 의견이 분분한 만큼이나, 그리고 금본위에의 고정을 체계의 효과적인 안정, 유용한 허구, 금융경제적 페티시로 보아야만 할지 아니면 단순히 오류로 보아야 할지 이리저리 머리를 굴려보았던 만큼이나, 1970년대는 경제 이론이 다시 한 번 역사를 써나가기 시작한 시기로 보일 수 있었다. 이는 단지 21세기에 들어서도 유효할 국제 금융체계의 모든 제도적, 기술적 전제들이 단계적으로 생성되는 환경을 제공한 형세에만 해당하지 않는다. 이는 특히, 경제과정들이 실현된 경제 이론으로서, 자본교류가 구현된 화폐 이론으로서, 발현된 시장사건들이 특수한 시장우상 marktidol의 실현으로서 판명될, 실험적이라 할 만한 상황에 해당한다. 실제로 이론적이면서도 실천적인 실험장이 생겨났고, 거기에서 새로운 시장과 시장 조건들의 산출이 다시 한 번, 그리고 최종적으로 자본주의적 경정론의 일관성을 입증해 줄 것이 기대되었다.

이는 새로운 자유주의 시스템 기획들을 위한 시간이다. 그러므로 브레턴우즈의 종말은 단지 동요하는 환시세와 통화 불안정성만 제공한 것이 아니라 동시에 바로 금융시장의 자유로운 게임 속에서 시장 메커니즘의 질서부여적 이성 자체를 증명해 낼 가능성도 제공했다. 이미 1950년대 초에 당시 아직 유럽에 마셜 플랜을 이식하고 있던 밀턴 프리드먼은 브레턴우즈 협정의 기본 수칙과 고정환율의 구속을 포기하고 참된 외환시장 설립을 위한 전제를 마련할 것을 요구하는 메모를 남긴 바 있다. 그리고 이러한 요구는 똑같은 발상을 끝도 없이 반복한 뒤에 1971년 가을에 변화된 조건들 아래 경제 지식의 역사에서 가장 영향력이 크고 가장 간략하고 가장 단순한 논문 중의 하나에서 재천명되었으며, 거기에 미래의 시장 논리들에 대한 논술이 덧붙여졌다. 시카고상품거래소Chicago Mercantile Exchange, Inc.의 의뢰로 프리드먼은 다른 대표적 저명 전문가들과 완전히 한목소리로, 다음과 같은 논증을 펼쳤다. 브레턴우즈 협정이 종결된 뒤로 외환시세의 연속적인 동요와 이로 인한 국제 무역 교류 및 자본 교류에서의 환리스크는 위태로운 사실이 되고 말았다. 이것은 불확실성과 변동성뿐만 아니라 해당 금융거래에 높은 보험수가를 초래한다. 그러므로 적절한 금융수단을 제공하고 안전조치 절차를 시장 메커니즘 자체에 맡기는 것이 타당해 보인다. 이는 오로지 새로운 금융시장의 조성과 외환이나 통화선물에 의한 선물 거래를 통해서만 이루어질 수 있다. 동요하는 외환시세는 외환 선물 계약으로 보장되거나 '헤지'hedge되며, 가능한 가격차는 가능한 가격차에 대한 내기도박Wette으로 보장될 수 있다. 또한, 이로 인해 현재가와 미래가의 차이에 기반하는 투기적 시장이 열린다면, 이 시장의 필연적인 확장과 실현이 조절 효력을 입증할 것이다. 여기에서 안전보장에 대한 욕구가 리스크 및 수익 기회 추구와 연결된다. 그리고 "투기 활동의 양이 더 많이" 산정될수록, 시장은 "더 훌륭하고" 더 효과적으로 작동한다. 결국 이를 통해서 경제학적 3중 궁지Trilemma•가 해결된다. 거래의

• 일반적으로는 주어진 세 가지 안 중 하나를 선택하면 다른 두 가지를 이룰 수 없게 되거나, 두 가지만 함께 이룰 수 있고 나머지 한 가지는 이룰 수 없게 되는 상황을 뜻한다. 경제학의 맥락에서는 국가 정책과 관련해서 물가 안정, 경기 부양, 국제수지 개선이라는 세 가지 목표

자유로움을 통해서 환율과 가격 수준이 통제됨으로써 말이다. 그러니까 환리스크 비용은 이제 시장주체 자신이 책임지고 통화정책은 시장 동향에 맡겨진다. 다름 아닌 미국이 이 새로운 질서의 실현을 위해 미리 점지된 것으로 나타난다. 다시 말해, 이곳에서는 자본 교류에서의 가장 높은 유동성이 "자유롭고 열려 있으며 공정한 시장들"이라는 유서 깊고 즐거운 전통과 합일되어 있다.[7]

프리드먼의 짤막한 자본주의 강령서는 새로운 금융시장 설립에 대한 기대를 다음과 같이 명료하게 정의했다. 안정적 환시세의 체계에 대한 희망이 환시세들의 안정적 체계에 대한 희망으로 대체된다. 돈의 근본을 파생상품 거래에 둠으로써 화폐의 가치는 국가나 금 보유고가 아니라 오직 시장 메커니즘에 의해서만 보장된다.[8] 그런 뒤로 1972년에 시카고상품거래소에서 실제로 현물 거래가 통화선물을 위한 국제 금융시장에 의해 보완되었으며, 1970년 전에는 아예 없었거나 예외조건 아래서만 존재했던 금융파생상품 거래가 30년도 지나지 않아 세계에서 가장 큰 시장으로 성장했다. 그 규모는 1970년대 초에 연간 100만 달러 미만의 금액으로부터 1990년에는 1000억 달러, 그 뒤로 세기 전환 무렵에는 약 100조 달러로 증가했고, 세계 소비재 거래액의 3배에 다다랐다.[9] 새로운 금융경제 대표자들 스스로 "파생상품 혁명"이라고 칭했던 것, 즉 외환이나 유가증권 또는 저당권의 선물 거래는 한편으로는 시장 영역의 확대를, 그리

를 모두 실현하는 것은 불가능하고, 늘 하나 또는 두 가지만을 동시에 실현할 수 있음을 의미한다.

고 그때까지는 잘 알려지지 않았으나 궁극적으로는 가능한 모든 금융 분야와 연관될 수 있는 자산가치들의 거래를 의미했다. 증권 거래는 금융경제의 척도가 되었지만, 금융시장은 모든 시장들의 시장이자 시장활동의 모델 그 자체가 되었다. 다른 한편으로, 이러한 신격화Apotheose는 리스크 이전移轉 원칙을 따르며 이로써 가격리스크는 가격리스크의 분산으로, 투기적 거래는 투기적 거래로 보장한다는 기대를 따른다. 이로써 금융파생상품을 위한 시장의 폭발은 단지 "스스로 조절하는" 체계의 재실현에 대한 전망만 제공하는 것이 아니다. 그 체계 자체의 "마법"으로 안정성의 완성에 대한 전망 또한 열린다. 한때는 금속을 통한 보장이나 금본위에 대한 집착, 고비용의 개입으로 달성하려 했지만 이제는 ― 게다가 더욱 적절하게 ― "사적 거래"의 효력만으로 달성해 보고자 하는 완성 말이다.[10] 한때 현물화폐에 대한 신용화폐의 결속이 약속했던 바가 마침내 자유로운 외환 및 파생상품 시장에 의해 이루어진다.

## 선물 거래

이 체계는 오래된 조절 발상을 최신의 문제상황들과 조합하고 후자를 새로운 금융수단들과 조합하며 1980년대부터 작동하기 시작하는데, 여기서 찾아낼 수 있는 각종 구성요소는 한동안 유효할 새로운 금융경제의 사업 관행이 되도록 조립된다. 그래서 오늘날의 금융경제 및 신용경제의 계보학에서는 우선 선물 거래나 선물 상품이 핵심적이고 구조적인 기능을 넘겨받는다. 그것들은 완벽한 자본주의적 발명품이자 자본 교류의 기본 원칙으로 간주되어야만 했으며, 자본주의 자체만큼이나 오래되었으면서도 미래로의 경도傾倒, Neigung를 계속해서 새로운 금융상품을 개발하기 위한 동인으로 보이게 만든다. 왜냐하면, 한편으로 선물 거래의 메커니즘은 증권 거래의 오래된 구성요소이고 별다를 것이 없기 때문이다. 다시 말해서, 어떤 상품을 기일은 미래지만 확정된 가격에 인수하는 계약, 그러니까 우연한 미래의 수익이나 손해에 대해 계약 당사자들이 의무를 지게 되는 계약 말이다. 이미 17세기 네덜란드에서 옵션, 프리미엄거래, 선물 계약 같은 다양한 변종들이 암스테르담 증권거래소의 통용되는 실무로서 기술되었으며 문제 많은 "시간 장사"나 "바람 거래"라고 일컬어졌다.[11] 이러한 계약들은 제품을 정해진 가격에 미래의 시점이나 그 이전에 구매하거나 판매할 의무(선물 상품의 경우)나 권리(옵션의 경우)를 약정하는 거래자들 사이의 합의였다.

다른 한편으로. 선물 거래의 역사는 여기에서 시간 장사가 상품 교환으로부터 사소하지 않은 분리를 완수했음을 보여준다. 그래서 증권 선물 거래는 끊임없이 다시 의혹에 둘러싸였으며, 예컨대 1889년 미국 대법원의 판결이나 1896년 독일 제국의회의 판결을 통해서 법적으로 제한되거나 금지되어 왔다. 이때 문제는 무엇보다 '실제' 경제 거래들을 '허구' 거래들과 구분 짓기가 어렵다는 점이었다. 그러므로 선물 계약은 그에 상응하는 재화나 기초자산의 실제 인도가 그것에 뒤따랐을 때 정당화된다고 보였다. 이는 진짜 거래로부터 투기를 거쳐 순전한 증권 도박에까지 스리슬쩍 옮아가는 것을 정지시키고 정화하려는 분획이었다. 그러나 이러한 구분의 곡예가 선물 자체에 내재된 논리에서 도출될 수 없다는 사실은 끊임없이 다시 시도된 응급조치들에서 분명해졌다. 다시 말해, 선물 거래가 오로지 그 기반을 이루는 재화 및 가치들의 명백한 부재라는 조건 아래서만 작동하는 한 (그리고 이로써 실물 거래나 현금 거래와 구분되는 한), 이 활동의 보호는 다음을 통해 보장되어야 한다. 차후에 해당 거래가 이루어졌든 말았든, 그리고 어떻게 이루어졌든 간에 — 계약자들에게서 최소한 협상된 재화의 양도나 양수 의도, 즉 실제 의향real intent이나 인도 의도intention to deliver가 인지될 수 있느냐를 통해서 말이다.

늦어도 19세기 이후의 법적 고찰과 투기규제법 들을 각인한 이러한 종류의 결의론으로 인해, 실제 가치와 비실제 가치, 실제 거래와 허구 거래 사이의 임시적인 경계짓기는 위기를 맞거나 시대에 뒤떨어지게 되었다. 그래서 이미 피에르 조제프 프루동Pierre Joseph Proudhon이 매우 적확하게도 선물 거래를 자본주의적 기능요소, 즉 공급과 수요, 가격 변동, 수익율에 의해 규정된 기업경제에서 필수적이며 불가피한 기능요소라고 불렀다.[12] 그리고 선물의 억제는 선물 거래가 더 이상 곡식 수확물이나 소떼처럼 셀 수 있는 양이 아니라 —브레턴우즈 협정의 종말 이후로— 외화나 유가증권 같은 금융가치에 연관될 때 결국 근거를 상실한다. 예컨대 1976년에 시카고상품거래소는 환리스크에 안전장치를 하기 위해 유로달러-이자 거래를 가능하게 했다. 이는 논리적으로 일관된 혁신으로서, 이 혁신의 새로움 역시 바로 이자율이 법적으로도de jure 실제적으로도de facto 제공될 수 없다는 데 있다.[13] 이러한 종류의 파생상품은 기저의 가치토대와 금융거래라는 표상으로부터의 이탈을 돌이킬 수 없게 만들었으며, 결국 전적으로 일관되게도 1980년대 이래로 — 그리고 점차 — 거의 모든 국제 거래소에서 선물 계약시에는 실제 인도뿐만 아니라 인도 의도도 상관이 없다고 천명되는 결과를 낳았다. 그러니까 실제로 선물 거래의 논리는 선물 거래가 생산의 물리적 조건들은 물론이고 송금과 운송의 물질성을 우회한다고밖에는 기술될 수 없다. 이미 막스 베버가 말했다시피, 선물 거래에서는 재화와 가격, 지불과 가치지시체 사이의 결속이 느슨해지거나 해소된다. 여기서는 "현재에는 없는, 종종 아직 중도에 있는, 종종 미래에야 비로소 생산될 상품을 매개로, 이 상품을 항상 직접 보유하려는 것이 아니라 (가능하면 상품을 인수하거나 대금을 지급하기도 전에) 이익을 내면서 양도하려는 구매자와, 항상 아직 상품을 보유하고 있지 않고 대부분 직접 생산하는 것이 아니라 이익을 얻어서 비로소 마련하려는 판매자 사이에 거래가 체결된다."[14] 그리고 이는 상품을 가지고 있지 않은, 그것을 기대하지도 원하지도 않는 누군가가 마찬가지로 그것을 기대하거나 원하지도 않으며 실제로 인수받지도 않는 누군가에게 이 상품을 판매한다는 것을 뜻한다.

그러므로 선물 거래의 역동성, 자본주의 경제의 동력과 구심점은 두 가지 핵심적 기능요소에 기인한다. 우선 자기연관적 소통이 그 하나다. 다시 말해, 여기에서 가격은 상품이나 재화가 아니라 다시금 가격 자체에 연관된다. 그리고 여기서는 현존하지 않는 것의 현재 가격이 현존하지 않는 것의 미래 가격에 대한 기대에 따라 산정된다. 여기서는 가격이 가격으로 지불된다. 그러니까 가격이 상품 자체이며, 실제로 물질적인 부담이나 고충들에 대한 구속으로부터 해방되고, 자기지시적 시장사건이라는 명칭을 정당화한다. 유한한 현상들의 제거를 완수하는 철학에서의 사변론적spekulativ 명제들과 유사하게, 이러한 거래는 세계의 재현Repräsentation

이 아니라 탈-현De-Präsentation에서 정점에 다다르며, 세계사물들의 명백한 부재나 소멸이라는 조건 아래서만 세계사물Weltding들을 다루는 경제적·기호학적 행위로서 실행된다.[15] 화폐와 교환가치가 다양한 사물과 재화에 대한 보편적인 수준기leveller로 기능하듯이, 이제 모든 가능한 종류의 자본들, 예컨대 상업자본, 생산자본, 신용자본이 금융파생상품들을 통해 비교되고 상호 변형될 수 있게 되었고 동질화되었다. 1980년대 이래로 선도forward, 선물futures, 옵션options, 스와프swaps 같은 금융파생상품을 위해 생겨난 시장과 더불어 화폐 대체물들은 2차적 지불수단이 되었다. 순환 중인 통화량의 일부로서 이들은 최고의 유동성을 보장하고 근대의 자본경제와 신용경제의 논리를 보완하거나 완성해 준다.[16] 게다가 이를 통해 투기의 개념범위가 새로이 정의된다. 여기에서는, 실제 가치와 허구 가치의 구분 기준들이 더 이상 유효하지 않는 한, 헤징이, 그러니까 금융파생상품의 거래가 리스크에의 투자, 즉 금융파생상품의 거래를 요구하는 한, 투자와 투기는 단지 혼동될 수 있을 뿐만 아니라 하나의 동일한 활동의 대칭면으로서 전염성을 띠게 된다. 투기라고 불렸던 것이 더 이상 그것의 타자들과 구분되지 않는다. — 그것이 한편으로 거래든, 다른 한편으로 도박이나 내기든 간에 말이다. 의미론의 오랜 역사를 배경삼아 보았을 때 투기는 그 특수한 변별성을 잃고 유동성 조달의 동의어가 되어버린다. 어쨌거나 투기성은 모순어법의 문채Figur, 文彩를 포함하고 있으며, 단지 모든 헤징, 즉 모든 투기적 거래를 회피하는 자만을 투기자로 — 그러니까 현재가격과 미래가격 사이의 위험한 차이에 대해 '투기하는' 도박사나 기업가로 — 보이게 만든다. 다시 말해, 논리에 따르자면 오로지 투기하지 않는 사람만이 투기자인 것이다.[17] 투기는 금융경제적 거래의 일반적인 사례인 것이다.

## 효율적 시장

선물 거래는 그러니까 자본경제와 신용경제에 대한 논리적 대응물이며, 금융파생상품들은 재화시장 및 현금 순환과 무관한 돈의 형태이다. 그래서 현대 금융경제의 통사론은 지불과 투자 같은 경제적 결정들을 그 후속 결정들에 대한 기대의 기대 가능성과 연결하는, 그리고 이로써 시간, 즉 우연한 미래들을 통제할 수 있다는 전망을 약속하는 절차들을 요구한다. (외환, 유가증권 등의) 미래 가격의 불확실성이 이 가격 불확실성에 대한 가격으로 상쇄될 수 있을 때에만 선물 거래의 조절력, 시간의 제어력, 그리고 이로써 자동조정적 성격이, 즉 체계의 기대된 자활적 안정성이 주장될 수 있다. 그래서 이미 20세기 초부터 매수 및 매도 결정들이 증권거래에서의 시세 변동의 통계적 확률로 조정되도록 보장하기 위한 모델들이 구상되었다. 그리고 늦어도 20세기 중엽부터는 그로부터, 어떤 공식이 현재의 미래들에서 미래의 현재들로의 이행을 기대할 수 있고 개연성 있게 만들 수 있을지, 그러니까 어떻게 미래의 비유사성이 유사한 현재로 변형될 수 있느냐는 난제가 자라났다. 조금 극단화하자면, 여기에서 역사철학의 기체基體들이 금융 수학의 물음들과 접촉하는 것을 기록해 볼 수도 있겠다. 그리고 담론사적 견지에서 보자면, 이러한 시도 중에서 가장 유명하고 영향력이 컸던 것들이 다시금 1970년대에 작성되었으며 브레턴우즈 협정 종말 당시의 정치경제학적 물음의 지평들과 시기적으로 정확히 일치했다는 사실은 놀랍지 않다. 이때 관건은 확률론의 도식Figur들을 금융경제적 거래실무의 내부에 이식하는 방식이다. 특히나 — 그리고 본보기로서 — 1969년부터 1973년 사이에 수학자이자 경제학자인 로버트 C. 머튼Robert C. Merton, 피셔 블랙Fischer Black, 마이런 숄즈Myron Scholes가 완성한 바로 그 유명한 공식이 중요한데, 이것은 나중에 노벨상을 통해 효력을 부여받아 금융경제 거래의 표준 프로그램이자 확고한 체계요소가 되었다.

뉴턴의 역학이 물리학에 그러했던 것과 유사하게 금융시장에서 큰 의미를 지닌다는 중대한 금융경제적 진실의 학문적 발견으로서 장차 상을 받게 될 이 공식은 우선 앞에 언급된 문제 제기를 추적하며, 이로써 어떻게 금융파생상품으로, 그리고 역동적인 헤징을 통해 금융시장 자체의 리스크가 제거될 수 있느냐는 물음을 추적한다. 관건은 미래 수익의 가치를 현재 가치로 전환하는 수단이 되는 기대상품들의 개발, 즉 신용경제와 유동하는 외국환들의 역동적인 불균형을 안정화하는 것이다. 미래 리스크의 가격을 현재의 지불로 바꿔놓는 데 성공한다면, 미래의 불확실성은 이미 지금 계산되고 보상될 수 있게 된다. 특정 부류 금융파생상품들의 — 이 경우에는 옵션의 — 가격 산출을 예로 삼아 볼 때, 블랙과 숄즈, 머튼의 노력은 특정한 조정 발상들의 가정 및 금융시장의 작동 방식에 관한 몇몇 가설을 수학적 공식화와 조합하는 이론적 혹은 담론적 대상을 표본으로 작성해 냈다고 평가할 수 있다.

이때 사람들이 끝도 없이 거듭해서 가장 현대적인 금융경제의 설립장면 중의 하나로 간주하고 싶어 하는 바는 우선 예전의 균형 공리들이 계승되는 가운데 다름 아닌 자본시장이 장기적으로 효율적인 행사로서 입증되리라는 추정에 기인한다. 이는 1930년대부터 개발되어 온 시장 메커니즘과 경쟁에 관한 신고전주의적 해석을 금융시장에 응용하는, 시장의 효율성에 관한 가설과 관련이 있다. 이 구상에 따르자면 장기적으로 효율적인 자본시장은 이상적인 경쟁조건 아래 "모든 입수 가능한 정보가 누구에게나 자유롭게 개방되어 있고, 거래 비용이 발생하지 않으며 시장 참여자 모두가 동시에 가격 수용자로 기능하는" 과정이다. 게다가 이와 연동된 "균형 모델"들로 "균일한 기대"들의 효력이 전제되는데, 이것이 뜻하는 바는, "개별 투자들의 미래 가격의 확률적인 분포"와 "현재 가격"에 같은 정도로 해당하는 "활용 가능한 정보의 함의들"에 대해 공동 참여자들이 서로 의견이 일치한다는 것이다. 기업들은 생산투자에 대해 근거 있는 결정을 내리고, 소비자들은 "주가는 활용 가능한 모든 정보를 '온전히'" 반영한다는 가정 아래 알맞은 유가증권이나 회사지분 중에서 선택할 수 있다. 구체적인 경우에 이는 대략 주식시세나 온갖 종류의 유가증권의 가격이란 증시분석가나 투자자나 경영진이 미래 수익률과 수익 전망에 관해 품는 추측들의 완벽한 표현임을 의미한다. 그리고 이는 여기에 2차적 관찰자들의 소통 체계가 자리를 잡는다는 것과 같은 뜻이다. "가격이 수집 가능한 정보들을 온전히 반영하는" 시장만이 효율적이라고 칭해질 수 있다.[18] 그러므로 '효율성'은 비단 금융시장 이론의 (그리고 경제 체제 자체의) 페티시적 어휘이기만 한 것이 아니다. 그것은 이 이론 구조물에서 자신의 개념사적 유래의 스펙트럼으로도 우위를 점한다. 그 유래에서는 — 피에르 르장드르Pierre Legendre가 언급했듯이 — 실현함das

Verwirklichen(이행하다efficere)이 섭리의 힘을 합리적 질서의 포맷과 연결하고, 이로써 체계의 교조적인 모습을 환기한다.[19]

## 랜덤워크Random Walk

자기연관적이기에 불화 없는 우주로서 금융시장이 표상되고 거기에서는 정보가 가격을, 가격이 매수 결정을, 그리고 매수 결정이 다시금 정보와 가격, 결정 들을 생성해 낸다면, 현대 금융경제의 모델들을 규정하는 또 하나의 전제가 이 효율적인 과정과 연결되어 있다. 이때 문제가 되는 것은 단지 다른 시장 형태들에 대한 금융시장의 장점이 그것의 작동이 "연속적"이고도 유동적으로 진행되고 원하는 만큼 많거나 적은, 즉 항상 가변적인 총계의 매수와 매도를 통해 특징지어진다는 데에도 있다는 가정뿐만이 아니다. 그것의 효율성은 오히려 이 시장활동의 내부에 이를테면 추계학적인 우연 운동이 자리 잡는 결과를 낳는다. 그래서 예컨대 1960년대에는 1900년의 박사 논문 하나가 재발견되었는데, 여기에서는 수학자 루이 바슐리에Loius Bachelier가 앙리 푸앵카레Henri Poincaré의 지도 아래 상장 증권들의 시세 진동을 (브라운 운동 같은) 분자의 비산飛散모델에 따라 형식화했다. 그의 『투기 이론』*Théorie de la spéculation*에서는 연속되는 가격 변동들이 선형적으로 독립적이며 균질하게 분포된 확률변수들에 의해 결정된다. 그리고 투기 행위들의 총합은 기체 상태의 혼합물에서 입자들이 분포 내지 분산될 때와 유사하게 작동하는 운동을 따른다.[20] 이러한 고찰은 20세기 중반에 들어서야 설득력 있는 담론적 틀을 얻었으며 일률적으로 효율적인 금융시장이라는 가설들과 융합될 수 있었다. 말하자면 금융시장의 가격이 어떤 시점에든 모든 관련 정보를 포함하고 있다면, 가격의 변동은 오직 새로운, 즉 예상할 수 없었던 결정들을 요구하는 새로운, 즉 예상할 수 없었던 정보들 때문이다. 그리고 시장이 모든 정보를 즉각적으로 소화하는 한, 가격 동향의 역사는 미래의 투자를 위한 쓸모 있는 지식을 포함하고 있지 않다. 현재의 지식은 미래의 현재들의 지식으로 곧장 번역될 수 없다.

상이한 시점의 가격들이 택하는 길은 이제 확률 계산과 추계학의 작업 영역에 속하며 랜덤워크, 즉 비선형적인 우연의 경로와 비슷하다. 우연 운동은 효율적 시장의 표지가 되며, 랜덤워크 이론은 효율적 시장 가설Efficient Market Hypothesis의 필수적인 보완물이 된다. 그리고 이것이 뜻하는 바는, 만약 모든 기업가가 순환되는 모든 정보를 똑같은 정도로 사용할 수 있다면, 모든 개별적인 이익기회는 즉시 — 누구에 의해서든 간에 — 이용될 것이며, 이 모든 활동이 곧바로 시장가격에 반영되는 한, 가격 변동 자체는 오로지 예측 불가능하게, 즉 우연적으로aleatorisch 나타날 수밖에 없다는 것이다. 그리고 시장 이성은 정보, 즉 가격 차이가 그것이 활용됨으로써 무효화되는 결과를 낳는다. 그리고 이익을 최대화하고자 하는 이해관계자들 사이의 경쟁은 개별 투기가 전체의 투기적 성격을 방해하며 차액 취득이 차액 취득의 효과를 제거하고 고평가와 저평가의 여지를 말소하게 만든다. 그 노벨상 수상자들의 말로 하자면 이는 대략 이렇게 표현된다. "현명한 사람들이 꾸준히 적정가의 기회들을 추구한다면, 그들이 자기가 보기에 고평가된 증권들은 매도하고 저평가되었다고 보이는 증권들은 매수한다면, 현명한 투자자들의 이러한 행동의 결과는 현재의 유가증권 가격에 이미 미래 기회들의 차익이 보상되어 있다는 데 있다. 그러므로 고평가 혹은 저평가된 기회를 스스로 예의주시하지 않는 수동적 투자자에게는 어떤 증권의 매수가 다른 증권의 매수보다 더 좋거나 나쁘지 않아 보이는 유가증권 가격 패턴이 나타난다. 그러니까 수동적 투자자에게는 주사위 굴리기가 다른 어떤 방법이나 매한가지로 적절한 선택방법이 된다."[21] 그러니까 한편으로 금융시장의 이성 또는 효율성은 미래의 시세 진행 방향에 대한 내기가 눈을 가린 채 신문의 증권란에 다트 화살을 던져대는 침팬지의 놀이와 비슷해지도록 인도한다. 시장이 더 효율적일수록, 시장에서 생성된 진동들은 더욱 우연적이 된다. 다른 한편으로는 여기에서도 역시 일종의 균형이 모습을 나타내는데, 여기서는 우연한 요동들이 하나의 중간값 주위로 배열되고 궁극적으로 정상분포의 분산에 따른다.

## 공식

여기에서 한편으로는 머튼이, 다른 한편으로는 블랙과 숄즈가 금융 옵션상품의 가격 형성에 적용하기 위해 시도한 연산이 시작되었다. 이로써 비단 금융파생상품 거래의 구조화뿐만 아니라 전체 체계의 조절경향들에도 적용되는 일반 모델을 공식Formel화한 바로 그 연산이 도입된 것이다. 이때 한편으로는 다음과 같은 출발 조건들이 유효해야만 하거나 그러리라고 기대된다. 이윤을 추구하는 기업가, 효율적인 시장, 균등하게 분배되어 있으며 보편적으로 이용 가능한 정보, 마찰 없는 거래, 마지막으로 정상분포의 패턴에 상응하는 연속적인 가격 변화가 그것들이다. 다른 한편으로는 미래의 현재에서 출발해 현재의 미래에 대한 평가의 동기가 될 수 있는 가격지평을 — 예컨대 주식이나 신용대부의 — 기존 가격으로부터 산출하는 것이 관건이다. 어떤 옵션이나 파생상품의 현재 가격은 기저 가치의 가능한 미래가 그것에서 되풀이될 때 정당화될 수 있다. 오로지 이러한 종류의 전도를 통해서만 불확실한 전망들이 미래의 현재들의 개연성으로 변환된다. 그리고 오로지 미래의 진행 과정의 이러한 복제만이 요동치는 시세와 가격의 리스크를 이 리스크에 대한 거래를 통해 보호하고 균형 잡게 만들 수 있으리라는 기대에 근거를 부여한다. 동시에 바로 여기에 블랙, 숄즈, 머튼이 제안한 해결책의 요점이 있다. 예컨대 어떤 증권의 현재 시세, 그 기준가나 발행가, 어떤 옵션상품의 이자율, 만기일이나 유효기간이 어느 정도 알려진 크기로서 계산 과정에 들어갈 수 있는 반면에, 옵션가격의 계산에 있어서 불확실한 미지의 것들은 가능한 편차 수준, 즉 기준 가치의 변동성에 그 실체가 있다.

이것이 추계학적 과정을 정상분포 로그 함수로 파악해 내려는 그 유명한 미분 방정식의 계수들을 각인한다(그림 3). 이 방정식에서는 — 단순화해서 표현하자면 — 문제가 되는 위치들, 즉 미래의 미지의 변동성(시그마)이 비교 가능한 역사적 시간대들에서의 기저 가치의 우연 운동 및 가격 진폭에 따라 연산된다. 가능한 미래들의 데이터나 정확한 값을 알아낼 필요는 없고, 단지 그것들이 그 안에서 — 이렇게든 저렇게든 — 발생할 수도 있는 진동 범위만 계산해 내면 된다. 한편으로는 이를 통해서 어떤 옵션이나 파생상품의 가격이 더 이상 기준 가치들의 방향성을 띠거나 상승 또는 하락하는 움직임, 즉 시세 진행 방향의 명백한 증거에 따라 사

$$rD_T = \frac{\partial D_T}{\partial T} + rS\frac{\partial D_T}{\partial S} + \frac{1}{2}\sigma^2 S^2 \frac{\partial^2 D_T}{\partial S^2}$$

$D_T$: 남은 유효기간 T를 지닌 파생상품의 가격

S: 주식의 가격

T: 남은 유효기간

γ: 리스크 없는 고정 이자율

σ: 기대된 고정 수익률의 표준편차(변동성)

**그림 3 블랙-숄즈-미분 방정식**

정되지 않는다. 다른 한편으로 이 연산에는 이미 미래의 예측 불가능한 것이 과거의 예측 불가능성들의 분산에 비례하리라는 가정이 삽입되어 있다. 다시 말해, 무슨 일이 일어날지는 알 수 없지만, 예측되지 않은 것이나 예측 불가능한 것에서 적어도 현존하는 기대 가능성은 재생산된다고 가정하는 것이다.[22] 특정한 예측이 아니라 분포패턴의 예측이 주장된다. 마지막으로, 이로써 리스크의 작동 여지가 이에 상응하는 수익 전망으로 상쇄되고, 모델, 즉 자본자산가격결정모형Capital Asset Pricing Model은 포트폴리오의 구성에 관한 안내만이 아니라, 특히 어떻게 금융파생상품의 가격, 그러니까 권리에 대한 권리의 청구가 계산되어야만 하는지에 관한 안내를 제공한다. 블랙과 숄즈, 머튼이 얻어낸 공식이 얼마나 독창적이든 간에, 그것이 세기 전환기의 산발적이고 잊혀버린 시도들을 통해 얼마나 많이 선취되었든 간에, 그리고 그것이 일련의 동시대 시도들 가운데 얼마나 독특성을 주장할 수 있든 간에,[23] 여기서 다뤄진 이 계산법의 성공은 무엇보다도 그것이 중요한 담론적 요소로서 1970년대의 금융경제적 문제상황에 응답하였으며 더구나 새로운 자유주의의 근본 가정들과 조화를 이룬다는 점을 통해 보장된다.

그러므로 거기에서는 우선 통용되는 시장논리들의 수학적 재현이 인식될 수 있으며, 게다가 그 논리들의 과정은 물리학적으로, 즉 통계역학의 열전도와 분산을 위한 미분 방정식의 본보기에 따라 코드화된다. 효율적 시장의 가정들과 랜덤워크 가설이 이 계산법에 이식되어 있다. 그리고 이 계산법은 금융파생상품의 가격 형성에 대한 보편적인 방법론의 출발점으로서, 그리고 새롭고 "초-완벽한" 시장 패러다임의 기본 구성요소로서 간주될 수 있다.[24] 더구나 여기에서는 오랜 의심요인들, 예컨대 파생상품 거래와 도박의 위태로운 근접성이 계산법적으로 해소되었다. 그리고 새로운 금융상품의 고안과 파생상품 시장의 기능이 수학적으로 정당성을 얻었다. 미지의 미래 사건들에 대한 투자가 엄격한 연산의 대상이 된 것이다. 동시에 우리는 블랙-숄즈-공식과 그 변종들 모두에서 순수하게 이론적인 산물들과 일종의 "실연된 이론"enacted theory을 알아보아야만 한다. 여기에서 연산의 수행적 특질이 나타난다. 금융파생상품들은 연산으로 자신의 가능성의 조건들을 생산해 내며, 고유의 경제적 합리성이 옳다고 증명될 수 있는 시장에 호소한다. 이러한 견지에서 경제현실이 경제 이론에 적응한다고, 1970년대에는 아직 존재하지 않았던 "블랙-숄즈-세계"가 점차 생겨난다고 이야기되었다. 다시 말해, 단순히 시장사건들에 대한 예견이 아니라, 시장 자체의 작동 기준이 되는 프로토콜이 생기는 거라고 말이다.[25] 이 공식은 담론적 생산물로서 금융파생상품 거래를 옹호하는 결정적인 논거를 제공하고, 이로써 체계의 안정화에 대한 전망을, 그리고 거기에서 다시금 자신의 이론적 함의에 대한 정당화를 제공한다.

## 정보

이러한 순환논리적 과정은 오늘날까지도 금융경제의 작동 방식을 규정하는 또 하나의 구성요소에 주목하게 만든다. 왜냐하면 블랙-숄즈-공식과 그 변종들로 금융파생상품들이 수학적 공식화의 대상이 될 뿐만 아니라 동시에 특수한 매체기술적 포맷이 되는 까닭이다. 이 포맷들의 전파 역사는 컴퓨터의 역사 및 정보기술 발전의 진행단계들과 일치한다. 금융시장들은 증권 거래에서의 가격 형성과 매체기술적 혁신들 사이의 긴밀한 연관관계를 통해 구조화되었으며, 그 리듬은 19세기 이래로 전신Telegraf의 도입, 대서양 횡단 케이블 연락망 이용, 주식 시세 표시기를 통한 소식 교류의 가속화에 의해 좌우되었다. 이미 샤프Claude Chappe의 광학적 전신의 예에서 보아도 금융업의 이러한 정보 지향성은 혁명 이후 프랑스에서 일어난 어떤 기생충 같은 행동으로 위험해졌다. 1836년에 보르도 출신의 두 은행가가 전신업계 직원 하나를 매수해서 광학적 투과 과정에서 공식적인 전보에 추가적인 신호들이 첨가되게 만들었다. 이 시스템은 우편이나 신문이 배달되기 전에 프랑스 국채의 시세 전개에 관한 정보를 획득하고 이로써 거래 수익을 얻을 수 있도록 만들어주었다. 2년에 걸친 국가 정보채널의 악용은 시간차의 체계적인 이용 및 가격과 정보의 상호 전환에 대한 초기 기록으로 이해될 수 있다.[26]

이에 상응하여 현대 금융경제의 공공기반시설도 전자 및 디지털 기술들을 통해, 즉 정보 처리와 원거리 통신의 일관된 융합을 통해 정의되었다. 전자 금융시장 설립을 향한 1960년대의 첫 발상들에서 시작해서 컴퓨터 지원 증권 거래의 개시, 전자거래 시스템 및 전자 증권플랫폼의 설비를 거쳐 온라인 중개업과 1993년의 증권업 및 금융업에 대한 월드와이드웹WorldWideWeb 허가에 이르기까지 말이다. 여기에서 국제사회 복지의 큰 부분을 결정하는 금융기계의 탄생이 인식될 수 있다면,[27] 장치Dispositiv는 금융파생상품 거래에 본질적이면서도 효율적인 것이 된다. 블랙-숄즈-모델의 공식적인 본성이 말하자면 자신을 정보기술적으로 실행해 달라고 호소하는 셈이다. 우선 옵션 가격 결정option prizing이 블랙-숄즈-공식에 따라 컴퓨터에서 연산되었고, 그런 뒤에 이에 상응하는 도표들이 관심을 지닌 거래자들과 구독자들에게 상세한 문서 형태로 판매되었다(그림 4). 이미 1974년에 텍사스 인스트루먼트Texas Instrument사가 이 탁월한 평가공식에 맞춰 프로그램되었고 당일 매매를 위한 블랙-숄즈-계산 결과들을 제공해 주는 계산기를 공급했다. 그리고 늦어도 1980년대에 자동화된 옵션 및 선물 거래소들이 생겨난 이래로 금융 이론과 수학, 정보기술들의 효과적인 융합이 나타났다. 효율적 시장이라는 발상이 정보 처리의 효율성을 요구하는 한, 여기에서 실제로 경제 현실이 이론을 모방하는 일이 기록될 수 있다. "현실 세계에서 자본 교류와 금융시장이 더 효율적이 될수록, 현재의 금융 가격, 생산물, 시설에 관한 연속시간 모델들이 내리는 예측도 더 정확해진다. 이는 간단히 말해서 종국에는 현실이 이론을 모방하게 되리라는 뜻이다."[28] 새로운 기술적 조건 아래에서야 비로소 이

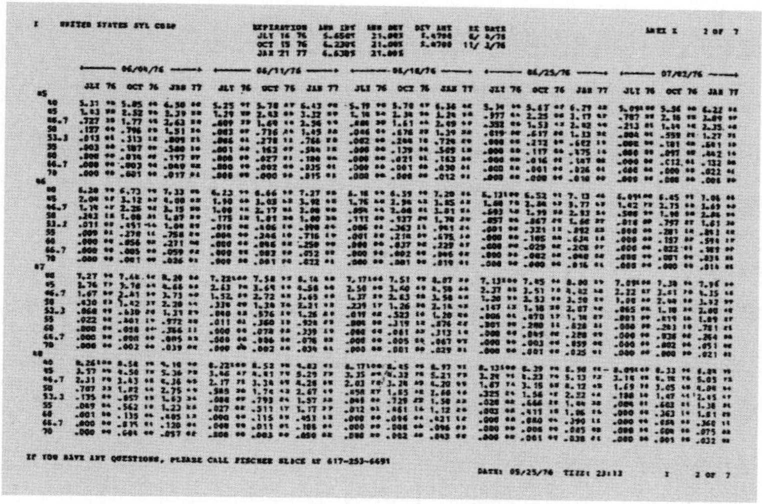

그림 4 피셔 블랙이 생성한 표 중의 하나. 맨 왼쪽의 숫자들은 주식 시세를 보여주며, 다음 행은 권리행사 가격(Strikepreis) 혹은 기준가(즉 옵션 계약을 체결할 때 확정된 가격으로, 각 증권은 그 가격에 구매자에게 양도될 수 있다.)를 기록한다. 표 본문의 큰 숫자들은 특정한 만기일(예컨대 1976년 7월 16일)을 지닌 매수 선택권(콜옵션call option)이 잇따르는 주들의 각 금요일(예컨대 1976년 6월 4일)에 갖게 되는 가치를 재현해 주며, 작은 숫자들은 주식 시세가 1달러 변동될 때 옵션 계약의 가치가 변동하는 액수를 재현한다. 표의 표제의 데이터는 이율(Zinsfuss)•과 시세변동률에 대한 블랙의 가정, 배당수익 보고를 열거한다.(MacKenzie: *An Engine, Not a Camera*, 160 재인용)

시장의 제도가 완성된다. 금융 이론과 공식화, 기술적 구현이 서로 생산적으로 결합되며, 이러한 결합에서는 새로운 금융수단들의 창안과 이에 상응하는 시장들의 설치가 그것들의 존재이유raison d'être 면에서 서로를 검증해 준다. 그리고 이것이 의미하는 바는, 기술과 이론의 컨소시엄이

---

• 자연수 100을 100%로 상정하여 표기한 이자율.

최대의 유동성과 최적화된 가격 결정, 효율적인 데이터 교류가 금융시장의 공고화에서 합칠 수 있다는 전망을 마련해 준다는 것이다. 궁극적으로 금융수학과 매체기술의 맞물림은 요동을 기대 가능한 역동성으로, 시장의 우연성들을 신뢰할 수 있는 수익 전망으로 바꿔주는 '미다스Midas 공식'[29]에 관해 이야기하는 것을 타당하게 만들었다.

블랙-숄즈-모델은 "비단 금융 영역에서만이 아니라 경제학 전체에서도 가장 성공적인 이론"[30]으로 공표되었고, 이로써 몇 가지 기대가 금융경제적 견해와 전략, 기본 가정 들에 연결되었다. 그래서 거명된 구성요소들 — 선물 거래, 새로운 계산법, 정보기술 — 의 금융시장에서의 협연에서 우선 모든 종류의 통화 본위로부터 세계 금융의 토대로서의 정보 본위로 이끌어가는 역사적 변환을 알아챌 수 있다. 신용경제와 통화 체계들의 안정화는 더 이상 금이나 현물화폐로의 태환에 의존하지 않게 되었고, 돈과 정보 사이의 지속적인 교환이라고 생각된다. 금융시장에서의 가격들이 동시에 가격들의 미래에 관한 정보들을 엮어내는 한, 지급 교류에서 돈에 대한 정보가 화폐 자체보다 중요해졌다. 시장은 정보-자동성을 갖춘다. 효율적 시장이란 정보를 효율적으로 분배하는 시장이며, 경쟁은 정보 경쟁의 촉구로서 나타난다. 이는 초단타 매매high frequency trading 형태의 오늘날의 경쟁에까지 이르는데, 여기에서는 시장정보를 조회할 때 첨단 기술이 1백분의 1초의 이점을 마련해 준다. 국제적 금융경제를 기술적으로 구현된 화폐 이론으로 이해할 수 있다면, 화폐 순환은 여기에서 정보생산 장치의 기능을 맡으며 사람들이 정보사회라고 부르는 것의 본질적인 측면으로 간주될 수 있다.[31]

## 새로운 경정론

동시에 이 새 공식이 그 시장논리들과 더불어 지닌 놀라운 단순성과 "아름다움"이 끊임없이 거듭 확언되었는데, 이러한 종류의 취향적 판단은 의심할 나위 없이 이 모델 구성의 본질적이고 그야말로 고전주의적인 특질에 빚지고 있다. 다시 말해, 이 모델 구성에서 다시 한 번 시장의 안정화하는 힘들이, 그러니까 조절과 균형의 효력이 주장되는 것이다. 이것이 그 체계의 자랑스레 내세워진 '뉴턴주의'이다. 이렇게 구상된 파생상품들의 세계에서는 리스크를 수익으로, 불확정성을 높은 수익 전망으로 보답하는 보상이 지배한다. 피셔 블랙은 이를 다음과 같이 서술한다. "리스크가 높은 자산을 위한 시장의 균형 개념은 나에게 엄청난 아름다움으로 두각을 나타낸다. 그것은 리스크가 높은 증권들이 높은 수익 전망을 포함해야만 하고 그렇지 않다면 그것들이 투자자들에 의해 처분된다는 뜻을 내포하고 있다."[32]

이는 단지 리스크가 리스크의 분산으로 '헤지'되거나 보호된다는 것, 우리가 — 블랙-숄즈-공식의 중심에 규정되어 있듯이 — 옵션 계약으로 자산과 외환의 가격 리스크를 반대 방향으로 "벗어날" 수 있으며 훌륭한 거래 주문을 받는다는 것만을 뜻하지 않는다. 다시 말해, "우리가 (파생상품) 거래를 많이 하면 할수록 사회에는 더 큰 도움이 된다. 왜냐하면 그러면 리스크가 그만큼 덜 존재하기 때문이다."[33] 알아맞히기 게임에서 금융학으로의, 노벨상을 수상한 이 변환은 오히려 불확정적 미래들의 효과를, 그리고 이와 더불어 시간 차원 자체를 상각해 줄 수 있었다. 미래 사건들의 분산이 — 정상분포, 중간값, 가우스 곡선 또는 종형 곡선을 실마리 삼아 — 과거의 예측 불가능성들의 분산폭에 따라 측정되고 미래의 리스크들이 기존의 리스크들과 유사한 관계에 있으리라고 기대되는 한, 금융시장의 영업루틴은 미래 기대들이 기대된 미래들로 전환될 수 있고 미래의 현재와 현재의 미래 사이에 빠짐없이 어느 정도 신뢰 가능한 동질성이 생길 것이라는 가정에 의해 견지된다. 불확실성은 그냥 사라진 것이 아니다. 하지만 이 모델의 역동성은 시장의 팽창과 집약화로 리스크 중립적인 세계가 만들어지리라는 생각이 들게 만든다. 이 세계에서는 불확정적인 미래가 미래 기대들의 확정 가능성을 통해 강화되고, 이로써 현재에 동화될 수 있다. 경제 데이터를 통합 가능한 체계들로 전환하는 것은, 연속성 속에서 이 시점에서 저 시점으로 부드럽게 움직이며 균열도 도약도 모르는 세계를 기술해 낸다. 이 세계에서는 수학적 형식주의의 운영적 강점이 체계 자체가 규칙적이고 균질하며 항상적이고 내적 조절경향을 띠고 작동한다는 이론적 상정과 부합한다. 이러한 견지에서 머튼과 블랙, 숄즈가 개발한 연산은 체계의 완벽한 알레고리로 이해될 수 있다. 말하자면 언젠가 수학자 제임스 요크James Yorke가 언급했다시피 이미 미분 방정식을 통한 체계 해법의 코드화가 규칙적인 불변수들의 증명을 요구하며 모든 비연속적 또는 카오스적 진행을 배제해야만 하는 한에는 말이다.[34] 다른 모든 '해법'은 경제 이론의 위상에 재앙일 것이며 이론의 수행적 자기주장에 별로 생산적이지 못할 것이다.

이와 더불어 블랙-숄즈-모델은 몇몇 비판과 수정에도 불구하고 금융경제의 핵심적 기능요소라고 선전되었으며, 이 모델로 자유주의적 또는 신자유주의적 경정론의 가정과 전망들 — 경쟁과 가격 메커니즘의 조절력 — 이 일상 업무 과정과 영업루틴에 이식되었다. 이것은 기술적으로 구현된 경제 이론 역할을 하며, 리스크 관리의 본보기 자체로서, 보편적이고 정치적인 조절 기술로서 이해될 수 있었다. 새로운 자유주의와 더불어 생활세계의 모든 사건과 관계에 시장가치가 부여될 수 있겠다는 비전 또한 형성되었던 까닭에 — 완벽한 경쟁적 세계에서는 물건의 가격 말고는 아무것도 알 필요가 없다 — , 더욱 세분된, 이를테면 분자적인 시장은 증권securities과 옵션, 파생상품들로 가능한 모든 미래의 안전을 보장할 수 있으며 다시 한 번 일종의 세속적 섭리를 보장한다. 그러니까 금융산업의 개념적 틀은 "리스크를 — 금융적, 비금융적 — 적용의 폭넓은 스펙트럼 안에서 평가하고 가격을 부여하는" 데에 사용될 수 있다. 그리고 "불확실한 미래들"에 직면해서 "옵션과 유사한 구조들"의 보편화로 모든 것을 포괄하고 모든 것을 조절하는 시장의 유토피아가 약속된다.[35]

이로써 새로운 금융자본주의는 자그마치 금융세계의 민주화와 — 간결한 이론적 모델과 최적화된 금융 상품, 디지털 기술들을 갖추고서 — 19세기의 유토피아적 사회주의들보다 더 효과적으로 사회적 조절을 실현할 수 있는 질서 형태를 약속한다. 이것이 최근에 금융 이론에서 나온, 비전 어린 어조를 특징짓는다. "우리는 금융세계를 민주화하고 월스트리트 고객이 누리는 혜택을 월마트 소비자에게 주어야만 한다. 우리는 금융 제도의 도달 범위를 우리의 금융 대자본을 넘어서 나머지 세계에까지 확장해야만 한다. 우리는 금융의 영역을 물질적 자본의 영역을 넘어서 인적 자본에까지 확장하고 우리의 삶과 실제로 관련된 리스크에 대한 안전대책을 강구해야만 한다. 다행히도 금융 관리의 원칙들은 이제 전체로서의 사회를 포괄할 정도로 확장될 수 있다. 그리고 우리가 사회로서 번영하고자 한다면, 금융제도가 우리 모두를 위해 존재해야만 한다 — 철저하고 근본적인 방식으로 말이다. 금융제도의 민주화는 무작위적인 경제적 불평등, 즉 성과나 재능의 차이라는 형태의 합리적인 근거들로 정당화될 수 없는 불평등의 문제에 대한 효과적인 해결책을 뜻한다. 그러므로 금융제도가 유토피아적 혹은 사회주의적 사상가들이 몇백 년 전부터 책동해 온 문제를 다루게 만들 수 있다. 또한 소득의 우연한 불균형 감소를 고려할 때 금융경제적 사유는 분명히 대부분의 다른 전통들보다 예리했다. 현대의 디지털 기술을 갖추고서 우리는 이제 이러한 금융경제적 해법들이 현실이 되게 만들 수 있다."[36]

## 역사의 종말

금융시장의 탈경계화와 "국제적 인적 자본 시장들"의 개방으로 — 확장의 수사修辭를 통해 강조되어 — 지속적인 리스크 상황에 대한 사회들의 예방적이고 유연한 적응이 완수된다. 여기에서는 아마도 예전의 연금국가 및 복지국가들의 개혁이, 그리고 단지 경쟁사회라고만이 아니라 모듈화된 리스크 문화라고도 불릴 만한 새로운 포맷의 발생이 기록될 수 있을 듯하다. 이러한 질서에는 계급도 당도 없으며 오로지 금융적 참여의 결속과 경제적 파트너만 있을 따름이다. 사회적 장은 금융자본의 역동성에 매설된다. 이러한 전환은 한편으로는 정치경제학이 애덤 스미스 이후로 항상 도덕철학적으로 영감을 받아왔다는 사실을 상기해 주며, 최신 금융기술들의 관철로 다음과 같은 실천이성의 행위 역시 완수된다.

혁신적인 금융상품들의 촘촘한 그물은 다른 어떤 사회적 고안보다도 모든 생활상태에서의 "분배 정의" 실현을 잘 보살필 수 있다.[37] 다른 한편으로는, 금융경제적 체계발상들의 핵심에서 어떻게 신정론의 옛 시도들이 제기한 요구들이 다시 한 번 되풀이되는지가 분명해진다. 왜냐하면 금융시장의 가정된 효율성은 이 시장의 세계상황이 단지 세계상황들의 지속적인 최적화로밖에는 표상될 수 없음을 수반하기 때문이다. 이는 예컨대 개별적인 변칙성과 위기들이 전체의 유익한 작동 방식에 대한 반증으로 여겨질 수 없음을 의미한다. 다시 말해, "몇몇 오류와 실수 때문에 전체 시스템을 비난하는 일은 이치에 어긋나지 않나 싶다." 그리고 이는 마찬가지로, 이 체계에서는 도덕적 해이moral hazard, 즉 투기적 과실처럼 마뜩하지 않은 경우들이 배제되거나 아니면 그저 개별 행위자의 개별 행위로 치부된다는 뜻이다.[38] 작동하지 않는 것이 있더라도, 그것은 체계의 작동 방식에 대해 아무것도 반증하지 않는다. 마지막으로, 이러한 질서의 관점에서 볼 때 미래는 그저 무한히 예측 가능하게만, 그리고 이로써 부재하는 미래성으로서만 나타날 수 있었다. 다시 말해, 리스크 오프셋 투자risk-offsetting investment와 미래 리스크들의 지속적인 활용으로 일종의 탈역사적 상황이 구상되는데, 이것은 분자적이고 우연한 운동은 알지만 역사의 근본 운동Kardinalbewegung은 더 이상 알지 못한다. 어쨌거나 균형공리의 최신 재구성은 이렇게 주장한다. 이것으로 단지 역학적인 조절만 약속되는 게 아니라 특히 미래의 현재들에 대한 기대 가능성들로 현재의 미래들의 불확실성 사이에서 평형 잡기가 약속된다 — 시간적 진행의 힘들과 효과를 효율적으로 감소시키는 것 말이다.

그러므로 금융경제적 사유가 끊임없이 거듭해서 그리고 거의 필연적으로 역사의 종말을 생각하려는 유혹에 굴복하고 마는 것은 놀라운 일이 아니다. 그래서 예컨대 훗날 대통령 후보 존 맥케인John MaCain의 경제고문이 된 경제학자 케빈 하셋Kevin Hassett은 괴이한 증명절차로 20세기 미국의 금융시장에서는 세계대전과 경제 위기, 강제 추방과 대량 학살, 한국전쟁이나 베트남전쟁이 아니라 오직 단 하나 수익률 증가만 발생했으며 꾸준히 증가하는 수익 말고는 앞으로도 아무것도 기대될 수 없음을 제시하고자 했다.[39] 그리고 새로운 금융경제의 황금기였던 지난 세기의 90년대에는 번영하는 금융시장들에 직면해서 경기 순환의 드라마가 중단되고 "경제사의 종말" 자체가 도래하게 될 거라고 언급하고들 싶어 했다. 정보기술과 안정된 거래 활동으로 적어도 미국은 "역사의 피안" 상태에 들어서게 된다.[40] 투기와 헤징을 통해 탈역사적 시기가 자금 조달되는데, 이 시기에는 경제적 안정화가 사회적, 정치적, 문화적 상황들의 안정화로 성큼 다가가게 된다. 그리고 이러한 전망은, 옛 국민국가와 새로운 경제적 · 정치적 자유주의의 화해 주위를 맴돌고 — 프랜시스 후쿠야마Francis Fukuyama의 경우처럼 — 탈역사적 세계의 도래 및 "역사의 종언" 자체에 호소하는 저 담론적 호황과 조응한다. 여기에서도 역시 "경제적 사고의 자유주의 혁명"이 자유민주주의와 "자유시장"의 최종적인 연합과 연계된다 — 그리고 이러한 "낭보", 이 복음주의적evangelisch 소식 또는 복음•이 "20세기의 마지막 사분기의 주목할 만한 발전"에 유래를 둘

• 독일어로 '좋은 소식'(die gute Nachricht)이나 '기쁜 소식'(Frohe Botschaft)은 모두 '복음'을

수 있는 것은 우연이 아니다.[41] 1970년대 이후로 금융경제 이론의 소실점은 역학적 과정들의 탈시간화를 통해 안정성을 획득하는 시스템의 형태에 있다. 미래는 언제나 이미 가격이 책정되어 있다. 그리고 여기에서도 역시 자유주의적이고 자본주의적인 경정론이 선포된다. 거기에서는 여전히 시장의 섭리가 작용하고 있다. 그러나 세속적인 섭리에 대한 이러한 희망은 예전에 한때 신정론의 철학적 시도들이 그랬듯이 팡글로스적• 사고실험들로 끝나는 것이 아니라, 앞으로도 계속해서 진행될 대규모의 국제적·사회적 실험으로 낙착된다.

---

뜻하며, 형용사 evangelisch는 '복음주의적'을 뜻하기도 하고 '개신교의'를 뜻하기도 한다.

• 볼테르의 『캉디드』에 나오는 팡글로스 선생은 "세상은 언제나 최선의 상태"라는 무한한 낙관주의의 대변자이다.

5장

# 경제적 재생산과 사회적 재생산

## 오이코노미아

신고전주의 금융 이론과 경제 이론 역시 안정성에 대한 가정들을 가지고, 그리고 결정주의적이라 부를 만한 균형 모델들의 전제 아래 작업한다는 데에는 의심할 나위가 없다. 이러한 경정론의 질서는 역동적인 균형에 의해 각인되었으며, 이러한 균형 안에서는 금융시장에서의 원자화된 경쟁이 리스크의 순환을 촉발하고 현재의 미래의 불확실성과 미래의 현재의 기대 가능성 사이의 균형을 약속한다. 신조어로 말하자면 거기에서는 '금융화'Finanzialisierung가 기록될 수 있다. 이는 자본회전과 금융경제적 동기의 결정적인 의미, 이에 상응하는 산업, 수단, 행위자, 제도 들의 효력, 새로운 참여자들의 지속적인 유입, 금융상품들의 양적 증가와 그 수익률, 금융시장 자체의 특권화를 통해 특징지어진다. 이러한 폭넓은 지평은 금융 계약의 시간적 구조가 계약 형태와 사회적 결속의 척도를 좌우하는 구속력들의 체계를 요약한다. 새로운 사회계약contract social의 형태가 필요해진다.[1] 이로써 동시에 하나의 동역학이 중요해지는데, 여기에서는 금융자본의 재생산 — 그것의 리듬, 주기, 메커니즘 들의 지배 — 이 다른 모든 경제적, 사회적, 문화적 재생산 형태들의 모델이 되어야 한다. 어쨌거나 이 새로운 경정론은 그것에 의해 설정된 연관, 사건형상, 교류 형태들로 사회적 결속의 코드화를 위한 청사진을 마련해 주겠다고 약속한다.

이 시도에서는 하나의 문제상황이 모든 점에서 인식될 수 있는데, 이 문제상황의 기술記述과 이론적 · 개념적 파악은 정치적 사유의 옛 무대들을 상기하게 만든다. 경제와 사회가 동일한 생산법칙에 따르도록 만드는 수단인 바로 그 경제적 숙명론에 관한 토의의 전사前史를 기억해 보아야 할 수도 있겠다. 왜냐하면 아리스토텔레스의 『정치학』 첫 권에 나오는 폴리스pólis의 합목적적 질서에 관한, 그리고 오이코노미아oikonomía, 획득술, 화폐 기능의 역할에 관한 유명한 성찰들은 정치적 구별법에 대한 기여라고 이해될 수도 있기 때문이다. 이 식별법은 정치 제도의 운명을 다름 아니라 정치 제도의 내적 구조들이 어떤 메커니즘들에 따라 유지되고 증식되는지를 보고 가늠한다. 여기에서는 비단 화폐경제 내지 이재학理財學, Chrematistik을 정치 영역에서 배제해 버린 일만 중요한 것이 아니다. (이 악명 높고 파장이 컸던 배제의 반향은 스콜라 철학을 거쳐서 근대의 정치경제학에까지 이른다.) 더 정확히 말하자면, 아리스토텔레스의 프로그램에서 관건은 분기하는 재생산 형식들의 형태들에 완전히 직접 관련되는 구분 또는 경계짓기를 실연하는 일이다.

아리스토텔레스에게서 어떻게 폴리스의 자연스러운 질서가 구성되는가는 충분히 잘 알려져 있다. 여기서는 공동체 속의 삶, 즉 공동의 참여 또는 정치공동체koinónía politiké가 우선 오이코스oíkos 또는 가정공동체에서 실현되고, 결집된 가정들의 삶은 다시금 정치생활의 목표 설정에서, 자족성autákeia과 행복eudaimonía에서, 즉 폴리스의 자족적이고 훌륭한 내지는 완성된 삶에서 실현된다. 정치적 결속은 이로써 단지 모든 공동체 형태의 기원이나 목적(텔로스télos)이기만 한 것이 아니며, 그저 부분들이 정치적 전체(복합체sýntheton)가 되는 수단이자 그 안에서 자신들의 자연스러운, 즉 목적론적 사명을 따르는 운동의 종착점이기만 한 것도 아니다. 이러한 정치적 목적론은, 가정제도의 이해관계, 경제 또는 오이코노미아가 이와 연관된 조달, 획득, 공급 활동과 더불어 정치적 목표 설정에 종속되어 있으며 공동성의 형태 속에 삽입되어 있다는 사실 또한 수반한다. 오이코노미아는 필연적으로 정치학의 일부이거나 아니면 아예 존재하지 않는다. 그러므로 아리스토텔레스의 정치적 동물zóon politikón에게 '오이코노미아적' 활동은 그것 속에서, 그리고 그것과 더불어 자연이, 즉 정치적 결속의 내재적 목적들이 재생산되는 한에서만 존재한다. 정치적 동물은 오로지 정치적으로서만 경제적이다.[2] 그리고 여기에서 경제의 형태로 나타나는 것은 — 그것이 거듭해서 '전근대적' 경제양식들의 특징으로서 확인되었다시피 — 의존적임이 입증되며, 독자적인 법칙과 메커니즘들을 알지 못하며, 사회적 내지 정치적 재산의 유지를 위한 조건들에 매끄럽게 적응한다.

하지만 이러한 배경 아래에서 아리스토텔레스의 오이코노미아 분석은 예견 가능하면서도 위태롭게 진행된다. 그러니까 가정들(오이키아oikía)이 폴리스의 합목적적인 부분들로서 나타나고 오이코노미아의 실행들이 다시금 정치의 구성부분으로서 나타나듯이, 오이코노미아 자체 안에서 다시금 부분과 전체의 유비적인 협력과 목적론적 방향 설정의 궤도가 기록될 수 있다. 이에 따르면 비단 전제專制, 결혼제, 가부장제의 관계들(데스포티케despotiké, 가미케gamiké, 파트리케patriké)만 오이코노미아의 일부를 이루는 것이 아니다. 무엇보다도 획득술(크테티케ktētiké) — 그리고 이와 더불어 교환(메타블레티케metablētiké)과 화폐 취득(크레마티스티케chrēmatistiké)의 측면 — 이 가계의 운영과 그 목표 설정에 대해 어떤 관계에 놓여 있는지, 그 활동들이 오이코노미아와 동일한 근원을 지니는지, 또는 그 구성적 부분들인지, 아니면 그저 종속적인 동인들에 불과한지, 그리고 어떻게 그러한지에 관한 의문이 제기된다. 그리고 바로 여기에서 아리스토텔레스의 논거에 극적인 분기 또는 일탈이 일어난다. 왜냐하면 한편으로는 다시금 일부로서 오이코노미아의 본성에 따르는, 그리고 이로써 폴리스의 본성에 따르는 자연스러운 획득술이란 결핍의 해소, 수요, 사용과 소비에서 자신의 한계를 발견하고 "목적에 부합하는 삶에 필요한 정도"를 존중하는 "진정한 부"와 연관을 맺을 때에만 이야기될 수 있기 때문이다. 획득된 소유물(크테시ktésis)은 경제나 정치의 합목적적인 일부로서 활용을 통해 소진된다. 모든 수단이 목적에서 자신의 자연스러운 한계를 경험하듯이(단지 목적들 자체만이 무한할 수 있다.), 모든 외적인 재화들은 "경제적" 또는 "가계적" 사용에서 자신의 내재적인 한정을 부여받는다. 그것들은 훌륭한 삶 또는 삶 자체의 존속에서 자신들의 목적을 달성하고, 거기에서 자신의 유한성의 법칙에 굴복한다. 이로써 또 하나의 특수한 물물 교환과 화폐 사용이 조화를 이룬다. 다시 말하자면, 모든 교환 행위가 결핍의 해소와 자족적인 삶의 보장에서 소멸되는 한, 더 나아가 그것이 적합한 교환, 즉 적절한 분배의 정도와 상호성의 결속에 상응하는 한, 그러한 활동들은 당연히 합목적적이라고, 또는 자연스럽다고 일컬어질 수 있다. 수요, 그리고 필요에 방향을 맞춘 상호적인 교환은 정치적인 결속을 구성하고 지원하고 촉진한다.[3] 이는 결국 — 아낙시만드로스의 격언에 의하자면 — 재귀를 통해서, 획득과 사용, 생성과 소멸의 순환을 통해서 두드러지는 순환적인 시간의 지배를 의미한다. 폴리스의 공동체적 결속은 자연의 속세적인 순환 속에서 재생산된다.

### 이재학

그러나 다른 한편으로는 바로 여기에서, 즉 경제와 그에 속하는 획득술의 분석에서, 목적론적 혼란의 동인이 확인된다. 그것은 동종의 것을 낯설게 만들고, 동일한 것을 유사하지 않게 만들며, 일련의 목적들의 배열에 치명적인 분기가 일어나게 만든다. 동일한 것의 적용이 근본적인 상이성을 도입하고 이러한 적용의 근원적 또는 자연적 경향에 대해 역방향성을 야기한다. 왜냐하면 교환 거래와 돈이 끼어드는 데에서는, 아리스토텔레스에 따르자면, 비단 공동체의 확대와 획득 행위의 장소적 확장에 대한 반응만 인식될 수 있는 것이 아니기 때문이다. 그리고 그것들은 단지 자족성의 폐쇄된 권역에서 발생하는 일시적인 중단, 즉 획득과 소비 사이의 일시적인 연기만 유발하는 것도 아니다. 전범이 된 아리스토텔레스의 논거는 오히려 다름 아닌 화폐 기능의 개입이 파괴적인 상승 운동을 유발하고 이러한 운동으로 종류의 교체를 만들어내고 "다른 종류"(에이

도스)의 획득술, 즉 수수께끼 그림이자 기묘한 혼성형체가 가능해지도록 만든다고 말한다. 이러한 사업, 즉 영업상의 교환이나 소매 거래(카펠리케kapēliké)가 — 아리스토파네스Aristophanes의 희극 인물들의 풍부한 저장소이다 — 여전히 폴리스에 위치하고 공동성의 결속에 근거하고 있는 반면에, 그 사업 안에서는 동산動産과 소유물 들이 독특한 방식으로 그것 자신에 대해 이질적이 된다. 예컨대 신발은 신는 데 활용될 수 있을 뿐만 아니라 교환수단으로 이용될 수도 있다. 하지만 이 두 번째 활용에서 신발은 그것이 만들어진 목적에서 벗어나고 결국 엉뚱하게 화폐 제도(노미스마nomisma)에서 실현된다. 설사 교환수단들의 활용이 — 그것이 신발이든, 금속이든, 아니면 주조된 주화이든 — 그 자체로 '자연에 어긋나는' 것은 아닐지라도, 그것들로 동일한 재화가 근본적으로 다르면서도 서로 바꿀 수 있는 두 가지 방식으로 활용할 수 있게 되고, 첫째로 사용을 목적으로 하는 조달을, 그러나 둘째로는 거래이익의 달성을 포괄한다는 데에 그것들의 위험한 특징이 있다. 목표와 수단의 교체가 교환수단에서, 즉 화폐에서 용인되며, 수단은 목적으로 전도되고 도구는 성과로 뒤바뀐다. 외적 재화들은 단지 그것들을 사용하려는 목적뿐만 아니라 외적 재화를 획득하려는 목표, 즉 수단이나 화폐의 매매에도 이용된다. 여기에서는 신발이 더 이상 신발이 아니다. 그리고 여기에서는 위태로운 형태변화가, 즉 이탈Parekbase, 올바르고 자연스러운 경로에서의 이탈이라고도 부를 수 있을 분기가 발생한다. 수단 자체에 그것을 목적으로 왜곡하고 이에 따라 허상성을 띠는 성향이 있는데, 이러한 허상성은 하나의 동일한 실행으로 거래와 거래, 즉 필요의 완전한 충족과 이익의 창출을 혼동할 수 있게 만든다.

그리고 바로 이 분기된 것의 구분 불가능성에서 정치적 운명이 결정된다. 왜냐하면 그것이 화폐 취득(크레마티스티케)에서 완수되는 이탈 혹은 탈선이기 때문이다. 다시 말해 화폐 취득은 더 이상 필요나 사용에서 자신의 한계를 발견하지 못하고, 오히려 수단의 합목적적인 활용이 수단의 증대를 목표로 하는 내적 무제한성 쪽으로 경도된다.[4] 화폐 취득을 추구함으로써 수단의 투입 즉 화폐 취득에 아무런 한계도 설정되지 않는다. 이재학은 그 목적에서와 마찬가지로 수단의 견지에서도 제한이 없으며, 이로써 자신의 내적 무절제성을 통해 규정된다. 획득술의 통일성은 파괴되고, '오이코노미아적' 활동은 이재학에서 위험천만한 도플갱어에 의해 엄습당하거나 희화화된다. 그러나 반자연성은 사물의 자연스러운 전개 자체에서 유발되며, 이러한 혼동 내지 목적론적 혼란은 아리스토텔레스의 『정치학』 제1권에서 크레마티스티케 개념의 양가적이고 흔들리는 의미론에 기록된다. 크레마티스티케가 처음에는, 즉 3장에서는, 오이코노미아의 일부로서의 획득술 전체를, 그리고 이로써 생명 유지에 필수적인 사물들(크레마타chrémata)의 조달을 지칭하는 반면에, 나중에는, 즉 핵심적인 9장에서는, '본래적인' 의미에서 화폐 취득의 특수한 경우 내지는 오이코노미아의 본성에 모순되는 이익추구적 획득술의 특수한 경우에 사용된다. — 그리고 마지막으로 10장에서는 다시금 획득 방식들의 개념 범위 전반에 해당된다. 다시 말해서, 이는 이재학의 특성을 모순적으로, 즉 자연적이게도 또한 자연적이지 않게도 보이게 만드는 의미심장한 진동이다.[5]

## 음흉한 엔텔레케이아

동산의 장만에서부터 교환을 거쳐 화폐 교류로까지 이어지는 획득술의 이러한 역사적이기보다는 발전논리학적인 전개는 아리스토텔레스에게서 비단 — 코이노니아에서부터 오이코스를 거쳐 폴리스에까지 이르는 — 정치적 결속의 발전에 대한 정확한 유비로만 제시되지는 않는다. 그것은 오히려 전환점에 접근시키며, 정치적 목적론을 거꾸로 뒤집어 놓는다. 그리고 이재학은 화폐 기능에서, 즉 무제한적 수단에 의한 무제한적 목적의 대체에서 도착倒錯, Perversion된 또는 음흉한 엔텔레케이아의 형체를 얻는다. 아리스토텔레스가 이러한 무제한성을 명백한 반자연성(파라 피지스parà phýsis)이라고 부른다면, 이것은 우선 일련의 정치적 목적들로부터의 이탈, 공동체적 참여의 거부, 정치적 결속의 탈정치화를 뜻한다. 공동의 것의 비율들이 흐트러진다. 왜냐하면 이재학에 함축된 무제한적인 노력과 더불어서 — 게다가 이것은 아리스토텔레스의 노력 개념에 위배된다 — 인간 교류의 상호적인 참여가 더 이상 그때마다의 필요와 완전한 삶의 재화가 아니라 무한한 재화들의 상호적인 획득을 목표로 삼게 되기 때문이다. 그래서 아리스토텔레스의 『윤리학』은 "이윤추구욕"과 "만족할 줄 모름"을 단순히 예컨대 무절제나 비겁함, 분노 같은 특정한 국소적 악덕으로 소급하지 않고 "부당함" 그 자체로서, 즉 적절한 참여의 법칙 또는 상호성의 법칙에 대한 침해로서 파악하고자 했다. 이재학은 교환 정당성의 포맷을 와해하고, 공동체 조직의 자연법적 공고화의 토대를 약화시키고, 중앙(중간méson)에, 모든 수단의 적절성에 연관된 코이노니아의 결속을 탈중심화한다. 그리고 그것은 항상 불공평한 교환이라는 잘못된 길을 열고, 이로써 법과 법령을 찢어발기며, 정치적 동물의 완전성이 그 동물의 "최악의" — 이는 또한 전제주의적임을 뜻하기도 한다 — 가능성들과 봉착하는 구역으로 들어가는 길을 연다.[6] 교환관계의 상징적인 결속은 악마적인 전환을 겪는다.

그러나 이재학의 전개는 무엇보다도 자연질서 자체의 붕괴와 이와 더불은 존재우주론적 순환에서의 단절이 두드러지게 드러나는 차원을 건드린다. 왜냐하면 이재학적 상승의 정점에는 일종의 인공적 증식이 자리하고 있기 때문이다. 이것이 돈놀이나 이자놀이에서, 즉 수익성이 좋은 대부(고리대금obolostatiké)에서 스스로 새끼를 치는 화폐수단을 창출한다 — 화폐는 "새끼"나 "자식", 혹은 꾸밈없이 "이자"(토코스tókos)로 자가증식을 하고 스스로를 낳고 재생산한다. 이미 플라톤이 유사한 방식으로 이자를 "아버지 '돈'의 자손들(토코이tókoi)"이라고 말한 바 있다. 아리스토텔레스는 이 극단적인 형태의 고유 운동이 실제로 더 이상 단순한 교환이나 획득의 논리로 환원되지 않는다고 적고 있다. 오이코노미아와 폴리스의 자연적 질서로 되돌아가는 길은 봉쇄되어 있다. 돈놀이에서는 이자가 오히려 돈을 증식하고, "그래서 이자에 이런 이름들(자식이나 토코스)이 붙어 있기도 한 것이다. 왜냐하면 낳아진 것이 곧 낳은 것을 닮았기 때문이다. 그러니 이자는 돈이 낳은 돈이다."[7]

그러므로 여기에서는 필연적으로 획득술의 "반자연적" 변종을 특징짓고 자연 자체를 탈자연화하며 수단의 무제한적인 자기재생산에 몰두하는 기괴한 친자親子, filiativ 관계가 문제가 된다. 획득과 필요의 순환은 최종적으로 무너져버리고, 반자연적인 생식은 자연질서 및 그것의 재생산

주기와의 창조적인 경쟁에 돌입하며, 종국에는 그것 나름의 시간 체제를 부과한다. 말하자면 이재학의 충동이 무한성과 무제한성(아페이론ápeiron)으로의 진행을 완수한다면, 돈이 자기 자신을 통해서 무한한 연속에 이르도록 증식된다면, 시간은 더 이상 그것들을 통해 주기 운동에, 즉 피지스의 순환, 삼라만상의 생성과 소멸이 거치며 진행되는 주요점Kardinalpunkt들에 종속되어 있지 않다. 시간은 궤도에서 이탈했다. 그것은 균형이 깨져버렸고 자신의 곡선에서 벗어났다. 구체적이고 욕구에 종속된 시간은 열려 있고 선형적인 시간으로 대체되었다. 이 회귀하지 않고 미완(아텔레스atelés)이며 추상적이고 외적인, 시간들의 시간에서는 미래의 힘이 분명하게 드러난다. 시간이 화폐 형태의 증식력으로 변환됨으로써 자연적인 시간성의 전복이 모습을 나타냈다. 자율적이고 비어 있는 형태의 시간, 측정 가능하고 '화폐로 주조 가능하며' 특성도 없고 구체적인 질도 없는 시간 말이다. 다시 말해서, "이재학적 교환은 시간에 가격을 매기는 것처럼 보이는 교환이다. 왜냐하면 본질적으로 그것이 상이한 시점時點들 사이의 교환으로 이루어져 있기 때문이다."[8] 시간은 — 순전한 시간 경과의 척도로서 — 이자 발생으로 돈이 되었다. 여기에서 정말로 돈-시간 혹은 자본-시간이 이야기될 수 있다면, 그 안에서는 규제 해제, 즉 동일한 것을 상이함의 심연으로 추락시키고 "자신으로 되돌아오지 않는 것"의 "유령"을 만들어내는 바로 그 목적론적 이탈이 작용하고 있다.[9] 이것이 아리스토텔레스의 『정치학』 첫 권이 그것의 드라마에 할애된 바로 그 혼란의 소실점이다. 다시 말해, 화폐와 그 자손의 무제한적인 증식에는 자연질서의 유령 같은 이중화 혹은 희화화Travestie가 갖추어졌고, 정치 제도의 성장과 유지의 내적 역동성을 도착시키는perviertieren 불규칙한 운동이 촉발되었다.

## 이름 없는 사업

경제, 교환, 화폐 형태에 관한 아리스토텔레스의 분석들을 근대 혹은 현대 정치경제학의 선구라고 주장하기가 아무리 어려울지라도, 그것들은 생산적이고 객관적이며 개념적인 세분화를 보여주었으며, 이러한 세분화는 무엇보다도 공동체적 결속의 형성과 재생산에서의 서로 다른 물질성을 비교대조한다. 정치 제도의 "자연스러운" 증식에 화폐 교류의 '인공적인' 증식이 맞선다. 이재학의 절차에서는 해산이나 탈퇴의 동인들이 분명해지는데, 그것들은 경제와 정치의 구성 방식으로부터의 분리를 유발한다. 그것들은 고유의 운동법칙들을 발전시키고, 해체적인 힘을 발휘하며, 정치적 생활형식에 맞서거나 그것을 잠식한다. 그러므로 "잘못된 길로 빠진" 화폐 사용은 폴리스와 그 공동체 형식의 필연적인 파멸을 약속하고, 4세기에 있었던 아테네 공동체의 몰락에 대한 동시대성이 아리스토텔레스의 『정치학』에서 명백하게 드러난다는 사실을 상기시킬지도 모른다. 폴리스의 철학자는 여기에서 폴리스가 해체되던 순간에 등장하며, 그의 동기는 정치 영역의 탈영토화이다. 게다가 거기에서는 고대 도시국가의 주변지역에서 시장활동과 원거리 및 해상 무역(엠포리아emporía)이 점차적으로 지속적이게 되는 것의 반향이 인식될 수 있다. 호메로스의 문학작품에는 상거래에 대한 단어가 일절 나오지 않고 프렉테레스prēktéres라는 말로 기껏해야 흥정꾼, 주동자 혹은 딜러dealer를 약탈

자의 술수에 가깝게 에둘러 표현하는 반면에, 그리고 플라톤마저 장터의 믿을 수 없고 성적으로 문란한 교류 형태들과 거리를 두게끔 도시를 바닷가에 말고 그로부터 80스타디아• 떨어진 곳에 정착시키라고 권했던 반면에, 4세기 이후로는 — 아테네의 아고라agorá에서처럼 — 시장 거래의 발생과 이에 더해 외지 상인(디케 엠포리케díkē emporiké)에 대한 편의 제공과 법적 보장이 기록될 수 있다. 이로써 아리스토텔레스의 이재학 분석은 상업적 실행 방식의 낯선 새로움과 이와 연계된 제도들의 위기에 대한 모종의 당혹스러움에 의해 각인되어 있다고 하겠다 — 여기에서도 역시 상업적 시장거래는 결코 지역적이고 뿌리 깊은 경제양식으로부터 점진적으로 진화했다고 이해될 수 없다는 점이 상기된다.[10]

이러한 연구 결과는 전적으로 일반화할 수 있다. 에밀 방브니스트Emile Benveniste에 따르면 인도유럽어들에서는 상행위에 대한 특별한 명칭과 긍정적인 정의가 입증될 수 없듯이, 이 사업 형태들은 다른 직업들의 외부에, 모든 실무 방식과 기술의 외부에 있으며, (라틴어 네고티움neg-otium, 즉 순전히 "짬이 없음"에서처럼) 그저 "일하는 중"과 "분주함"이라는 특징만 부여된다. 그래서 경제사 역시 상업적인 의미에서의 시장은 대부분 도시의 변두리에서, 그리고 자주 출정과의, 즉 전쟁이나 강탈 행위들 및 이와 연계된 위험한 기도들과의 연관관계에서 생겨났다는 사실을 알고 있다.[11] 어쨌거나 — 현대의 경제전설들이 암시하고 싶어 하듯이 — 상업실무와 시장 관계, 상인 기질이 마치 유기체처럼 수요지향적 경제양식으

• 고대 그리스에서 체육 경기를 위한 거리 측정에 쓰인 길이의 단위.

로부터 자라 나왔으리라고 시사하는 것은 아무것도 없다. 지역 경제는 시장경제 및 시장경제적 관계조직의 결여를 통해 특징지어졌고, 그 발생은 중세에 이르기까지 정치 공동체의 외부와, 그리고 무엇보다도 결속되지 않은 것과 — 그 단어의 모든 뜻에서 — 낯선 것의 징표와 연결된 채로 머물렀다.

그러니까 아리스토텔레스의 연구들에는 단층선이 미리 그려져 있으며, 광대한 서구 문명사 및 담론사에서는 그 단층선을 따라 거듭해서, 경제적 및 시장 형태적 재생산의 합법칙성이 세계질서의 원칙들 및 정치적·사회적 단위들의 자기보존 법칙들과 간섭 작용을 일으키는지, 그렇다면 어떻게, 그리고 어떤 결과를 낳으며 그러는지에 대한 질문들이 등장했다. 예컨대 스콜라 철학 이래로 이재학의 시간은 창조의 시간과, 즉 신의 특수한 소유물과 경쟁하기 시작했으며, 현세의 부단성 및 인공적인 후손들로 신성모독적인 성격을 획득했다. 그리고 옛 유럽의 고리대금 금지와 자본수요의 관계가 얼마나 거추장스럽고 복잡했든 간에, 기독교 세계와 시장과정 사이의 경계가 실제로 얼마나 엉성해 보였든 간에 — 사악하거나 부도덕하거나 기생적인, 또는 그야말로 유령처럼 출몰하는 인격화로서 화폐경제, 화폐자본, 이자 취득의 위험한 지위를 체현해야만 했던 두드러지는 여러 형상이 이러한 종류의 알력 관계와 무엇보다도 아리스토텔레스 철학의 신학적 수정본으로부터 출현했다. 조르주 뒤메질Georges Dumèzil과 조르주 뒤비Georges Duby가 중세 유럽에 대해 입증했던 — 성직자, 농민, 군인 내지 기사로 이루어진 — 3중 기능 사회의 스펙트럼에 추가적인 네 번째 종種이 첨가되는데, 이것은, 한때 이야기되기로는, 공동체와 "인간의 노동"에 관여하지 않는다.[12] 이 종은 토착성에 정반대되는 것이다. 그러나 중세의 추방당한 고리대금업자에서부터 '유대인' 금융자본에 대한 반유대주의적 고발에까지 이를, 그것의 다양한 변종들은 단지 낯선 것, 장소 없는 것, 혹은 추방된 것의 악명 높은 낙인들만 되풀이하지는 않는다. 더구나 다산성의 의미론에 대한 광범위한 토의와 그 결과로 서양 사회에서의 재생산 성과에 관한 성찰들이 그것들에 연결되었다.

## 돈과 다산성

이러한 배경 아래 아주 일반적으로 두 개의 상호보완적 발전경로 혹은 역사적 흔적들을 그려볼 수 있는데, 이것들은 서로 수많은 분산이나 수렴, 교차 관계를 지닌다. 한편으로 창조의 희화화, 자연을 거스르는contra naturum 생식, 화폐자본의 인위적 증식은 분망한 불임성을 대변한다.[13] 이것은 예컨대 단테의 지옥에서 고리대금업자에게 남색가의 옆자리를 예약해 주었거나 셰익스피어의 『베니스의 상인』에 나오는 샤일록의 번식력 없는 두카트의 형태로 재귀했다. 다른 한편으로 그리고 역으로, 이미 근대 초엽부터 무한한 화폐 파생혈통들이 모든 생식력의 효과에 대한 상징이 될 수 있었다. 고갈되지 않는 돈주머니는 예컨대 독일 최초의 산문소설 중의 하나인 1509년의 『포르투나투스』*Fortunatus*에서 단지 주인공의 다양한 세상경험들만, 그리고 이로써 장편소설의 이야기 자체만 발생시킨 것이 아니다. 그 돈주머니의 특별함은 무엇보다도 또한 그것의 부유함이 아주 직접적으로 성性적 특징을 띠며 구체적인 재생산 발상과 연결된다는 데에도 있다. 다시 말해서, 아마도 교역도시인 아우크스부르크나 뉘

른베르크에서 유래했을 이 텍스트에 씌어 있기를, 그것이 지닌 화폐의 힘들은 그 힘으로 일 년에 한 번 가난한 처녀에게 결혼 지참금을 마련해 주고 이로써 결혼을 하고 후손을 얻도록 도와주고 더 나아가 "복주머니"의 행복한 소유자가 자기 자신의 혈족을 번식시킬 수 있어야만 고갈되지 않는다 — 번식 명령,• 계보학적 지속, 화폐자본의 전적으로 눈에 띄는 제휴 Affiliation이다. 화폐의 관계 우수성은 돈 또는 삶이라는 아리스토텔레스적 내지 스콜라학파적 분리를 돈과 삶의 접합으로 변형시켰고, 삶의 증식은 직접적으로 부의 생식능력에 결부되었다.[14] 그리고 다산성과 금융의 이러한 맞물림이 250년 뒤에 새로운 상업적 이성의 가장 유명한 기록물 중의 하나에서 경제적 활기와 그 증식력의 강령이 되었다는 점도, 어떻게 그렇게 되었는가도 잘 생각해 보면 놀라운 일이 아니다. 막스 베버가 '자본주의 정신'을 서술하기 위해 참조한 저명한 문헌인 벤저민 프랭클린의 『젊은 상인에게 주는 조언』*Advice to a Young Tradesman*에 나오는 두 번째 경고는 다음과 같다.

돈은 본디 번식력 있고 다산적인 본성을 지녔음을 기억하라. 돈은 돈을 낳을 수 있고, 그 자손은 더 많이 낳을 수 있고, 그렇게 계속된다. 회전된 5실링은 6실링이 되고, 다시 회전되면 7실링 3펜스가 되며, 그것이 100파운드에 이르도록 그렇게 계속된다. 돈은 많이 있으면 있을수록 매번 회전될 때마다 더 많이 낳고, 그래서 수익은 더욱더 빨리 증가한다. 어미돼지를

• "나아가 번창하라"라는 성경 구절을 뜻한다.

죽이는 사람은 그 천 번째 세대에 이르기까지의 후손들 전체를 모조리 말살하는 셈이다. 크라운을 죽이는 사람은 그것으로 만들 수 있었을 모든 것을 파운드 산더미에 이르기까지 파괴하는 셈이다.[15]

이 예들에서는 생식력과 돈의 교차가 서슴없이 역동적인 성질을 획득한다 — 프랭클린의 크라운Crown에서 정치적 통치권자의 연상으로서 살아남는 것이 『포르투나투스』에서는 번식력 있는 돈주머니의 마치 제왕 같은 표장으로 삽화로 그려 넣어졌다(그림 5).

이러한 계열들은 계속 나열될 수 있다. 또한 이것들은 예를 들어 19세기, 즉 축적된 산업자본 및 금융자본과 생명정치의 시대에, 앞에서 언급된 극도로 견고한 담론적 단층선들이 어떻게 분기되고 교차되는지, 그것들이 어떻게 "삶"의 기표에서 발화점을 발견하고, 다양한 반감과 매력의 잠재력을 발산하고, 무엇보다 '정치경제학 비판'의 변형들의 지위를 차지한 수많은 이야기 모델을 유발했는지를 보여줄 수도 있을 것이다. 예컨대 발자크의 1830년작 소설 『고브세크』*Gobseck*에서든, 구스타프 프라이탁Gustav Freytag의 『대변과 차변』*Soll und Haben*, 1855에서든, 아니면 에밀 졸라의 1891년작 증권가 장편소설인 『돈』에서든 말이다. 『고브세크』에서는 장소도 없고 성性도 없고 유대도 없는 자본의 알레고리가 결말에 가서 새로운 동맹을 수립하고, 스스로를 가족적 계보와 재정적 계보의 부계 근원으로서의 '내가 바로 아버지다'ego sum papa와 동일시하며, 이로써 효과가 배가된 친자 관계 자본을 만들어낸다. 『대변과 차변』에서는 기생적인 유대계 신용기관이 모든 목가적인 관계들을 해체하고 부패시키며, 오로

그림 5 『포르투나투스』의 속표지, 아우크스부르크 1509.

지 독일 자본, 독일 땅의 독일 상인들에 의해서만, 독일의 족보와 사업 방식으로만 이것을 몰아낼 수 있거나 증식력을 지니게 만들 수 있다—자본과 인종의, 효과 만점인 동맹이다. 『돈』은 당대의 은행 줄도산을 배경으로 금융자본을 가톨릭의 방식들로 재코딩하는 기획을 추적하고, 주인공의 예를 통해 투기 행위를 성적인 행위와 대비시키는 시도 주위를 맴돈다. 이러한 시도는 사회적 다산성과 활력 자체를 추구하면서도 결국에는 그저 파산과 '퇴화한' 후손만 남겨놓는다. 이러한 종류의 이야기들에 나오는 그야말로 각양각색의 경향과 음모 들은 19세기에 제기된 *대표적인* 문제 중의 하나, 즉 어떻게 돈과 자본 흐름의 움직임들이 사회체의 삶에서 재영토화되는지, 어떤 심리-사회적 유형과 인격화 들이 거기에서 생겨나는지, 어떻게 경제과정들과 사회 구조들이 상호 침투하며 그 과정에서 상이한 종류의 갈등상황과 교차, 제휴와 공명 강화를 창출하는지에 대한 물음에서 서로 만난다. 자본주의 경제 형태를 고집하는 것은 경쟁하는 재생산 방식들 사이의 긴장 해소를 요구한다. 사회적 결속과 그 증식의 지배적인 코드가 위험에 직면하는 것이다.

## 친자 관계의 자본

그러므로 이러한 종류의 구획과 경계 형태, 재평가 들은 서구 사회가 시장활동과 자본경제의 역동성에 얼마나 분답하게 대처했는가를 알려준다. 그것들은 자본주의의 다양한 탄생 장면에 대한 관계에서 혐오나 적응 방식 들을 주목하게 하며, 사회적 내지 정치적 재생산 순환과 경제적 생활과정 사이의 결정적인 간섭들을 낳는 멀고도 가까움을 명확히 드러낸다. 서구 경제력의 고삐가 풀려가는 역사가 아무리 연속적인 진화 과정이나 자본주의라는 단일 개념 아래 포괄되기 어렵더라도, 다양한 '자본주의들'의 변종들에 걸쳐서 — 상업적 시장의 발생에서부터 상업자본주의를 거쳐 산업 및 금융자본주의에 이르기까지 — 경이로운 견고함의 원초적인 핵심은 충분히 알아낼 수 있다. 이 핵심은 앞에서 요약한 담론상황의 배경 아래서 정의定義상의 일관성을 획득할 수 있다. 아무리 우리가 자본주의의 다양한 '유령들'을 비이성적인 충동들의 합리적인 조율, 생산수단과 노동력의 분리, 사경제적으로 조직된 시장경제, 역동적 기업가 정신의 우세, 또는 형식상 평화적인 수단에 의한 무제한적 자본 축적으로서 규정하고 싶을지라도, 정의를 내리려는 수없이 많은 시도의 스펙트럼에서는 어쨌거나 어느 정도 항구적인 문제 형태 하나가 고수된다. 그것에 따르면 '자본주의적' 문제나 자본주의의 형태에 대한 문제는 항상 두 가지를 내포해야만 하지 않나 싶다. 그것은 한편으로는 근대와 현대 경제양식들의 과정은 절대로 다른 사회적 부분체계들과 협업하는 하나의 폐쇄된 부분체계의 동역학으로 제한될 수 없다는 점을 전제한다. 다른 한편으로 그것은 그러므로 사회적 재생산이라는 일반이 자본과 시장 메커니즘의 자기재생산이라는 특수와 뒤얽혀 있는 것으로 나타나는 바로 그 무대를 지목한다. 현대 정치경제학의 발생이 구유럽 경제학의 종말과 연결되어 있다면, 옛 이재학은 새롭고 특권화된 담론적 공간을 얻게 된다. 자본주의 경제라고 이야기되려면, 자본형태의 '인공적' 또는 이재학적 재생산이 그 역동성 및 위기까지 포함해서 사회적 활력의 척도가 되어 있어야 한다. 이에 따르면 자본주의란 균질적인 시스템이 아니라 경제과정, 사회질서, 통치기술 사이의 관계를 자본 재생산의 메커니즘에 따라 조직하는 특정한 방식일 터이다.

이는 마르크스주의의 직관 하나와 일치한다. 그러므로 — 마르크스의 분석들에 따르자면 — 오로지 친자 관계에 있는 자본 형태라는 전제 아래서만 자본주의적 생산양식들이 이야기될 수 있다. 그 안에서는 상업자본과 금융자본이 더 이상 (예컨대 거래소와 봉건제도의 다양한 근대적 연합처럼) 경제 외적 생산방식들에 대해 느슨하거나 동맹적인 연결 상태에 있지 않다. 오히려 관건은, 한편으로는 가능한 모든 소유 형태가 자본의 흐름 속에 녹아 들어가는 것과 다른 한편으로는 가능한 모든 활동과 생산양식이 "추상적 노동"으로 변화하는 것이 어떠한 방식으로 새로운 차원에서 재결합되거나 '입양'/병합되는지에 대한 물음이다. 오로지 이러한 조건 아래서만 자본의 자기재생산은 모든 생산력과 생산을 전유하고 새로운 "준-원인"으로서, 사회적 · 정치적 결속의 자기유지를 위한 좌표로서 자리 잡는 바로 그 우세한 기계로서 이해될 수 있다. 자본은 모든 친자관계의 생산을 넘겨받았다.[16] 게다가 이 자본에서는 돈의 두 가지 기능의 차이 — 즉 한편으로는 교환가치와 사용가치 사이의 매개체이자 다른 한편으로는 금융 흐름, 즉 은행화폐와 신용화폐의 순환하는 부가가치인 것 — 가 식별하기 어렵게 되었다. 돈-상품-돈의 "무제한적 운동" 속에서 자본의 자기표상으로부터 부가가치를 생산하기 위한 사회적 조건들이 사라진다. 그리고 가치는 "자신이 가치이기에 가치를 부여하는 신비로운 특성을 획득했다. 그것은 활력 있는 자식을 낳거나 적어도 황금알을 낳는다".[17] 자본의 운동은 거기에서 자신의 사회적 존재조건들을 자기 자신의 논리 아래 예속시키는, 자기 자신을 발생시키는 삶으로서 나타난다. 자본 안에서 스스로를 대표하지 않음으로써 대표된다는 바로 그 사실 때문에 사회적 장場은 자본의 법칙에 종속된다.

그러나 그렇기 때문에 마르크스에 따르자면 생산의 조건들을 필연적으로 재생산의 조건이라고 이해해야만 한다. 자본의 친자 관계적 특성들은 자본주의적 생산과정이 "그것 자신만의 진행 과정을 통해서" "노동력과 노동조건들의 분리", 노동력과 생산수단의 대립, 그리고 이로써 그것 자신만의 "착취 조건들"을 지속적이고 항상 새로이 재생산한다는 사실을 필연적으로 수반한다. "그러므로 자본주의적 생산과정은, 맥락 안에서 보거나 재생산 과정으로서 보았을 때, 단지 상품만, 부가가치만 생산하는 것이 아니다. 그것은 한쪽에는 자본가가 있고 다른 쪽에는 임금노동자가 있는 자본관계 자체를 생산하고 재생산한다."[18] 이러한 표현이 오늘날의 '탈산업적' 자본주의의 징후 속에서 아무리 구시대적으로 보인다고 하더라도, 마르크스는 이 표현으로 다른 그 누구보다 완벽하게 아리스토텔레스의 이론 구성체에 대한 연결을 새로운 전제 아래 수행해 냈고, 경제과정의 논리에 대한 질문에서 생산자이자 자가(재)생산자인 인간-형태의 위치와 지위에 대한 질문 또한 제기했다. 이러한 관점에서 볼 때, 엄격한 '정치경제학 비판'을 단지 경제학 고전에 유입된 철학적 난제aporia들의 해결이라고만 이해하고 말아서는 안 될 것이다. 그리고 그것을 단지 가치형태로 암호화된 소외 과정을 폭로하기 위한 명백한 절차라고만, 또는 교환가치의 유령과 상품의 변태變態에 비판적 존재론으로 대응하는 과정이라고만 여길 필요는 없다. 그것은 무엇보다도, 그 안에서는 모든 경제적 생산이 사회적 장의 특수한 구획을 재생산한다는 바로 그 사실을 통해서 '자본주의적'임이 두드러지는 편성에 주목함으로써 비롯된다. 자본 형태의 증식은 총체적인 사회적 사실fait social total이 되었다.

## 활력정치Vitalpolitik

어떤 면에서 보자면 '신고전주의'나 '신자유주의' 학파의 다양한 변종들은 이러한 교훈들을 가슴 깊이 새겼고 근래의 정치경제학의 향방을 급진화했다. 말하자면 늦어도 지난 세기 중반 이래로, 시장과 자본경제의 법칙들이 사회의 재생산 법칙들과 조화를 이룰 수 있게 되는 바로 그 기본 조건들의 관철이 아주 직접적으로 물음에 부쳐진다. 시장법칙은, 이야기되기를, 반드시 시장현상들과만 연관되어 있지 않으며, 전체적으로 "시장경제의 규칙들에 따라 조직된 사회체의 경제가 추구되어야" 한다. 최적화된 사회적 생산성의 원칙들은 경제적 관계망에 통합되고자 하는 강화된 욕구를 전제로 하며, 일반적으로 경제 역학들이 사회적 생활과정들을 규정하는 통치 형태의 정립이 관건이 된다. 이는 비단 제도의 개편과 공리주의적 방법의 구상에만 해당하는 것이 아니다. 이때 공리주의적 방법의 형식적 — 법적 및 제도적 — 구조는 사회질서가 시장경제의 메커니즘에 따라 구성되고 자본주의가 생존을 위한 가능성의 공간을 창출하는 것을 보장한다. 시장상황은 오히려 확장적으로 해석되고, 관계와 상호작용 자체, '인간의 활동들' 전체, 일반 인간행동학에까지 이르러야 한다.[19] 경제적 재생산과 사회적 재생산의 동기화에는 구체적인 경제적 효율 기대들뿐만 아니라 '소외시키지 않는' 자본주의의 힘들이 실현되는 사회편성에 대한 희망 또한 연결된다. 관건은 자본에 내재할 것으로 추정된 소외 경향의 철회이다.

그러한 종류의 숙고 과정에서 예전의 경제적 인간의 포맷은 윤곽을 상실하고 합리적 바보rational fool의 제한성 속에서 인식된다. 한편으로는 이제 호모 오이코노미쿠스homo oeconomicus가 탈인간학화de-anthropologisiert된다. 그는 — 18세기와 19세기에 자신을 규정했던 — 인간학적 이해에서 내쳐진다. 새로운 경제 이론은 경제적 인간의 기층을 더 이상 욕망과 성향, 이해관계 들을 지닌 입체적 형상이 아니라 단순한 추상으로서, 허구로서, 또는 특정한 상황들과 문제상황들의 해결을 위해 그것의 결정 게임이 투입되는 모델로서 이해한다. 경제적 인간은 이로써 일종의 이론적 탐측기, 예컨대 제도, 조직, 의사소통 형태 들의 기능 우수성을 시험하고 검사할 때 쓰이는 테스트 절차 구실을 한다. 그는 어느 정도 실재하는 존재로부터 추단법적heuristisch 형상이 되었고, 그때그때 상황의존적 결정 과정들을 분석할 때 쓰이는 순수한 역할구성물이 되었다. 그러나 다른 한편으로는 역으로 비경제적인 나머지 인간이, 즉 '전인'全人이 새로운 생산 요인으로서 출현한다. 최근의 혁신 추진력과 더불어, 그리고 이윤율의 하락에 직면해서, 사람들은 개발되지 않은 자원들과 맞닥뜨렸으며, 새로운 경제로부터 경제적인 것의 한계 자체를 초월하고 일상세계, 생활세계, 관계세계의 자본들을 개척할 것을 요구받았다. 일종의 "활력정치",[20] 즉 경제 환경과 사회 환경의 조절을 목표로 하고 개인들을 전체적으로, 아침부터 저녁까지, 가정적 존재이자 생식기구로서, 사랑하는 자이자 꿈꾸는 자로서, 건강한 자이자 병든 자로서 고려하는 삶의 정치 그 자체가 요구된다. 경제는, 혹은 더 정확히는 자본주의는 항상 새로 실현되어야만 하며, 어느 정도 공감하고, 혼이 담기고, 의미를 부여하는 것이 되었고, 적어도 더 이상 오로지 합리주의적 이익계산과만 혼동되지 않고자 한다.

## 경제적 제국주의

이로써 다양한 신자유주의들은 우선, 푸코가 현대의 통치성Gouvernementalité에 대한 강의에서 언급했다시피, 직접 개인들을 잡아채는 게 아니라 오히려 굴종과 규율의 옛 형태들이 시대에 뒤떨어지게 되는 환경을 창출하는 특별한 통치술의 프로그램이라고 이해될 수 있다. 전에는 규율권력이 어디에나 미세Mikro-법정들을 설치했다면, 이제는 미세-시장들을 사회적 장을 넘어서 산재시키는 것이 관건이 된다.[21] 경제적 통치는 일종의 효율적이고 계속적인 자기배려를 목표로 하며, 거기에서는 경쟁과 그 변형들이 사회적 관계의 덤불을 깨끗하게 정리하고 파고든다. 시장관계와 경쟁관계 들은 더 이상 한시적이고 지역적이지 않고 지속성을 목표로 하며, 새로운 암시적·명시적 시장들과 이와 결합된 자극구조들(인센티브)의 배가를 통해 개인의 복잡한 행동 형태들이 조정될 수 있다는 기대에 대한 의무를 진다. 이는 동시에 경제주체들이 그저 교환자나 생산자나 소비자로서만 행동하는 것이 아니라 이에 상응하는 동기 부여 상태, 활동 반경, 구조의 망상조직 들을 지닌 기업으로서 기능한다는 것을 의미한다. 가계는 작은 공장으로서, 개인은 미세-기업으로서 정의된다. 그리고 이러한 견지에서 푸코가 사회에 대한 기업문화의, 형상을 부여하고 형식화하며 정보를 제공하는 힘에 관해 말할 수 있었다면, 문제는 행동 형태의 총체성의 방향을 시장과 경쟁의 요구들에 맞추는 것이기보다는 역으로 개인적 실행과 동요 들, 기획과 목표 설정, 결정 들 전체에서 시장 형태를 구성하는 미량원소들을 활성화하는 일이다. 관건은 일상적인 것의 경영과 "사회체 또는 사회조직 내에서의 기업 형태의 일반화"이다.[22]

이러한 맥락에서 자의식을 띠며 "경제 제국주의"[23]라고 불렸던 것이 기능 분화의 약화를 통해 자신의 효율성을 획득하며, 1960년대 이래로

'인적 자본'이라는 새로운 자원 주위를 맴돈다. 이 인적 자본을 "지속성 있는 생산재와 소비재의 이중기능을 넘겨받는"[24] 지식과 자격의 총합으로서 이해한다면, 이로써 두 개의 본질적인 차원이 추론된다. 비경제적 영역으로의 진출과 이제까지 주목되지 않았던 요인들에 대한 경제학적 분석을 넘어서서, 한편으로는 자본과 노동의 실질적 대립이 무력해지고 보편적인 자산 개념으로 동질화된다. 그 개념에서는 '노동력'의 양성, 편성, 투입이 투자 행위의 실행으로서, 자본 자체의 체현 중의 하나로서, 그리고 이로써 미래의 수익과 만족을 생산하기 위한 원천으로서 나타난다. 자기상황과 세계상황은 투자의 문제가 되었고, 임금의존자는 "사내 기업가"Intrapreneur 또는 "노동력 경영자"가 되었다. 게다가 "생활의 경영화"는 예전의 상징적 경계들을 해체하는 데 전문화된 새로운 경영과 결합한다. 조직구조들은 유동화되고 노동 상황은 언제나/어디서나 경제any time/any place economy의 표본에 따라 재모델화되며, 활동하는 개인은 노동유목민으로서 가정과 사무실, 직무와 사생활, 개인적 상황과 직업적 상황 사이의 회색지대에 집어 넣어져 있다.[25] 다음과 같은 상응하는 핵심어들이 현실이 어떻게 프로그램되는지, 즉 실현될 수 있는지에 대한 개관을 제공한다. 평생교육, 유연성, 기동성 및 단기短期적인 것의 우위는 안정적인 정체성의 해체를 요구하고 흐릿하고 변화 가능한 자아를 위해 미래를 예약한다. 단기 계약이 직업 영역과 가정 영역, 문화 영역과 사회 영역의 지속적인 제도들을 대체한다. 임금노동자를 위한 조언서를 들춰보는 사람은 직업적 루틴들의 종말에 관해, 기대 가능한 인생행로와 경력의 종말에 관해 가르침을 받는다. 이력을 자아실현 과정으로서 이루어가라는 옛 사명은 다른 사람 되기Anderswerden의 기술과 합의를 보라는 과제에 길을 비켜준다.[26] 정체성/동일성Identität의 강요는 비-동일성에 대한 권유에 길을 비켜주었다.

## 금융의 전설

이와 더불어 다른 한편으로, 그리고 필연적으로, 투자재와 시장관계가 배가된다. 유전적 소양, 교육, 교양, 지식, 건강, 가족계획이 마찬가지로 "경제적 소질"에 예속되고, 이제 경제학적 분석이 인간의 행동방식과 결정에 대한 학문 그 자체로서 사회적 장場의 총체성에 연계되는데, 이 사회적 장의 동역학과 미시구조는 결핍, 선택에 대한 강요, 기회비용의 준거에 따라 추론된다. 여기에서는 — 개리 S. 베커Gary S. Becker와 다른 이들에 따르자면 — 보건제도, 교육체계, 육아, 학업, 사회행동의 "잠재가격"을 조사해 볼 수 있다. 그것은 시장가격의 자극과 유사하게 기능한다.[27] 이때 아리스토텔레스에 대한 연상이 거꾸로 된 전조 아래 회귀하는 것은 잘 생각해 보면 놀라운 일이 아니다. 이미 토머스 맬서스Thomas Robert Malthus의 인구론이 경제 성장과 다산성의 상호관계에 근거했다면, 이제 이러한 연관은 자신을 생명정치학이라기보다는 생명경제학이라고 이해하는 새로운 체계적 형체를 획득한다. 관건은 인구의 활력 표준이며, 따라서 다시금 가정과 가계, 가족제도의 생식력이다. 결혼시장과 이혼, 가족적·성적 분업, 생식활동, 이타적 또는 이기적 성향, 자녀의 자질과 수의 연관관계, 출생률과 사망률의 연관관계, 세대 연속과 재생산 주기, 가족계획과 가족정책의 연관관계 — 이 모든 요인이 그것들의 가격 책정에 대한, 한계효용에 대한, 즉 투자비용과 기대 가능한 수익 사이의 최적화할 수 있는 관계에 대한 질문들로 면밀하게 점검된다.

이로써 단지 인적 자원 생산의 근원장면 중의 하나만 눈에 들어오는 것이 아니다. 아주 일반적으로 친자 관계적 자본의 판돈, 증식력과 증식, 시장활동의 교차, 생물학적·사회적·경제적 재생산의 연결, 다산성과 자본수익의 연결이 거기에서 실현된다. 아리스토텔레스의 질문을 몽유병자처럼 되풀이하는 과정에서 이재학적 임무의 특성이 표현된다. 그래서 개리 베커는 간명하게 이렇게 적는다. 아리스토텔레스의 가족적 인적 자본 모델은 "다산성을 이자 수익과 상관관계에 놓는 최초의 모델인 듯하다". 자본의 재생산은 마침내 친자 관계적 또는 왕조적 우성優性을 획득했다. 그리고 이때 20세기의 성공서사가 중요하다는 사실이 뜻밖에도 다산성과 금융의 동의성同意性에 대한 한 서사적 표본을 가지고 주장되고 설명된다. 경제학자이자 노벨상 수상자인 베커는 매우 강령적으로 문학가이자 노벨상 수상자인 존 골즈워디John Galsworthy를 인용하는데, 골즈워디는 다시금 『포사이트 가문 이야기』*Forsyte Saga*의 서술자로 하여금 "재생산" 문제에 관해 이야기하게 만든다. "통계학자라면 돈을 대가로 받는 이자율과 더불어 출생률도 동시에 달라졌다는 사실을 틀림없이 알아챘을 것이다. 할아버지인 '길드 조합장 포사이트'는 19세기 초에 자기 원금에 대해 10퍼센트를 받았는데, 그러니까 열 명의 아이를 얻었다. 그 열 명은—남편 셉티무스 스몰이 거의 바로 자연사했던 줄리, 그리고 결혼하지 않은 넷째를 제외하면—평균 자기 원금의 4~5퍼센트를 받았고 이에 상응하는 후손을 낳았다…."[28]

이러한 전환들로, 방출된 시장의 힘 또는 자본의 힘 들이 사회적 혈통관계에 다시금 직접 연결된다. 그리고 이것들로 분명 이재학 이론의 완결, 이재학의 효율적 완성이 약속된다. 자연적 성장과 인공적 성장 사이의 아리스토텔레스적 또는 스콜라학파적 대립은 극복되었다. 다름 아닌 시장 역동성과 경쟁 역동성의 아웃소싱과 자본 교류의 탈맥락화가 사회적 결속과 정치적 결속을 새로이 코드화하기 위한 전제가 되었다. 이는 옛날처럼 전근대의 뿌리 깊은 경제양식의 보존이 아니라 사회적 장의 탈근대적인 경제적 편입에 애쓰는 현재의 신스콜라학파의 프로그램들을 각인한다. 인적 자본의 자원은 1970년대 이후의 금융시스템 재조직을 보완한다. 시장관계들의 배가에서부터 기업문화의 보편화까지, 인적 자본의 형성에서부터 모든 관계형태에 대한 경영관리에까지 이르는 하나의 과정은, 사회적 장의 '금융화', 즉 사회적 재생산과 경제적 재생산을 통합하고 자본의 운동으로 사회체의 삶을 조정하는 일종의 새로운 결속에 국한되고 만다.

# 6장

# 놀람의 공간

## 절망의 영역

그러나 신자유주의적 체계 발상들이 도입된다고 해서 사회의 뒤얽힌 그물망이 정말로 장악될 수 있으리라고 믿기는 어렵다. 오히려 사회는 계속해서 소모와 손실, 불량과 기능장애들을 만들어낸다는 점, 허점과 노후 구역, 비생산성의 늪 들로 뒤덮여 있다는 점을 상기해야 하겠다. 사회란 "재정적으로나 이데올로기적으로나 새는" 그 무엇이며, "사방에 새는 곳이 있다". 헤겔마르크스주의 정통파마저도 이미 사회구성체들이 '모순'과 '분열'을 경유해서 정의되지 않으며 반드시 부정성의 생산적인 작업을 위한 무대를 자청하지는 않는다는 점을 시인할 수밖에 없었다. 아직 아무도 — 그리고 자본주의 또한 — 그 자신의 모순들 때문에 몰락한 적은 없으며, 전체는 "모든 것이 더 많이 부스러질수록"[1] 더 잘 작동하는 듯해 보인다. 그러나 마찬가지로, 시장과 사회를 효율적이고 전지구적으로 화해시키려는 최근의 착상들도, 기껏해야 지역적이고 한시적이며 예외적인 경우에나 견지되는 일련의 질서형상들을 선보일 뿐이다. 경제사 자체가 세밀한 구별 능력에 호소하고, 그래서 경제 이론의 절망적인 영역임이 입증된다. 근대 경쟁사회의 발생을 지역적 경제양식의 지속적인 확장과 전개, 화폐화를 통해서 파악하기 어려운 만큼이나, 자본주의적인 행위자들의 성공을 시장규칙들의 준수를 통해서 설명하기도 어렵다. 페르낭 브로델Fernand Braudel이 언급했다시피, "원시적 경제형태들"과 다양한 종류의 교환관계는 오랜 시간에 걸쳐서 화폐경제의 표면 아래 존속해 왔으며, 기업의 전략들은 끊임없이 거듭해서 "생소함"과 이례성의 영역에서 움직이고, 후원 관계들과 정보 특권들을 이용하고, 국가적 지원을 받고, "가장 자연스러운 방식으로" 시장경제의 법칙들을 우회했으며, 자유주의적인 태도를 취할 의무가 있다고는 결코 생각하지 않았다.[2]

그러므로 동질적인 경제 체계 구상들에 대한 모종의 유보가 적절해 보이고, 비선형적인 역사 발전의 복잡성에 대한 시선은 우선 경제사건을 응집력 있는 경제 논리들 아래에 포섭하는 것을 막으라고 권유한다. 기초적인 분배 형식은 시장과, 국내 시장은 국제 시장과, 국제 시장은 시장경제와, 그리고 시장경제는 다시금 자본주의적 교류 관계와 구분되었다. 그리고 바로 최근 금융시장의 요동치는 세계는 이 시장들이 도대체 그리고 어떻게 고전적인 시장 과정의 포맷들에 여전히 부합하는지에 대한 의심에 둘러싸였다. 자본회전의 역동성에 대한 사회의 치열한 적응이 이로써 어떤 의존성이 어떤 합법칙성에 의해 어떤 결과를 낳으리라 추측되고 요구될 수 있는지에 대한 질문을 던지자, 이러한 회의는 더욱 깊어진다. 하지만 이러한 의문의 지평은 흩어져 있는 개별적인 사실과 역사적 반증의 축적물에 대한 조망 이상임이 입증된다. 경제·금융경제 이론의 일관성에 대한 요구가 위태로워지고, 경제 지식을 학문으로서 구성하는 것 자체가 문제가 되는데, 이러한 구성의 에피스테메적 요구는 그 정의가 그렇듯이 충분한 대상조건에, 즉 어찌어찌 존재하는 체계일관성이라는 가정을 따른다는 데에 있을 수밖에 없다. 경제학은 각양각색의 요인과 노력의 협연이 고유한 특질을 지닌 질서형상을 생산해 낼 줄 안다는 점을 증명함으로써 스스로를 정당화한다. 그리고 경제학 이론의 가능성은 경제적 역동성 자체가 합법칙적으로 진행되는 과정형식들이라는 가정에 달려 있다.[3]

## 혼란에 빠진 경험적 지식Empirie

그러므로 법칙의 형태를 갖추지 못했다는 점과 체계일관성이 줄어들었다는 점을 제시하는 것이 정치경제적 정통 교리의 지위에 대한 공격으로뿐만 아니라 경제학 분과의 학문적·이론적 자기주장에 대한 공격으로도 여겨질 수밖에 없었다는 사실은 놀랍지 않다. 그 본보기가 지난 세기의 60년대에 폴란드-프랑스계 수학자인 브누아 망델브로Benoit Mandelbrot가 미국 경제학계에 초래한 바로 그 에피소드적인 조우인데, 이것은 가격동향의 동역학에 관한 몇몇 연구를 유발했다. 망델브로는 이때 소득 분배와 목화 및 주식 가격의 장기 변동을 예로 삼아서 꾸준한 흐름보다는 난류Turbulenz와 비슷하고 변칙적인 성격을 지니며 거친 우연성이 두드러지고 변덕스럽거나 기괴한 사건성, 즉 이변freak event들에 의해 규정되는 한 사건의 윤곽을 그려냈다. 실질적으로 그것은 네 개의 조사 결과인데, 망델브로는 이것들을—IBM의 왓슨연구센터Thomas J. Watson Research Center

에서 이루어진 — 데이터들의 상세한 선별에 의거해서 수많은 논문으로 포착했다.[4] 이에 따르면 가격 변동은 첫째로, 연속적인 경로와 극소 변이infinitesimal variant로 추적될 수 없다. 그것은 오히려 비선형적인 이탈과 불규칙한 변형들에 의해 중단된다. 불연속적 진행과 비연속적 도약이 우세하다. 둘째로, 시간적인 진행에서 작은 가격 변동이 작은 가격 변동에 뒤따르지만, 큰 변동은 다시금 큰 변동과 함께 뭉쳐서 동요와 진동들이 서로 부양하고 강화한다는 점이 인지될 수 있다. 이는 셋째로, 연장된 시간 연속체의 경우에도 역시 연이은 가격사건들은 중간값 주변을 맴돌지 않는다는 것, 더 정확히 말하자면 그것들은 — 예컨대 브라운 운동의 먼지들처럼 — 정규분포의 확률과 가우스 곡선 또는 종형 곡선의 그래프에 상응하지 않는다는 것을 뜻한다. 이러한 가격사건들은 차라리 쌍곡선 분포나 파레토 분포를 따르는데, 이러한 분포에서는 소수의 큰 편차들이 전체 분포구조의 효과를 규정하고 넓게 발산하는 가장자리나 이른바 팻 테일•을 야기한다. 가격 편차의 실증적 분포는 가우스 모집단의 패턴에 따르리라고 보기에는 "지나치게 '흥분되어(뾰족해져peaked)' 있다"고 망델브로는 적는다. 이는 가격 변동의 기하학적 형태가 상이한 시간 척도들에 대해 둔감한 것으로 입증되는 관찰로 보완된다. 다시 말해서, 이러한 편차들은 척도불변적이며 자기유사적 또는 '프랙털'적인 구조를 지닌다. 그러므로 네 번째로, 결국 일련의 경제적 시간에서는 예측 가능한 주기적

• 팻 테일(fat tail): 극단적 수치를 나타내는 양쪽 가장자리가 두터워지는 형태의 분포로, 이 경우 중간값을 알더라도 사건 예측이 힘들다.

운동이 아니라 기껏해야 "난센스 순간들"이나 "난센스 주기성"을 띤 파동들이 그려질 것을 예상해야만 한다. "요셉 효과" 같은 — 7년의 호시절 뒤에 7년의 궁핍기 등 — 특정한 순서와 변동이 "노아 효과", 즉 이를테면 대홍수 같은 비약적인 급변 및 돌발과 결합해서 나타난다.[5]

시장사건들의 이러한 특성은 필연적으로 도발적으로 보일 수밖에 없었다. 왜냐하면 망델브로에 의하면 이제 잡음이나 추세 강화는 가격 동향의 우발적인 특징이 아니라 기술할 수는 있지만 일관되게 설명해 낼 수는 없는 "심층적 진리"에 속하기 때문이다. 정규분포나 가우스 분포 들에서는 큰 이탈과 비정상적인 이탈 들을 외부적인 이유나 인과성 들에 귀인시킬 수 있는 반면에, 망델브로가 분석한 분포 패턴에서는 인과와 우연 사이의 구분이 불명확해진다. 규칙적인 체계 진행과 예외사건을 대치시키기가 어려워지거나 중요하지 않게 되고, 여기에서 불특정한 변이들이 시장의 비선형적인 역동성을 규정하는 한, 균형의 구상들과는 호환될 수 없는, 그리고 경제학 이론구성에서의 어떤 '물리주의들'이나 '뉴턴주의들'과 단절하는 과정들이 문제가 된다. 망델브로의 물리학 차용은 기껏해야 시장질서가 이제 환원 불가능하게 추계학적으로 나타나며 더구나 불규칙적이고 '난류적인' 사건 포맷들로 표명된다는 데에나 있을 따름이다. 이미 — 라틴어로 혼란turba이나 어지럽히다turbo, 소란한turbidus의 의미에서의 — 난류라는 개념으로 혼란, 소란, 대량, 다양의 측면들을 포괄하는 구멍 뚫린 연속이 지칭된다면, 이에 상응하는 사건들에 대한 관찰은 어둡고 혼란스러운 경험적 지식으로 인도한다. 여기에서 망델브로의 경제학적 대상영역이 예컨대 물리화학자 일리야 프리고진Ilya Prigogine•

이 19세기의 물리학 또는 열역학 모델들로부터 근본적으로 전환하기를 요구했던 대상범위와 교차한다. 균형 상태들로부터 멀찌감치 떨어져 자리 잡고 있으며, 그래서 전혀 예측하지 못했던 행동형태들의 경향을 띠고, 난류적 유체의 즉흥적인 흐름 패턴들에서 사례를 발견하는 질서구조들이 문제인 것이다. 이때 주목할 만한 점은, 난류적인 행태는 결코 혼돈chaos 그 자체가 아니라 차라리 정향된 '층류적' 운동에서 무질서한 '난류적' 운동으로 이행하고 계속해서 방향과 속도의 변화를 유발하는 구조화된 혼돈으로서 나타난다는 사실이다. 난류적인 상태는 거시적 관점에서는 완전히 불규칙적이고 혼돈스럽게 나타나는 반면에, 미시적 층위에서는 지극히 조직화되어 있는 것으로 입증된다. 궁극적으로 우리는 이때 체계가 '망설이고' 다양한 전개방향을 골고루 택할 수 있으며 이례적인 개연성들의 활동 여지를 열어주는 상태들을 다루고 있는 셈이다. 다시 말해서, 그때마다의 다음 체계 상태는 열려 있으며 결정되어 있지 않다. 프리고진은 이때 에피쿠로스나 루크레티우스의 자연교리에 나오는 클리나멘clinamen••을 환기시키는데, 그것은 입자가 운동경로에서 미세하고 우연하게 벗어나는 것을 지칭하며, 이를 통해 만들어진 소용돌이를 거쳐서 세계생성을 유발한다.[6]

---

• 유대계 러시아-벨기에 물리화학자이자 철학자로, 불가역적 열역학 연구로 노벨화학상을 받았으며 카오스 이론의 선구자이다.(1917~2003)

•• 에피쿠로스학파에 속하는 루크레티우스가 허공에서 원자들의 운동으로 새로운 세계가 생성되고 변화가 일어나는 원리를 설명하기 위해 도입한 개념으로 '기울어져 빗겨 감 또는 벗어남'을 뜻하며 '편위'(偏位)로 번역되기도 한다.

## 역사의 장

프리고진 자신은 이러한 배경 아래 그 현상들이 고전 물리학의 장보다는 차라리 사회나 역사의 장에 상응하는 생성의 학문을 주장했다면, 망델브로에게서는 이에 상응하는, 경제과정의 질서형상들의 논리적 귀결들이 분명해진다. 이때 우선 예견 가능성의, 그리고 통계학적으로 정당화된 전망의 붕괴가 완연히 드러난다. 우리는 규칙적인 예측 불가능성이나 예측 불가능한 질서를 다루고 있는 것이다. 가격 진행과 시세 진행은 프랙털 구조를 지닌 조직된 혼돈과 유사하다. 설사 이 운동의 특징이 특정한 규칙성들을 제시하더라도 그것들은 예측 가치가 없는 채로 남는다. 그것들은 불규칙한 패턴으로서 패턴 예측pattern prediction이나 카탈락시에 대한 시장 이론의 희망을 꺾어놓는다. 그리고 되풀이되는 구조패턴은 기껏해야 사후 과잉 확신편향Rüchschaufehler과 "지각적 착각"perzeptive Illusion으로 판정될 수 있을 따름이다. "모든 것은 변화하며, 아무것도 항구적이지 않다."[7] 이와 연계된 비결정론 — 통계적으로 개연성 있는 역동성들이 더 이상 극한값 정리定理를 통해 보호될 수 없고 이를테면 기상학적인 성격을 얻는 이차적 질서의 비결정론 — 은 동시에 그때마다의 진행 과정에 역설적인 견해를 제공한다. 난류적인 체계들에서 미시적 질서형상이 거시적 혼돈과 일치하듯이, — 예컨대 행위자의 합리적 행동 같은 — 미시경제 영역에서의 결정론적 변수들은 단순한 확률변수들로 이루어지는 운동으로, 즉 거시경제적 견지에서는 불합리한 효과로 귀결될 수 있다.[8] 이에 따르면 시장은 효율적인 동시에 미쳐 돌아갈 테고, 요동치는 변동 클러스터들에 의해 각인되었을 터이다. 만약 시장이 그러한 이유로 지식의 한계치로서 나타난다면, 이는 무엇보다도 더 이상 시장에서 정보의 효율적인, 즉 경제적인 분배와 소통이 작동하지 않는 탓이다. 난류성 움직임들의 조직된 혼돈이 원칙적으로는 기술될 수 있지만, 이를 위해 수집해야 할 정보의 양은 예측 가능성의 한계에 다다른다. 다시 말해서, "(난류성) 흐름 속 모든 개별 사항들의 움직임을 알고 이해하고자 한다는 이상적인 경우란 조금만 생각해 보면 망상임이 명백해진다. 약 1미터의 흐름을 〔…〕 파악하려면 $10^{10}$개의 지점, 즉 10,000,000,000 혹은 100억 개 지점에서의 세 공간축 모두의 국소적 속도를 파악해야만 할 테고, 그것으로도 고작 단 한 시점時點의 흐름밖에는 파악하지 못할 것이다. 설사 현대의 컴퓨터로 그토록 많은 데이터를 저장하는 일이 원칙적으로 가능하다고 할지라도, 이것에서 무엇을 깨달음으로 얻을 수 있느냐는 의문이 제기된다."[9] 그러한 종류의 체계에 관한 정보들은 기하급수적인 양의 정보를 필요로 하고, 경제적인 견지에서 이것이 뜻하는 바는 다음과 같다. 효율적인 시장이 시장 정보의 효율적인 분배를 거쳐서 정의된다면, 망델브로가 분석한 시장 동향은 다름 아닌 정보 효율성의 과부하나 붕괴를 증명하고 있다.

망델브로가 경제 이론이 19세기의 통계 물리학을 선호하는 것을 의아스러워했다는 사실을 제쳐놓고 보면, 그 자신의 연구들이 연구대상의 학문 형식에 대한 깊은 의심을 불러일으켰다. 말하자면 주어진 패턴이 반복될 전망을 지니고 이로써 법칙성을 추출할 기회를 제공한다는 데에 학문의 가능성이 있다면, 망델브로가 식별해 낸 분포 패턴은 학문성 개념을 충족하기에는 충분히 '보수적'이지도 않고 '견고'하지도 못했다. 그리고 이때, 망델브로 자신도 언급했다시피, 물리학의 영역보다는 오히려 조망 불가능한 "역사" 영역과 관련될 논증의 부담을 각오해야만 한다.[10] 비정상 분포를 띠는 비균질적 체계라는 가설은 어쨌거나 이 가설이 규정으로부터 자유로운 모델들로 작업함으로써 보편적으로 유효한 법칙을 추구하기를 포기하고 결정론적 희망을 거부하게 된다는 견지에서 '비-학문적'이다. 문제는 변화된 학문적 포맷이다. 합법칙성의 견고성은 다양한 분기와 잠재적 규칙들의 여유공간으로 교체되며, 경제 우주의 경로들과 변동폭은 증대되고, 경제 동향에 대한 망델브로의 수학화는 바로 일관적 질서체계의 제국이 아니라 역사적 우연의 장으로 인도한다. 자신의 대상이 해명되지 않았다고 간주하는 특이한idiosynkratisch 이론 프로필이 요구된다. 시장은 혼탁한 물이나 거친 물살troubled water과도 같아서, 그 복잡한 행태는 어떤 오컴의 면도날로도 제대로 자를 수 없다. 가장 단순한 설명이 곧 가장 올바른 설명은 아닌 것이다. 망델브로의 시도들은 경제과정의 내인적 비균질성을 주장하고 균형 발상을 체계적으로 좌절시킴으로써 스스로를 고전적 내지는 신고전적 경제학의 토대와 전통적 계보들에서 철저하게 멀찌감치 자리 잡는 일종의 노마드적 지식형태라고 이해한다. 지적인 확실성의 상실을 통해 두드러지는 이러한 이론적 형태로 어쩌면 경제학 이론의 종말이 암시될지도 모르며, 망델브로가 언젠가 그럴 만한 이유에서 자신을 "악마의 변호사"라고 부를 수 있었다는 사실은 결국 정치경제학적 정통주의 자체의 반응을 이끌어냈다. 이 분과의 대표자들에게는 망델브로의 시장 시나리오가 별로 가망이 없거나 "순전히 난센스와 속임수로만 이루어진 뒤범벅"으로 보였다. 경제학 대상의 박탈, 자율

조절적 시장 메커니즘과 경제의 체계성에 대한 파괴적인 부정이 확언되었다. 다시 말해서, "이러한 예언을 체계적인 방식으로 다루기란 그렇게 간단한 일이 아니다." 만약 망델브로가 옳다면, 궁극적으로 "우리의 모든 통계 도구들은 불필요할 터이다. (…) 그리고 우리는 당연히, 수백 년에 걸친 작업을 쓰레기 더미에 던져버리기 전에, 우리의 작업이 정말로 모조리 쓸모없다는 데 대해 약간의 확신이나마 지니고 있어야 하지 않겠는가." 왜냐하면, "언젠가 처칠 수상이 그러했듯이, 망델브로도 우리에게 유토피아가 아니라 피와 땀, 고됨, 눈물을 약속하기"[11] 때문이다. 그런 뒤로 1970년대에 망델브로는 한동안 경제학의 영역을 떠났다. 체계 발상에 대한 공격, 경제학 이론의 조절 형상과 질서 형상들에 대한 공격은 에피소드적인 성격의 것이었다.

## 금융시장

설사 망델브로의 불편한 모델들에 관한 반향이 그저 일시적일 뿐이었고 기껏해야 경정론의 진지함에 대한 몇몇 적응 시도밖에는 낳지 못했을지라도(들뢰즈와 가타리는 비결정론적 지식형태들이 "결정론"과 화해해야만 할 때면 사태는 늘 진지해진다고 말한 바 있다.[12]), 다름 아닌 금융시장의 메커니즘에 대한 의문과 더불어 논쟁의 장이 하나 열린다. 다양한 신자유주의의 기치 아래 현재 금융체계의 정립은 — 이론적, 실용적, 기술적으로 — 완벽하고 효율적인 시장의 모델에 따라 완수되었으며, 금융사건들이 경제 전체의 제유pars pro toto로서 나타나게 만들었다. 그러나 거꾸로, 금융시장 거래의 논리에서 자연발생적인 시장질서의 완성보다는 그것의 왜곡과 붕괴가 표명된다는 몇몇 예감은 유지되었다. 여러 악마의 변호사가 꽤 한참 전부터 금융시장의 '난폭함'과 요동은 기꺼운 조절 메커니즘이나 합리적 행위자와 체계이성의 평형을 이루는 협력과 간단히 동화될 수 없다고 고집해 왔다.

그래서 지난 10년 동안 되풀이된 금융위기가 이미 자본주의 경제는 결코 그것이 그래야 할 바대로 행동하지 않는다는 참으로 그럼직한 추측을 불러일으킬 수 있었다. 효율적 시장의 확률 공리에 따르자면 1987년 이후의 거듭된 폭락은 몇십억 분의 1개의 위험인자로 인해 일어날 수 있었고, 그러니까 원래는 절대로 일어나서는 안 되었다. 그리고 그것들은 이로써 금융시장이란 어쩌면 실제 시장이 아니며 그 가격 형성 메커니즘들이 반드시 시장 순응적이지는 않다는 가설들이 진실임을 입증한다.[13] 이러한 이른바 '위기들'이 그다지 바람직하지 않다는 점을 제쳐둔다면, 이것들은 예외적인 경우들이 어쩌면 정규적인 작동 과정에 속할지도 모른다는 점을 적시해 주며, 게다가 금융시장의 내적 안정화 경향에 기초한 바로 그 이론 프로필의 위기를 분명하게 보여준다. 그리고 위기와 변칙성, 난류가 다름 아니라 현재의 체계 상태가 반드시 과거의 상태로부터 추론될 수 있지는 않으며 미래의 상태가 현재의 상태로부터 추론될 수 없음을 의미하는 한, 그것들은 고전주의와 신고전주의적 개념들 — 균형, 자율조정, 효율, 합리적 기대, 가격신호의 조정력 — 이 금융경제과정의 동역학을 파악하기에 충분한지에 대한 의심에 가까워진다. 그러므로 경제과정의 특수한 성격이 시대를 초월한 안정 단계에서 표명되는지 아니면 반대로 그 사이사이의 '특수한 상황'에서, 즉 역사적 시간의 불안정한 폭락기에서 표명되는지가 의문시된다.

이때 하나의 양적이면서도 질적인 차이가 가정된다. 그래서 한편으로는 어떻게 금융경제의 고유한 물질성이 생산의 물질성들로부터 분리되었는지, 어떻게 금융경제의 규모가 재화 교류의 규모의 몇 배에 달하게 되었으며 '무중력 상태'가 되어버렸는지에 대해 정밀하게 인지되었다. 다시 말해서 생산능력은 20세기 중반 이후로 운송된 재화와 용적 톤수의 척도 면에서 거의 늘어나지 않았지만, 그와 반대로 가치생산은 세 배가 되었다.[14] 다른 한편으로는 금융경제의 사건성이 어느 정도까지 여전히 기초적 교환과정의 포맷과 상품 거래 메커니즘으로 모사될 수 있을지에 대한 의문이 제기된다. 고전주의학파의 변종들에게는 화폐 교류가 실물경제 관계들을 특수한 영향력 없이 중립적으로 그저 은폐하기나 하는 일종의 베일로서 입증되는 반면에, 그리고 밀턴 프리드먼도 여전히 "우리의 작금의 경제에서 기업과 돈이 지니는 의미에도 불구하고 〔…〕 조정적인 시장기술의 본질적인 특성은 단순한 교환경제에 온전히 각인되어 있다"고, 그러니까 "기업도 돈도" 중요하지 않은 경제에 각인되어 있다고 주장하고자 했던 반면에,[15] 이와는 동떨어져서 화폐 순환의 자체논리가, 그리고 이와 연계된 결정 과정, 의존성, 역동성의 특수성에 대한 주의가 환기되었다. 자본주의는 정말이지 자본가들과 자본주의적 실행들 없이는 파악될 수 없다.

## 유동성

이를테면 화폐거래가 지불 약속에서, 지불 약속이 신용과 투자에서, 신용과 투자가 금융시장에서, 그리고 금융시장이 다시금 주식 거래에서 실현되거나 완결되는 한, 그것들의 기능은 단지 적절한 가격과 올바른 가치평가를 개별적으로 확인하는 데에만 있는 것이 아니라 유동성의 창출에도 있다. 유동성은 자본을 동원해 채무자의 욕망과 채권자의 청구에 응답하며, 투자를 비롯해 신용 형태의 선불 자체가 행위능력을 갖도록 만든다. 그래서 이때 지불해야 할 가격은 결코 현재적이지 않고 자기망각적이며, 순간적으로 지나가버리는 현재의 시점들처럼 구조화되어 있지도 않다. 이 가격은 오히려 예고로서 편성되고, 수익 전망과 리스크 전망으로부터 직접적으로 영감을 받으며, 지금이 아니라 미래에 이루어질 지불을 통해서 결정된다 — 그러니까 장래의 가격에 대한 기대를 경유해서 구성되는 가격 말이다. 이익을 거두기 전에 이익을 상상할 줄 알아야만 한다. 달리 말하자면, 이는 화폐 교류와 신용 교류, 투자, 자본시장이 시간에 민감한, "시간 소비적인" 과정임이 드러난다는 것을 의미한다. 이들이 기인하는 바가 미래기대와 "수익 전망이므로, 투자 결정은 언제나 불확실성의 조건 아래 내려지게 된다. 이 불확실성 때문에 투자자들과 그들의 금융업자들은 불리한 우연성에 대한 보호를 제공하는 자산구조와 채무구조를 추구하며, 자신들의 포트폴리오를 역사의 진행과 경제의 전개가 어떻게 진행될 수 있을지에 관한 자기 나름의 의견에 맞추어 조정한다."[16] 재화량의 단순한 배분이 수익 전망과 리스크 전망의 현재화로 대체되고 현재의 가격지평이 미래의 가격지평과 재연동되는 이 영역에서는 시장이 더 이상 재고량과 부족한 재화, 고정된 또는 '실제' 가치지표들의 중력장 안에서 움직이지 않는다. 이 시장의 행위자들은 알려진 양을 가지고 작업하는 게 아니라, 시장이 미래 자체를 현재 어떻게 평가하는지에 따라서 우연한 미래를 평가하려고 한다. 이는 수요와 공급 같은, 신뢰해도 좋을 법해 보이는 단위들을 — 그리고 이들의 안정화하는 힘을 — 단지 식별할 수 없을 뿐만 아니라 인식할 수조차 없게 만든다. 수요와 공급의 메커니즘은 단지 고정된 예산만으로 수행되는 영역에서만 유효하며, 그와 반대로 자금 조달 조건과 미래기대 들이 영향을 미치는 곳에서는 그렇지 않다. 그러므로 교환경제가 일관적이고 조정적이며 분배적, 배분적일 수 있으리라는 증거는 금융경제의 작동에 관해서 아직 아무것도 증명해 주지 못할 것이다. 금융시장에서는 그 어떤 공급 포화 상태도 나타나지 않으며, 투자재에 대한 수요는 소비재에 대한 수요와 엄격하게 구분할 필요가 있겠다.

극단화된 케인스주의의 다양한 대표자들이 받아들인 관점 하나가 이를 통해 특징지어진다. 그 요점은 적극적인 통화정책, 즉 위기 시기에 복지국가적 개입을 행하는 정책을 넌지시 일러주는 데에 있지 않다. 케인스주의적 입장들은 단순히 하나의 동일한 대상에 관한 이해를 두고 시장자유주의적 구상들과 경쟁하는 것이 아니다. 케인스주의의 본질적인 지향은 오히려 시장경제적 구상들에 대해 엄격하게 경계를 두면서 금융경제적 대상의 장을 새롭게 정립하는 데에 있다 — 1970년대부터 근자에 이르기까지 케인스주의자들에게 정치경제학적 교의들의 정전 내에서 공인받지 못한apokryph 중요성밖에 마련해 주지 못한 완고함이다. 망델브로의 반결정주의적 모델과 유사하게 이때 관건은 자그마치 자본주의적 과정에 관한 대안적 지식의 구성이다. 기초적 자금 조달 활동의 조건 아래에서, 즉 금융시장이 유동성 문제를 협의하고 투자와 신용의 구속력을 통해 구조화된다는 조건 아래에서, 돈은 더 이상 경제적 교류에서 중립적인 교환수단으로서 파악될 수 없거나 기껏해야 '은폐하는' 교환수단으로서 파악되며, 오히려 고유의 작용성과 힘을 지닌 매체로서 나타난다. 이른바 '실물' 경제 단위들은 통화 및 금융 단위들을 경유하는 중개에 직접적으로 의존한다. 가격 형성은 부족한 재화들 사이의 비율 결정으로서 이해되지 않으며 — 화폐수량이론들에서처럼 — 시장에 풀린 통제 가능한 통화량의 기능으로서 이해되지도 않는다. 그리고 선택의 논리는 희소성의 조건들이 아니라 불확실성의 조건들에 의해 각인된다. 그러나 무엇보다도, 그러한 까닭에 금융경제과정들은 결코 스스로를 수정하고 최적화하는 체계의 모델에 따라 진행되지 않는다. 오히려 그것의 체계성 자체가 위험에 직면해 있다. 다양한 균형 구상들이 금융위기들에 대해 기껏해야 일화적인 설명을 마련해 줄 수 있는 반면에, 여기에서는 이 "재앙적인 논리적 구멍들"을 또 다른 인식론적 · 이론적 포맷을 위한, 그리고 금융경제 대상의 또 다른 배치를 위한 전제조건으로 만드는 것이 관건이다 — 그러니까 비정상적인 진행 과정들과 체계적 불안정성을 자본주의 경제의 정상적 작동의 결과로서 이해하려는 시도를 위한 전제조건으로서 말이다.[17] 그러므로 현대 금융체계는 그 기관과 현금 흐름cash flows을 모두 포함해서 경정론의 종말을 출발점으로 삼아 사유되어야 하며, 우연한 사건, 역사적 시간과 기한 들의 효력을 통해 특정지어지는 영역을 향해 열려야 한다.

의견doxa

이는 우선, 금융시장이 기관으로서 유동성을 마련하는 데 이바지하고 유동성은 오로지 투기를 통해서만 기능하며 투기는 다시금 반영적spekulär으로 이루어진다는 실상을 받아들이기를 요구한다. 이미 증권업에 관한 가장 초기의 묘사들도 본래의 사실이란 사실에 대한 기대라고 확언했으며, 이는 일반적으로 말하자면 금융활동에서 연결들의 재귀화Reflexiv-Werden라고 기술될 수 있다.[18] 자본가치의 구매가 예상 수익의 구매로서 수행되는 한, 지불 가능한 가격은 기대 가능한 가격을 선취하면서 형성된다. 과거나 현재의 무엇이 아니라 어쩌면, 아마도, 또는 다분히 일어날 무엇이 사건들의 진행을 규정한다. 금융시장은 시장 자체가 미래에 관해 어떻게 생각할는지 알아맞힐 의무를 경제 행위에 지우는 예측들의 체계로서 작동한다. 이로써 현재의 기대들이 단순히 미래의 활동을 선취하는 것이 아니라, 오히려 미래의 일이 미래의 일에 대한 기대들에 의해서 함께 형성되면서 이러한 것으로서 현재적 전염성을 획득한다. 현재는 '선도성' 효과들을 통해서 자신의 미래의 우선성 효과, 즉 순서 도치hýsteron próteron로서 생산된다. 이로써 우리는 관찰들에 대한 관찰과 가능한 선취들에 대한 선취가 관건이 되는 강화된 기대기대Erwartenserwartung들의 게임에 돌입한다.

이러한 반영적 또는 재귀적 구조는 우선, 시장에서 순환하는 정보들이 인식론적epistemolgisch으로가 아니라 오로지 의견론적doxologisch으로만 근거를 댈 수 있음을 뜻한다. 사물의 '실제적' 또는 '진정한', '토대적' 가치에 관한 정당화된 지식의 규명이 문제가 아니라, 어떻게 의견들에 대한 의견을 반영하는 의견들로부터 가치평가가 반영되느냐가 문제이다. 금융시장은 지속적인 조율 과정으로서 기능하며, 여기에서는 순응성의 압력이 지배적이다. 가격에는 집단적 견해들에 대한, 규범이 되어버린 반향들이 퍼져 있고, 일반적 기대에 따라 일반적으로 기대될 수 있을 것에 관한 하나의 의견이 각각의 지불로 표명되는 한, 결정의 프로필과 판단의 프로필들의 관습화가 이루어진다. 이는 시장에 반하는 투기와 회의주의자나 '역투자자'의 개별적인 행동을 배제하지 않는다. 그것에서는 기껏해야 의견과 패션의 관계와 비슷하다는 점이 인식될 수 있을 따름이다. 패션 트렌드의 관철도 마찬가지로 언제나 변화에 따르고 극단적인 것에 순응하는 약간 역설적인 태도를 요구하는 한에서 말이다.

이러한 경제적 판단의 형식은, 칸트 식으로 말하자면, 인식판단과는 그다지 관계가 없다. 그것은 오히려 심미적인 성격을 지닌다. 취향판단이 칸트에 따르자면 "공통타당성"Gemeingültigkeit•의 선취를 수행하며 이 공통타당성으로 — 개념 없이도 — 모든 이의 동의를 요구할 수 있을 "확정되지 않은 규범"을 작동시킨다면 말이다.[19] 케인스가 금융시장의 안무按舞를 미인대회의 악명 높은 장면을 동원해 설명하고자 했던 것은 우연이 아니다. 이에 따르자면, 기대 가격은 "가장 예쁜 얼굴"처럼 "모든 투표 참여자의 평균적 선호와 가장 가깝게 일치해서, 각각의 참여자는 자기가 가장 예쁘다고 생각하는 얼굴이 아니라 다른 참여자들의 선호를 받을

---

• 칸트가 『판단력 비판』에서 사용한 개념으로, 보편적으로 유효한 보편타당성(Allgemeingültigkeit)과 달리, 공유 가능성을 지니기에 특정 집단이나 공통체 안에서 유효하며 주관성을 띠기에 거짓일 수도 있다.

가능성이 제일 많을 것으로 생각하는 얼굴을 선택해야 하며, 참여자들 모두가 그 문제를 동일한 관점에서 바라본다"는 데에 따라 선택된다.[20] 시장에 유통되는 의견은 평균적 의견에 따르자면 평균적 의견이 될 수 있을 법한 바에 따라 형성되며, 판단의 근거는 그 판단에서 판단행위들의 다수가 일치하리라는 가정에 있다. 스미스의 보이지 않는 손 대신에 관례적인 것에 대한 명백한 충동이 등장한다. 금융시장이 자금 조달 가격 산출의 체계로서 작동하는 한, 시장은 의견의 자가생산 메커니즘으로서 파악될 수 있으며, 이 메커니즘에서는 합리적인 기대와 선호가 오로지 그것들이 관습적인 기대 및 선호와 일치하고 규준이념Normalidee•과 합치될 때에만 진짜로 이성적이다. 금융경제적 진실은 관습에 기반하고, 관례주의는 시장의 인식Episteme을 각인하며, 모든 이론적 논증은 오로지 이러한 의견론적 기층만을 승인해 준다. 시장은 다름 아닌 알게 될 수 있는 모든 것의 주체로서 지식과 의견의 구분을 시대에 뒤떨어진 것으로 만든다. 이에 따라서 금융시장의 규제 완화 요구는 다름 아니라 통치기술적으로 경제적 순응주의와 지적 순응주의의 공생에 대한 요구, 그리고 규준화하는 트렌드를 생산하기 위한 기계 장치에 대한 요구를 의미한다. 경제과정들이 수량화될 가능성의 근거 역시 거기에 있다. 그리고 경제과정들이란, 이미 가브리엘 타르드Garbiel Tarde가 언젠가 언급했다시피, "집단적 판단들의 일치"를 통해서, 다수결의 메커니즘과 그 순응주의적 의견과 믿음을 통해

• 칸트 미학의 맥락에서 경험에 의거하지 않으며, 상상력 자체에 내포되어 있어 오히려 경험을 통해 판단을 내리기 위한 규칙으로서 작용하는 평균 혹은 표준적 형상.

서 결정된다.[21]

## 피드백

그러므로 금융시장에서 가격은 상품시장의 메커니즘에 따라 형성되지 않으며, 관철되는 가격 수준은 시장을 부족량과 주어진 수량의 척도에 따라서 해명하지 않는다. 그것들은 근저에 놓여 있는 '근본요소들'을 대변하는 것이 아니라 가장 효과 있는 가치유령으로서 배회한다. 그러나 바로 그러한 까닭에 추세 강화와 양성 피드백positive Rückkopplung은 재앙적인 예외가 아니라 체계의 내생적인 기능요소이다. 상승하는 가치는 일반적인 가치평가를 반영하고 평가 상승들을 유발하는 반면에, 역으로 하락하는 가격은 하락하는 가격에 대한 신속한 선취를 전적으로 이성적으로 보이게 만든다. 수요와 공급의 균형잡기 게임은 전도되어 있으며, 값싼 자본가치가 비싸게, 그러나 비싼 자본가치는 특별히 저렴하고 좋은 기회로 입증되는 역설적인 모습을 제공한다. 높은 가격은 수요를 증가시키지 감소시키지 않는다. 프린스턴의 경제학자인 신현송은 이러한 종류의 상호작용에서, 테이트모던 박물관과 세인트폴 대성당 사이를 템즈 강을 건너 연결하는 보행자 교각인 런던 "밀레니엄 브리지"Millenium Bridge가 2000년에 개통되었을 당시에 엄습했던 바로 그 피드백-재앙의 효과들과의 유사성을 알아챘다. 1헤르츠의 가벼운 수평 고유진동이 보행자 수백 명의 무작위적인 발디딤에 의해서 측면 방향의 가벼운 상쇄운동을 야기했던 것이다. 대량의 조직되지 않은 개별 운동의 다양성은 그것으로부터 하나의 통일된 운동 방향이 생겨나는 것을 지극히 비개연적으로 만드는 반면에(심지어 군인들도 다리 위에서는 발걸음을 맞춰 행진하지 않는다.), 교량의 미세하고 우연한 진동이 민간인들의 개별 걸음을 이 진동에 순응하게, 그리고 이러한 순응에 순응하게 만들었다. 무질서한 전진운동 방식들이 눈치채지 못하게 동기화되고, 운동의 질서가 만들어지고 강화되었다. 그리고 상이한 운동 프로필의 바로 이 우연성이 공학자들이 동기식 측면 여기勵起 synchronous lateral excitation라고 명명한 자가 증폭 패턴을 낳았다. 결정적인 역치는 156쌍의 발이었다. 이 역치를 넘어가면 교량이 위험하게 흔들리게 된다. 다리는 폐쇄되었으며, 그 우아한 건축물은 완충장치로 보강되었다. 신현송의 결론에 따르자면, 유사한 방식으로 금융시장의 가격 변동은 합리적인 순응반응으로 귀결되고, 후자는 일관적인 질서형상들로 귀결되며, 이는 다시금 양성 피드백을 거쳐서 "퍼펙트 스톰"perfect storm으로 귀결된다. 휘청대던 다리와 마찬가지로 "금융시장은 개인들이 자기 주변에서 벌어지는 일들에 반응하고 개별적인 행동들은 다시금 그 결과 자체에 영향을 미치는 환경에 대한 가장 좋은 사례이다." 또는, "다리 위의 보행자들은 은행처럼 반응하고, 다리의 움직임은 가격 동향과 같다. 사람들은 다양성을 원하지만, 시장은 획일성이라는 번개를 끌어당기는 피뢰침과도 같다."[22]

그러나 이때 단기 투기의 자가 증폭이나 추세 추종trendchasing은 그다지 문제가 되지 않고, 금융시장에서는 — 모래 깔린 경마장에서와는 달리 — 경마를 통해 말들을 앞으로 내달리게 할 수 있으리라는 희망만 문제가 되는 것도 아니다. 이러한 종류의 역동성은 오히려 장기적으로도 균형 상태를 벗어나 있고 체계의 행동양식 면에서 역동적인 불균형성과 환원 불가능한 불안정성을 입증해 주는 과정들의 진행 형태를 지극히 근본적으로 각인한다. 그래서 예컨대 케인스주의자이자 최근까지 정치경제학의 협연장에서 외면받던 목소리 중의 하나였던 하이먼 민스키Hayman Minsky는 1960년대 이래로 어떻게 금융활동에서 안정 단계가 불안정성을, 조절 시도가 장애를, 멋진 상승세가 명백한 중심 불균형으로 귀착되는지를 증명해 보인다. 이에 따르자면 — 수익지향적 행위자, 은행 시스템, 자본가치와 자산가치를 수단으로 한 거래 등 — 현대 금융시장의 조건 아래에서는 다름 아닌 안정적이고 유망한 경제상황이 악마적인 자금조달 순환을 작동시킨다. 이때 여기에서도 역시 진정한 자본주의적 구조의 효력이 적용되고, 이로써 이러한 경제의 기초 단위들이 교환관계가 아니라 채무 구조로 이루어져 있다는 사실, 그러니까 투자 결정과 대출 결정이 서로 연결되고 불확실한 미래와 그 수익 리스크에 연관된다는 사실도 적용된다. 그러니까 출발점은 '나중의 돈을 위한 지금의 돈의 상관관계'를 일시적으로 폐기하는 것이다. 현재의 수익이 과거의 결정이 타당했는지를 검증하고, 현재의 투자 결정과 대출 결정이 미래의 수익에 대한 기대에 의해 결정된다. 이러한 전제 아래에서는 긍정적인 장기 기대를 지닌 견고한 성장 시기에 일단 투자의 여지를 안정장치가 된 대출의 테두리를 넘어서 확장하지 말아야 할 충분한 이유가 없다. 오히려 미래의 자본수익에 대한 정당한 희망에 대해 추가적인 투자들로 균형을 맞추고 대출수요를 강화하는 것이 설득력 있어 보인다. 이는 한편으로, 투자로 얻은 수입을 더 이상 채무 청산이 아니라 재투자에 활용하고 '투기적' 자본화 과정을 신뢰하고 만기된 신용을 다른 신용으로 차환하게끔 만든다. 다른 한편으로, 수익지향적 금융기관들 측에서의 융자 요청 증가는 화폐 대용물이나 포트폴리오 형태의 '새로운' 화폐유형들과 금융수단의 발명에 동기를 부여한다.

## 불안정성 이론

모든 금융 혁신과 기존 자금 조달 실행 형식들의 모든 확장된 활용이 자금 조달량을 늘려주는 이 과정에서는 — 단순화해서 말하자면 — 높은 투자가 수익 증가에, 이윤이 자산가치(예컨대 주식)의 가격 상승에, 그리고 이 가격이 다시금 높은 투자 비용에 피드백된다. 또는 달리 말하자면, 유리한 경제 조건들 아래서는 신용의 조달이 쉬워지고 투자량이 늘어난다. 유효 통화량이 늘어나고, 이로써 마찬가지로 상승하는 투자 수익 비용이 신용에 대한 수요를 높이고 동시에 이에 대한 대출 의사도 증대시킨다. 이러한 기대 분위기에서는 투자가 늘어남에 따라 안전한도가 줄어들고, 유동성 선호가 감소하며, 자금 조달 사건이 증가하고, 채무의 순환이 확대되며, 융자 활동들의 확장이 자산가치와 투자재 가격의 상호 상승을 초래한다. 이로부터, 민스키에 따르면, 미상환된 채무의 청산이 더 위험한 추가 투자를 거쳐서 이루어지는 피라미드 구조가 필연적으로 형성된다. 포트폴리오에서 자본자산의 시장가치 대비 유동성 수단이 감소하는 것에 대해서 그 청산이 순이익의 증가에 달린 부채의 증가, 즉 자금의 외부 조달과 채무 상환의 회귀적 증가가 대치된다. 이는 양성 피드백을 거치며 자기 자신의 기대지평에 '도취'되는, 자기보존적이며 스스로 가속하는 체계를 결과로 낳는다.[23]

그러므로 부채의 일반적인 맥락 — 발터 벤야민Walter Benjamin이 말한 자본주의의 채무/죄 지우는 제의verschuldender Kultus des Kapitalismus• — 과 채무 구조는 세속적인 기대 프로필에 직접적으로 피드백되어 있으며, 이러한 역동성의 핵심적인 요인은 반대 방향의 두 자본흐름의 관계에, 그러니까 대출 채무와 자본소득의 관계, 즉 고정된 혹은 기한이 정해진 부채와 기대 가능하지만 항상 불확정적이고 변동하는 수익 전망의 관계에 있다. 궁극적으로, 위태로운 상황은 자금 조달 계약의 완수가 새로운 융자나 자산가치의 판매를 요구하는 지점에서 발생한다. 이는 한편으로는 높은 비용의 자금 조달 옵션들이나 투자 비용들의 증가로 귀착될 수 있고, 다른 한편으로는 2차 시장에서의 손실이나 가격 압박, 그러니까 자본가격의 하락으로 귀착될 수 있다. 만약 그 결과로 유동성 선호의 증가와 이로 인한 유동성 자체의 위험 또는 반대로 자산가치의 가격 폭락이 나타난다면, 이는 다단계 형태의 짜맞춤을 통해서, 즉 은행 구조에 의해 보장된 상호의존성을 통해서, 개별 행위자에서 출발해서 전체 경제 체계에 영향을 되미칠 수 있다 — 투자 감소, 수익 하락, 투자 위축의 나선인 셈이다. 체계의 진행은 자신의 전환점Peripetie••에 도달했고, 여기에서는 사건들이 완전히 불확실해지고 난류적인 성격을 띠며 작동의 존속과 붕괴가 똑같은 정도로 가능해 보이게 만든다.

---

• 벤야민은 독일어 Schuld의 다의성(채무/죄)을 활용하여 자본주의가 끝없이 채무/죄를 양산하는 제의적 구조를 지녔다고 주장한다.

•• 아리스토텔레스가 『시학』에서 비극의 줄거리 구조를 설명하기 위해 도입한 개념으로, 문제의 해결이나 파국을 유발하는, 줄거리 진행의 급변 내지 반전을 지칭한다.

이러한 까닭에 금융 불안정성에 대한 민스키의 테제는 선포된 위기와 붕괴가 단순히 외부의 충격, 재정적 혹은 정치적 돌발사건Theatercoup에 의해서가 아니라 금융경제 자체의 매개변수와 고유운동을 통해서 유발된다고 말한다. 사이버네틱 체계와 자가조정적 체계에서와는 달리 금융시장은 자신의 평온으로 인해 불안해지고, 자신의 안정성에 의해 불안정해지며, 다름 아닌 자신의 효율적 작동이 전적으로 기능장애를 초래한다. 모든 안정적 단계는 일시적이며, 자본주의적 금융의 세계에서는 "모든 참여자들이 자기 자신의 이해관계를 좇는다면 경제는 균형을 찾는다는 말이 전혀 맞지 않는다"고 민스키는 적고 있다. 조절과 균형에 대한 전망을 담은 수요 공급 분석은 자본주의 경제의 행태를 해명해 주지 못하며, 그 자금 조달 과정은 스스로 "불안정화하는 내생적 힘들"을 전개하도록 작동한다. 그리고 이는 다음을 의미한다. 자본주의의 금융기관들은 "태생적으로 파괴적이다. 자유시장의 특성들에 경탄하는 대신에, 효율적이고 바람직한 자유시장의 영역이 한정되어 있음을 받아들여야 한다."[24]

## 2007년 이후

그러므로 자본시장들을 살펴볼 때, 위기란 언제나 순환위기이고, 그렇기에 유동성의 위기이며, 그것이 뒤흔들리는 것은 분명 자기조절적 시장의 작동 방식에 대한 이론적 · 실천적 신뢰에 기인한다. 이에 상응해서 바로 금융혁신과 투자량, 부채 순환 사이의 상호관계가 지난 40년간의 금융경제 동역학들에 대한 설득력 있는 서술로서 입증되었고, 2007년에 시작된 최근의 '위기' 또한 이러한 견지에서는 여전히 결코 엄청나게 놀라운 새로운 프로필들을 보여주지 않는다. 여기서도 역시 유동성의 역설이 해악을 끼쳤는데, 이 역설은 유동성이 그것이 필요해지고 모두에 의해 욕망되는 바로 그때 스스로를 지양해 버린다는 것을 뜻한다.[25] 그러므로 금융시장에서는 우선 대단히 견고한 경제적 출발 조건들과 완벽하게 합리적인 결정 과정 내지 기대지평 들이 작동시키는 다양한 자본화 과정의 피드백이 기록될 수 있었다. 따라서 1990년대 이후로 특히나 미국에서 나타난 부동산 가격의 상승은 대출 수요의 증가로 귀착되었고, 그런 다음에는 새로운 금융수단들의 고안으로, 그리고 이것으로 다시금 자본수익의 증가로, 추가적인 투자 가능성들에 대한 탐색으로, 그리고 그러한 까닭에 부동산 가격의 상승으로 귀착되었다. 이러한 움직임이 성과가 컸던 제도적 기반조건들로 (예를 들어 1999년에 미국에서 상업은행과 투자은행의 분리를 규제하던 글래스 스티걸 법Glass-Steagall-Act의 폐기나 자기자본율 요건을 시장상황에 맞춰 조절하는 바젤 II 협약, 또는 평가기관의 시장촉진적 영향을 통해서) 용이해졌다는 점을 빼고 보자면, 이때 무엇보다도 다음과 같은 두 가지 사업실무가 금융경제적 활동의 각별한 완벽화나 합리화라고 이해되고 도취적인 과정을 풀어놓거나 가속할 수 있었다.

한편으로는, 증가한 대출 수요가 이른바 증권화Verbriefung(금융증권화 securitization)로 응답되었다. 채권자, 즉 상업은행이나 부동산은행은 지급된 부동산 대출금을 증권으로 바꾸었고, 후자를 이자 상환금으로 보장하고 다양한 분할액으로 나누어서 2차 시장에 자산 기반 증권asset-based securities으로서 판매했다. 투자은행은 이를 다른 채권들과 조합하고 새롭게 포장해서는 다양한 리스크 내지 수익 전망을 지닌 자산가치로서, 즉 부채 담보부 증권collateral debt obligation으로서 판매했다. 임의로 확장될 수 있는 다양한 다단계를 거침으로써 자본 수요가 증가할 때 단지 대출 공급만 임의로 확대될 수 있었던 것은 아니다. 오히려 이에 더해서 대변 부채, 즉 신용 리스크가 원래의 채권자의 대차대조표에서 풀려나고, 분산되고, 다양화되며, 어느 정도 보장되었다. 그것도 리스크 회피적인 판매자의 관점이 리스크 친화적인 구매자의 관점과 다행히도 맞아떨어지는 바로 그 파생상품들의 논리를 통해서 말이다. 2006년 4월에 발행된 국제통화기금의 『국제 안정성 보고서』*Global Stability Report*에만 해도 이에 대해 여전히 다음과 같이 씌어 있다. "이 새로운 행위자들은 자신들의 다양한 리스크 관리와 다양한 투자 관점으로 과거에는 무엇보다도 체계상 중요한 몇몇 소수의 금융 중개소들에게 해당되었던 충격을 완화하고 흡수하는 데 이바지한다."[26] 이는 무엇보다도, 개별 리스크의 기록이 잠재 리스크의 통계적 분포에 대한 집계적 관점으로 대체되었음을 의미한다. 그것도 바로 각각의 리스크사건을 예측 가능한 정상분포의 가중치에 따라 묶어내어 흡수할 수 있었던 계산실무(위험노출가치 VaR, value at risk)로 말이다. 미래의 확률이 현재의 척도에 따라 모델화된 것이다. 이는 결국, 일종의 채무 불이행 보험으로서 채권자의 재무재표에서 리스크 품목을 특별히 수익 지향적인, 즉 리스크 친화적인 투자자들에게 팔아치우는 것을 가능하게 해주었던 바로 그 불길한 종류의 파생상품, 즉 신용부도 스와프credit default swaps를 통해서 보완되었다. 대출 수요는 구매한 리스크의 판매를 통해 확보되었고, 지급 불능은 지급이 가능해졌으며, 파생상품과 신용화폐의 이러한 융합은 다시금 통화 창출의 재귀화로서, 그리고 이로써 지급

불능의 강화된 순환으로서 파악될 수 있다.[27]

다른 한편으로는, 이에 상응하는 가치들의 결산에서 지극히 당연하게도 시가 평가mark-to-market 방식이 요구되었다. 이때 투자와 신용의 순환 과정 중에 있는 현재의 대변 부채와 차변 자산을 확인하기 위해서 증권 시장이나 그와 유사한 시장에서 해당 주식 및 채권에 시세를 공시하거나 공시할 수 있을 법한, 설득력 있는 가격 형성을 끌어다 댔다. 사물의 가치란 그야말로 그것의 가격에 다름 아니며, 금융수단에 대한 평가는 그것의 현재 시장가를 참조하라고 지시함으로써 정당화된다. 그리고 이때 다시금 효율적 시장의 논리, 즉 "가격이 모든 시장 참여자의 정보와 의견을 수집한다면, 이 가격 자체가 상응하는 가치들에 대한 최선의 평가를 제공한다"[28]는 발상을 증거로 끌어댈 수 있었다. 이로써 현재의 시장가격이 자본 재고의 가치를 직접 결정한다. 높은 가격은 자기자본과 차변 자산의 장부가를 상승시키고, 이로써 또한 신용대출과 투자에 대한 용의도 커지며, 이 효율적인 각본은 금융경제 메커니즘을 완전하게 해주었다. 그 결과로 시장 형태를 띤 완벽한 과정이 만들어진다. 가격 변동은 재무제표에서 즉각적으로 반응을, 즉 가격 변동을 유발하고, 부동산의 시장가격 상승은 곧바로 자본가치의 상승으로 표출되며, 후자는 다시 높은 투자수익으로, 그리고 이는 잠재 리스크의 감소로 표출된다.[29] 자산가치의 가격이 상승할 때면 측정 가능한 리스크는 줄어들고, 계속적인 재투자를 위한 추가 자본의 조달이 유발되고, — 민스키가 기술했듯이 — 안전한 자금 조달 방식에서 시작해서 투기적 자금 조달 방식을 거쳐 피라미드형 자금 조달 방식으로 귀결되는 하나의 과정에 동기가 부여된다.

그러나 2006년에 부동산 가격이 정체되고 가을부터는 하락하기 시작한 뒤로, 유통 중인 자본자산과 특히 이른바 비우량 주택담보대출의 현재와 미래 가치의 수준에 대한 보편적인 의심이 관철되기 시작했다. 간신히 통용되던 가치평가들이 완전히 불확정적이거나 확정될 수 없는 가치에 대한 암울한 예감으로 전복되었고, 진취적인 움직임들의 상호적인 지지가 방해받았으며, 시장가격 체계의 신호들이 — 그와 연동된 자극들도 통틀어서 — 완전히 불규칙한 성격을 띠게 되었다. 그런 다음 부동산 소유자들의 첫 번째 지급 불능과 더불어 채무 불이행의 개연성이 커져가고 새로운 투자가 이루어지지 않았으며, 신용한도가 엄격해지고, 신용평가기관들이 몇몇 증권의 등급을 하향 조정하고, 자금시장의 이자율이 상승하자, 몹시 당연하게도 역전된 적응 움직임, 즉 적응들에 대한 적응과 '동기화된 들뜬 상태'가 시작되었다. 경제적 이성이 대출 연쇄의 길을 뒷걸음질로 되돌아갔다. 증권화된 부동산 대출 시장이 멈춰버렸다가 파괴되었고, 온갖 종류의 자산가치들이 재융자를 위해 판매되어야만 했으며, 자본시장이 압력을 받아서 부동산 가격이 계속해서 하락하도록 만들었다. 그리고 신용대출 시장은 증권 거래와 달리 일시적으로라도 폐쇄될 수 없었던 까닭에, 부동산과 담보, 그리고 그 파생상품들의 자기 강화적인 가격 붕괴는 익히 알려진 유동성의 블랙홀을 남겨놓았다. 이러한 각각의 움직임은 체계의 요동을 강화했다. 경기 순응적 과정들과 공명 재앙은 체계 추종적이며, 그러므로 최근의 미국 주택담보대출시장 붕괴는 분명 그저 하나의 유발인자였을 뿐, 이후의 전세계적인 붕괴에 대한 충분한 이유는 아니었다.

## 시간 자원

전반적으로 보자면, 이로부터 시장 형태를 띤 메커니즘들 — 가격신호들의 자극과 행위자들의 효율적인 네트워킹, 금융시장과 유사은행 구조의 일반화 — 의 촉진이 체계의 마비와 그 분배 기능들의 정지로 이끌었다는 결론이 도출될 수 있다. 합리적인 작동과 참여자 들이 비합리적인 효과를 낳는다. 그리고 만약 여기에서 보이지 않는 손의 효력이 작용하고 있다면, 그것에서는 악마적인 본성이 분명하게 드러난다. 근본적으로 시장은 이때 자신의 무한성을 꿈꾸며, 오로지 유한한 행위자들의 현세적으로 제한된 수단들과 더불어 끊임없이 다시 지불 능력의 한계가 시야에 들어오는 세속적인 상황을 통해서만 불안해진다. 이는 결국 여기, 현대적 자금 조달 조건들 아래에서, 디르크 베커Dirk Baecker가 은행업의 논리 그 자체라고 확언한 바 있는 안전성과 불안전성의 상호적인 상승 작용이 일어남을 의미한다. 안정화는 불안전성의 분산과 위치 변경을 통해 달성된다. 이때 문제는 단지 어떻게 양성 피드백을 받는 요동 단계들이 필연적으로 내부적 리스크들의 단기적인 축적으로 귀결되느냐만이 아니다. 오히려 다름 아닌 최근의 금융전략들의 보증 논리가 체계 전체에 영향을 주는 리스크들을 보호하는 동시에 강화하고, 생산하는 동시에 차단해 왔다. 말하자면 은행이 리스크를 투자자산 형태로 끼워 넣고 이들을 다양화해서 계속 판매하고 이로써 지불 능력 재생산의 리스크에 대한 거래를 개시하는 경향을 띠듯이,[30] 파생상품 거래의 역동성과 — 자본주의적 혹은 금융경제적 합리성의 완벽한 체현인 — 증권화의 연쇄 속에서 리스크가 리스크로 보증되고, 즉 아웃소싱되고 분산되고 다양한 시간지평들에 분배

된다. 이로써 비단 리스크 친화성이 증가할 직접적인 계기만 주어지는 것이 아니다. 가격 리스크가 가격 리스크의 분산을 통해서, 투기적 거래가 투기적 거래를 통해 '헤지'된다면, 그러니까 리스크에 안전장치를 하기 위해서 새로운 리스크 시장이 만들어진다면, 오히려 현재의 리스크들은 미래의 리스크들로, 그리고 후자는 미래의 미래 리스크로 계산된다. 현재의 시장은 선취의 무한한 연속을 통해 결정되고, 단지 그 다중적인 미래들에 의해서만이 아니라 이 그때마다의 미래들의 향후에 의해서 움직여진다.

그러므로 이러한 과정의 소실점은 미래 이후의 미래에 놓여 있다. 그러나 바로 이를 통해서 상이한 관점들 사이의, (계산 가능한) 리스크와 (예측 불가능한) 불확실성 사이의 예리한 구분이 촉구되거나 해악을 끼치게 된다. 왜냐하면, 한편으로는 이러한 실행 과정에, 그리고 체계의 내부 논리에 미래가, 즉 무한하며 고갈되지 않는 자원으로서의 시간이 전제되어 있기 때문이다. 효과적인 리스크 전가의 진행은 오로지 모든 계류 중인 미래가 다음 미래공간으로 속행될 수 있고 시간적 확장이 합법적으로de jure 한계를 벗어날 때에만 작동한다. 그리고 효율적 시장의 이성에 따르자면 리스크 다단계들을 계산 가능하게 파악하는 것은 오로지 현재의 리스크가 과거 리스크의 확률에 따라 모델화되고 미래의 현재들의 리스크가 현재의 미래의 리스크 확률에 따라 모델화되며 모든 추가적인 미래들은 그 미래들 각각의 과거들의 통계적인 그림자로서 모델화되고 이로써 미래에 대한 신뢰할 만한 앎에 근거를 마련해 준다는 조건 아래서만 가능하다. 이로써 리스크 확률은 에르고드•적ergodisch 구조를 띠며, 모든 미래의 사건 모집단이 현재의 확률과 유사하게 분포되어 있고 하나의 주사위를 천 번 던질 때와 천 개의 주사위를 한 번 던질 때의 경우의 수가 서로 일치되는 관계식에 따르기를 원한다. 케인스는 이를 또한 개별 리스크 사건들이 상관관계 없이 서로 독립적으로 발생하고 그러한 까닭에 비율로 기록될 수 있는 기수적 확률의 효용이라고 기술하기도 했다. 이러한 '본래적' 리스크는 연대공동체와 예비기관••의 영역에서도 비슷하게 통용되는 산정형태를 따른다. 다시 말하자면, 화재보험 회사에게는 여기나 저기서 집 한 채에 불이 난 것은 여기나 저기서 집들에 불이 날 수도 있을 확률에 아무런 변화도 일으키지 않는다.[31] 무한히 연장된 미래라는 조건 아래서는 통계적으로 확립된 정규분포에 따라 완화 효과를 가지는 재보장이 파생상품 거래의 리스크 피라미드들 안에 유지되며, 미래의 확률이 항상 그때마다의 현재의 확률에 상응하는 한, 오늘 무슨 결정을 내리거나 행동을 하든, 그것이 미래의 가능성들의 여지를 더 이상 방해할 수는 없어 보인다.

그러나 다른 한편으로는, 사건 모집단의 이러한 흡사 연대공동체적인 균형 맞추기는 — 효율적 시장의 이론들이 예견했던 바와는 완전히 다르게 — 리스크적 결정이 시간을 다투는 데다 다른 리스크적 결정들에 피드백되기까지 하는 실행으로서 파악되는 바로 그 순간, 아무런 유효성도

---

• 에르고드성: 시스템에서 어떤 사건이 일어날 확률의 통계공간적 평균값이 시간적 평균값과 일치함을 의미한다. 그러므로 하나의 샘플을 관찰하든 전체 샘플을 관찰하든 동일한 확률 패턴이 나타난다.

•• 예비기관(Vorsorgeinstitut): 보험이나 연금기관을 뜻한다.

지니지 못할 수 있다. 자신의 리스크에 대비對備한 안전 보장은 오로지 다른 이들에게 발생할 리스크를 창출하는 것을 통해서만 이루어질 수 있고, 이 리스크는 다시금 오로지 또 다른 리스크의 창출을 통해서만 스스로를 안전하게 만들 수 있다. 게다가 이때 시간은 유한하고, 기한은 다가오며, 기일은 도래하고, 지불은 만기가 되며, 미래의 현재들은 항상 현재의 미래들과 구분된다는 조건이 유효하다. 그러니까 경제적인 시계열時系列, Zeitserie은 고정적이거나 등방성Isotropie을 띠지 않고, 경제적 결정들이 내려지는 환경은 시간의 흐름 속에서 중립적으로 머물지도 않고, 균질하게 머물지도 않으며, 연속적인 적응 반응을 요구한다. 미래가 — 리스크학적으로 — 현재의 결정들을 특징짓는 데에 더 많이 이용되면 될수록, 이 전략의 성공은 미래가 기대들에 (또는 가능성들의 기대 가능한 분포에) 부응하는 데에 더욱더 많이 좌우되게 된다. 그러면 미래와 그 미래들은 대체될 수 있는 리스크처럼 보일 수 있다. 하지만 "악마는 미래의 현재들이 현재의 미래와 반드시 일치할 필요가 없기를 원한다."[32] 언제나 생각과는 다른 것이 나타난다. 그리고 이것이 뜻하는 바는, 미래의 현재가 현실이 되자마자, 기대를 걸었고 한때 그 전망을 활용했던 미래와 그것의 차이 또한 현실화한다는 것이다. 이로써 다름 아닌 금융업의 시간적 순환구조가 자극을 받아서, 항상 기대했던 미래와는 다른 미래들이 현재로 되돌아온다. 이는, 엘레나 에스포지토Elena Esposito가 확언했듯이, 이른바 위기들 모두에서, 그러니까 가장 최근의 위기에서도 역시 분명히 드러났다. 이러한 이유로 모든 리스크 평가는 미래에 대한 현재의 평가에 기초하며, 이때 과거 데이터의 가공이 출발점이 된다. 이로부터 신용 대출 승인에 필요한 요소들이 획득되었다. 지급 불능률을 메꾸기 위한 부동산 가격의 상승은 이미 현재에 산입되어 있었다. 그 대신에 그 뒤로 가격이 하락하자, 다음과 같이 깨달을 수밖에 없었다. "비단 결정뿐만이 아니라 미래 구성에서도 생각을 잘못 했다. 왜냐하면 미래는 이제 아무런 가능성도 열어주지 않고 오로지 의무만 쌓아놓았기 때문이다. 다시 말하자면, 이제 더 이상 현실에 부합하지 않는, 그런데도 추가적인 비용을 들여야만 바뀔 수 있거나 아니면 전혀 바뀔 수 없는 프로젝트에 계속해서 돈을 내야만 한다."[33] 그러면 보장된 가능성의 공간으로서의 미래는 기대했던 것보다 더 많은 비용이 들었거나 아예 더 이상 존재하지 않게 되어 있다.

## 미래로부터의 귀환

그러나 이는 또한 우리가 그저 우연히 잘못 생각했고 잘못된 기대에 속았음을 뜻할 뿐만 아니라 우리가 확률이 높거나 기대할 만한 미래와는 다른 미래를 만들어내는 데에 그야말로 시종일관 이바지했음을 의미하기도 한다. 다시 말해서, "우리가 대비했던 것과는 다른 미래를 우리는 이용했다." 증권화의 보증 연쇄 역학이 바로 이러한 경우였다. 이때 말하자면 현재의 신용대출이 채권을 통해서, 채권이 채무자의 미래의 지급과 추가적인 파생상품들을 통해서 보장되었던 한, 최초의 지급 불능 경우들이 발생하고 이로 인해 기대 프로필이 달라져버리고 나자 순환 중인 신용대출이 여전히 미래 수익에 대한 전망을 대변하는지, 아니면 그저 빛바래고 근거 없어진 약속을 대변할 따름인지가 더 이상 분명하지 않았다.[34] 가용자본은 더 이상 순전한 허깨비와 분간될 수 없다. 우리는 무한히 지속되는 미래에 희망을 걸었지만 동시에 그 미래의 자원을 소모해 버렸고, 미래를 현재에 이용함으로써 현재에 사용할 수 있는 시간의 재고가 고갈되고 말았다. 여기에서는 현재가 미래에 의존하고 그 미래는 다시금 현재를 따르는 까닭에, 그리고 현재가 자기 자신이 촉진한 미래의 효과로서 표명되는 까닭에, 현재 안에 축적된 미래의 힘은 역설적인 방식으로 표현되었다. 미래 시간들의 부富가 현재의 수익에서 실현되었다. 자금 조달의 연쇄는 유동성의 지속적인 마련을 보장하거나 '보험'을 들지만, 여기저기서 이 보험 사고, 즉 지급 불능이 나타나자마자, 현재의 유동성의 감소와 더불어 가용한 미래 또한 부족해지고, 현재에 남아 있는 가능성의 여지 자체도 완전히 소모되고 만다. 이제 우리에게는 시간이나 미래가 그야말로 더 조금밖에 남아 있지 않다. 미래의 사건결과에 대한 보험 혹은 증권화는 통제 불가능한 우연성의 발발로서 되돌아왔고, 미래를 통제하거나 식민화하거나 탈-미래화하기 위한 기술들은 예측하지 못했던 방식으로 앞으로의 일을 지금 여기에서 사건으로 만들었다.[35] 독특한 종류의 망령이 아닐 수 없다. 다시 말해서, 자본의 유령은 항상 자기 자신의 미래로부터 되돌아온다.

그러니까 이러한 자금 조달 체계의 내부에서는 그리고 무한한 시간 자원이라는 조건 아래에서는 증권화의 논리와 그와 연동된 자본주의적 과정이 불확실성을 계산 가능한 확률로 부단히 전환하는 것을 신뢰하는 반면에, 체계 전체를 보게 되면 그 반대의 역학이 눈에 들어온다. 여기서는 미래의 현재들이 그것들이 지금의 현재에서 선취 — 그리고 선취의 선취 — 의 과정을 통해서 만들어졌다는 바로 그 이유 때문에 예상할 수 없어 보인다. 리스크의 취급이 극도로 위험해졌으며, 아마도 21세기 첫 10년의 금융경제적 구성물, 즉 최근의 이 자본주의적 혁신의 바람은 실제로 "완전한 실패"로 입증되었을 공산이 크다.[36] 그럼에도 불구하고 그것에서는 금융경제 체계의 논리와 자본주의 시장의 게임 방식이 매우 근본적으로 드러난다. 경제적 합리성이 불확실한 미래에 직면했을 때 결정을 순전한 리스크로, 그러니까 체계가 자신을 다루면서 행하는 계산 가능하며 구성적인 자기공정Eigeuleistung•으로 변환하는 전략을 따른다면,[37] 이러한 리스크 관리 자체가 체계의 리스크가 되기 시작했으며 전체 기능 면에서의 알려지지 않은 확률들을 높였다. 이는 리스크 부정이 리스크 긍정을 뜻하고 역으로 긍정이 부정을 뜻하는 위선적인 수행을 드러낸다. 체계의 내재적인 작동은 리스크와 불확실성의 차이를 지워버렸고, 이로써 그 차이가 특히 유효하게 만들었다. 불확실성, 즉 잠재된 미래는 여기에서 단순히 기대와 예측의 대상이 아니다. 그것은 오히려 지금의 현재 속으로 파고들며 영향을 미치고 그 진행 과정을 좌우한다. 미래의 불확실성은 바로 지금 당장 개입하는 그것이다. 이러한 조건 아래서는 내생적 시장과정이 비효율적이고 왜곡된 채 작동하며 그 순환은 정상적인 만큼이나 트라우마적으로 나타난다는 사실을 시인하지 않을 수 없을 법하다. 그리고 경제 이론은 모호한 전망으로 모호함 속에서 수행되며 기껏해야 "부정확한

---

• 사회학자 니클라스 루만(Niklas Luhmann, 1927~98)이 체계와 환경의 관계를 설명할 때 자주 사용하는 개념으로서, 체계는 환경을 그 자신만의 환경으로 구성하며 환경에 대한 개방조차도 체계의 자기 폐쇄를 통해 이루어지는데, 이러한 각 체계에 고유한 폐쇄적 작동을 '자기공정'이라 칭한다. 독일어 eigen-은 '고유'/'자기', Leistung은 '능력'/'성과'로 주로 번역되나 체계이론의 맥락을 살리기 위해 '자기공정'으로 옮겼다.

것의 학문"밖에는 기대할 수 없다는 사실을 자인한다. 그러므로 명민한 주식 중개인과 거래자들이 때때로 스토아적 피정避靜을 해보고 서로에게 세네카의 『도덕에 관한 편지』를 추천한다는 사실은 결코 놀랍지 않다.[38]

이는 이른바 위기들에 특별한 사건 포맷 하나를 부여한다. 위기를 일반적으로 경험공간과 기대지평의 혼란이나 — 한스 블루멘베르크Hans Blumenberg처럼 — "시간 와해의 체험 가능성"[39]이라고 이해하고자 했다면, 금융경제의 위태로운 동역학은 서로 다른 시간질서들을 거부함으로써 구조화된다. 말하자면 금융시장이 현세적 지속성을 추구하는 반면에, 그리고 그 주체들이 자기 자신들의 유한성을 초월하기를 꿈꾸고 자본 자체도 시간이 가진 미지의 힘들을 이겨내고 길 위의 장애물들을 제한 없는 미래 속으로 제거해 버리기를 요구하는 반면에, 이러한 이재학적 노력은 항상 산정된 지속 기간, 고정된 기한, 만기에 달한 지불로 인해서, 즉 유한한 역사적 기간의 성가심으로 인해서 괴롭힘을 당한다. 경제적 시간은 무제한적이고, 비어 있고, 불확정적이며, 선취적이고, 추상적이지만, 역사적 시간은 채워져 있고, 구체적이고, 확정적이고, 돌이킬 수 없으며, 제한되어 있다. 그러므로 역사적 시간의 영고성쇠가 경제적 시간질서의 체제와 잘 부합하지 않는 만큼이나, 자본주의적 과정들의 한계를 벗어난 시간요구는 유한한 사물과 존재들의 실존 안에까지 잘 미치며 그곳에서 미래의 압력으로서 표명된다. 미래의 힘은 절박해지고, 현재에서 주장을 펴며, 체험되어 온 그리고 체험 가능한 기한들을 담보로 삼아서 존재감을 드러낸다. 그러므로 비단 어떻게 시간의 힘이 경제적 행동들과 사건연쇄들을 코드화하고 그 역동성에 방향을 설정하는지에 대한 물음뿐만 아니라 어떻게 그 힘이 제한된 지속 기간과 유한한 여건들의 시간패턴과 연루되는가에 대한 물음 또한 결정적이다.

## 경정론의 종말

이로써 동시에 이미 오래전에 만기가 지난 경정론의 종말이 표시된다. 개인들의 신뢰할 수 없는 행동방식들이 시장 메커니즘을 거치며 이성에 도달하리라는 것이 오랫동안 기대되어 왔던 반면에, 이제는 금융시장이 모든 시장의 시장으로서 합리적인 결정 과정들을 통해 체계적으로 비이성을 생산해 내도록 작동한다는 점을 시인해야만 한다. 도덕철학과 우주론이라는 경정론의 이중적인 유래는 비단 정치경제학의 과학적 자기이해뿐만 아니라 사회적 조절의 형상eídos으로서의 시장이라는 이미지에도 동기를 부여했다. 이는 시장 형태를 이론적으로 정당화하면서도 시장에 대한 이론적 지식을 규범적으로 특권화하는 수단이 되었던 정당화의 순환을 낳았다. 허공에 떠다니는, 스스로에 기초하는 이 이론구성체는 오로지 스스로 조절하고 스스로 최적화하며 마침내 마찰 없이 작동하는 역동성이라는 가정을 통해서만 함께 결속된다. 아니면 다름 아닌 "순수한 경제 이론은 물리-수학 분야 학문들을 모든 면에서 닮아 있는 학문이다"라는 주장을 통해서나 말이다.[40] 이 이론구성체는 정치경제학적 지식의 핵심에 놓여 있는 오래된 전설들에 아직도 여전히 영감을 불어넣는다. 다시 말해서, '순수한' 경제적 사실관계들이 존재한다는, 이것들이 하나의 일관적 체계로 짜 맞추어진다는, 이 체계가 효율적으로 기능한다는, 그리고 이 모든 것들이 다 함께 하나의 진화 과정, 즉 단순한 수요 상태에서 시작해서 시장과 상거래, 화폐경제를 거쳐 전세계적인 금융 '질서'로까지 치고 올라오는 진화 과정을 따른다는 전설들 말이다. 만약 정치경제학이 자신이 그 전문지식임을 스스로 증명하는 — 도처에서 들리는 경쟁의 소음에서부터 현재의 금융경제 체계에까지 이르는 — 그러한 경제적 여건들을 실제로 창출해 내지 않았더라면, 이는 어렵지 않게 이데올로기로 판별될 수 있었을 것이다.

하지만 이 전설들의 견고함은 심지어 건강한, 즉 사업에 적합하게 조율된 편인 인간 오성마저도 성장이 일거리를 창출하고 민영화가 생계 수준을 개선하며 시장이 공정한 경쟁 위에 세워졌고 경쟁 자체가 복지 효과의 보편적인 분배에 이바지한다는 점을 의심하기 시작했을 때 더욱 놀라움을 안겨준다. 이미 마르크스나 막스 베버 이후로 자본주의적 과정에 내포된 합리적 비합리성의 수수께끼에 자극되어 정치경제학의 비판이 촉진되었고, 이에 따라 경정론의 종말은 경제학적 지식의 본성이 바뀌기를, 그것이 신의 섭리에 대한 오래된 애착에서 벗어나기를, 그리고 그것이 열려 있는 역사의 장으로 옮겨 가기를 요구한다. 이를 또한 경제적인 것의 탈이론화라고도 부를 수 있겠다. 이로써 경제적 실행들은 더 이상 균질적인 질서체계로서 나타나지 않고, 불확실성을 통제하고 위험을 선취하고 의사소통을 구조화하고 사람과 사물의 관계를 해석하고 권력적 이점과 수익 전망을 확보하기 위한 수단이 되는 다양한 문화 기술들의 집합체로서 나타난다. 그리고 이로써 일관된 체계발상들의 모델화로부터 발생 조건, 유래, 실제적인 실천 들의 이종성으로 시선을 돌리게 만드는 사실주의가 촉구된다. 자본주의는 사회적 섭리의 실현이 아니다. 그것은 그 어떤 역사철학적 임무도 떠맡지 않으며, 이런저런 방식으로 자기 자신에게 충실하게 남고 응집성을 유지하려고 애쓰지도 않는다. 자본주의는 스스로 소진되지 않을 것이고 뭔가 자연스러운 종말에 이르지도 않을 테지만, 그렇다고 부의 자연발생적이고 보편적인 분배를 보장하지도 않을 것이다. 그것은 스스로 굴러가지 않으며 스스로 재원을 마련하지도 않는다. 그러나 자본주의가 사회적·정치적 행동들을 통해서 유발되고 지지되고 유지되는 만큼이나, 그 실행의 장들의 실질적·규범적 경계에 대한 질문도 제기된다. 우리는 시장을 위기와 부진으로부터 보호할 수는 없지만, 시장에 대한 의존성을 줄일 수는 있다. 자산가치나 노동력, 건강, 교육, 천연자원들과 소비재는 하나의 동일한 시장논리에 따라 판매될 수 없다. 그것들은 모든 것을 (탈)제어하는 하나의 시장 메커니즘을 통해서 같은 정도로 '자본화'될 수 없다. 공유화Sozializierung를 통한 구제에 대한 금융산업계의 납득할 만한 최근의 열망 또한, 심지어 돈과 자본, 유동성조차도 단순히 사적인 목적을 위해서 사적인 소유자의 손에 맡겨진 사적인 재화가 아니라 공공의, 즉 모두에게 관련되고 모두를 움직이는 재화라는 점을 의도치 않게 입증해 보여주었다. 경제적 결정 과정의 효과들이 스스로 경제적 결정의 능력이 지닌 한계를 알려주었다.

시장과 자본은 단지 경제적 힘들의 응집력 있는 모음이기만 한 것이 아니다. 그것들은 오히려 사회적 장에 의존구조들을 조성하기 위한 코드를 좌지우지하는 응축된 사회적·정치적 권력이다. 경제적 신스콜라학파에게는 자유주의와 자본주의의 동맹이 기존과 마찬가지로, 곧 본원적인 "서구의 형이상학"으로 남아야겠지만,[41] 반면에 경제적 지식의 세속화에는 신 없는 경제, 섭리 없는 시장, 예정된 조화 없는 경제 체계들을 고려하는 것이 중요하다.[42] 이른바 자유주의는 단 한 번도 고삐 풀린 자유였던 적이 없고, 신의 섭리에 따른 구속의 의무를 지고 있었으며, 그것으로부터 규범적이며 규범을 세우는 특권에 대한 자신의 권리를 부여받았다. 그러한 까닭에 정치적 물음은 국가의 규제와 자유시장 사이의 양자택일이 아니라 경제적 불가지론Agnostizismus으로, 즉 정치경제학의 구속사救贖史, Heilsgeschicht적 잔재의 축소에서 정치경제학의 정치성을 인식해 내고 시장을 통한 실천이성의 실현을 믿지 않는 불가지론으로 제기된다.

자본주의의 위험천만한 결정 과정들의 결과들을 그 결정에 관여하지 않은 사람들도 느끼게 되는 것이 자본주의적 경제의 독특성에 속하는 까닭에, 그리고 위험Gefahr은 자기가 하거나 하지 않은 행위에 귀인될 수 없다는 점을 통해서 리스크와 구분되는 까닭에, 경제적 체계 리스크와 계산 가능한 손실 사례 들은 그 모든 의존성에도 불구하고 아무런 결정권도 없는 사람들 다수에게 원초적인 위험으로 변하고 말았다. 바로 여기에서, 우리가 정상적인 작동 과정에서 관여했던 리스크는 합리적 계산의 가능성을 넘어서 버리고, 아마도 우리는 이런 식으로 작동하는 사회가 "자기 자신에 대해 겁"을 먹는다는 것을 이상하게 생각할 필요가 없을 것이다.[43] '금융화'의 과정은 사회의 재생산을 자본의 재생산 형식들에 묶어놓았다. 그것들과 더불어 경제적 리스크 상황에 대한 사회적·정치적 질서들의 적응이 일종의 대규모 실험으로서 시도되었다. 그리고 바로 그러한 까닭에 우리가 체계적인 자금 조달 약속으로 스스로를 믿을 수 없는 미래perfidious future(케인스)에 옭아맸을 가능성을 배제할 수 없어 보인다.

자동안전장치Sicherheitsautomatismus는 위험을 보지 못하게 했고, 손실 사례들은 리스크의 상업화를 통해서 무한하게 비싸거나 아예 지급 불가능하게 만들어져버렸다.

현대의 대비사회Vorsorgungsgesellschaft들이 한때 위험의 리스크로의 변환과 우연의 제어를 통해 형성되었다면, 이제는 우연성과 위험, 고삐 풀린 사건들의 폭풍이 티케týchē•나 태곳적 형체를 띤 우연으로서, 즉 불규칙적이고 무형이며 알지 못함Nicht-Wissen에 의해 변주되어 이 사회들의 한가운데로 되돌아왔다. 금융시장에서의 경쟁 행태들이 — 우리는 적어도 이 정도는 알고 있다 — 자동으로 공익을 가져다주지는 않는다. 흥미로운 사업 모델이 도움이 되는 사회적 프로그램은 아니며, 작금의 국민경제는 과연, 그리고 얼마나 오래 자신의 자본주의적 기능발상들과 구조들에 대한 자금 조달을 감당할 수 있느냐는 질문에 전적으로 직면해 있다. 금융자본에서는 자본의 독특한 성격이 보편적이 되고 자본이 단일한 권력으로서 사회의 삶의 과정들을 결정한다고 가정해 볼 때, 자본과 더불어 옛 주권적 인물Souveränitätsfigur들의 변덕과 위험성 또한 가장 현대적인 조건들 아래 되돌아왔다. 불확실성은 신비로워졌고, 그 비구속성과 무법칙성 면에서 운명처럼 되어버리는 결정들을 내린다. 이것이 작금의 금융경제적 격변의 시대, 자본주의적 코스모폴리스의 상황을 각인한다. 그리고 이것이 우리 사회가 자금을 대고 들어선, 불투명하고 야생적인 놀람의 공간Überraschungsraum이다.

---

• 그리스 신화에서 운명의 여신으로, 어원은 운명 또는 우연이며, 특히 부와 번영을 주관한다.

# 주註

## 1장 | 검은 백조

1 Don DeLillo, *Cosmopolis*, New York 2003; 독일어 판: *Cosmopolis*, München 2005, 21(이후 이 번역이 — 이따금 약간의 차이를 띠고 — 텍스트에 쪽번호와 함께 인용될 것이다.); Honoré de Balzac, "Das Bankhaus Nucingen", *Das Bankhaus Nucingen. Erzählungen*, Zürich 1977, 8; 같은 저자, "Gobseck", 같은 책, 147, 155; Karl Marx, *Das Kapital*, Bd. 3, *MEW*, Berlin 1956ff., Bd. 15, 505; Edward Chancellor, *Devil Take the Hindmost. A History of Financial Speculation*, New York 2000, 262, 265; Süddeutsche Zeitung, 11.5.2010, 3. — 여기에 관해서, 그리고 이어지는 내용들에 관해서는 다음의 것들 또한 참조: David Cowart, "Anxieties of Obsolescence: DeLillo's *Cosmopolis*", Peter Freese/Charles B. Harris (Hg.), *The Holodeck in the Garden: Science and Technology in Contemporary American Fiction*, Normal/IL. 2004, 179~191; Nick Heffernan, "'Money Is Taking to Itself': Finance Capitalism in the Fiction of Don DeLillo from *Players* to *Cosmopolis*", *Critical Engagements: A Journal of Theory and Criticism* 1/2, 2007, 53~78; Per Serritslev Petersen, "Don DeLillo's *Cosmopolis* and the Dialectics of Complexity and Simplicity in Postmodern American Philosophy and Culture", *American Studies in Scandinavia* 37/2, 2005, 70~84; Jerry A. Varsava, "The Saturated Self: Don DeLillo on the Problem of Rogue-Capitalism", *Contemporary Literature* 46/1, 2005, 78~107.

2 Karl Marx/Friedrich Engels, *Manifest der Kommunistischen Partei*, *MEW*, Bd. 4, 458~493; Joseph Schumpeter, *Kapitalismus, Sozialismus und Demokratie*, Tübingen [6]1950, 136~138;

Jean Baudrillard, *Der symbolische Tausch und der Tod*, München 1991, 15~68; Luc Boltanski/Éve Chiapello, *Der neue Geist des Kapitalismus*, Konstanz 2003, 39, 79ff., 404ff.; Jeremy Rifkin, *Access. Das Verschwinden des Eigentums. Warum wir weniger besitzen und mehr ausgeben werden*, Frankfurt/M. u.a. 2000, 44~76.

3 Stefan Altdorfer (Hg.), *History of Financial Disasters, 1763~1995*, Bd. 3, London 2006, 276~277.

4 Georg Wilhem Friedrich Hegel, *Vorlesungen über Ästhetik III, Werke*, Bd. 15, Frankfurt/M. 1970, 340~341, 364, 378, 384.

5 DeLillo, *Cosmopolis*, 66, 162, 203. — '아목', '화병', '수스토'의 정신병리학적인 분류에 대해서는 다음 참조. *Diagnostic and Statistical Manual of Mental Disorders(DSM-IV-TR)*, hg. v. American Psychiatric Association, Washington [4]2000(Appendix I: Outline for Cultural Formulation and Glossary of Culture-Bound Syndromes).

6 Joel Kurtzman, *The Death of Money. How the Electronic Economy Has Destabilized the World's Markets and Created Financial Chaos*, New York 1993, 17; Rifkin, *Access*, 51.

7 증권거래인이자 수학자 나심 니콜라스 탈레브가 다음의 책에서 그렇게 말했다. Nassim Nicholas Taleb, *Narren des Zufalls. Die verborgene Rolle des Glücks an den Fianazmärkten und im Rest des Lebens*, Weinheim 2008, 160.

8 Nassim Nicholas Taleb, *The Black Swan. The Impact of the Highly Improbable*, New York 2007, XVII~XVIII.

9 Jacques Attali, *La Crise et aprés?*, Paris 2009, 53.

10 Justin Fox, *The Myth of the Rational Market. A History of Risk, Reward, and Delusion on Wall Street*, New York 2009, XI~XII 재인용.

11 예컨대 1987년의 붕괴 뒤에 이 사건은 가격 변동이 통계적 정규분포를 따르는 세계에서 $10^{-160}$의 발생확률을 보였어야만 한다고 계산된 바 있다. 그러므로 투자자들은 이 사건을 수십억 곱하기 10억 년 뒤의 미래에나 예상할 수 있었다(Fox, *The Myth of the Rational Market*, 233 참조). — 다음도 참조. Paul Krugman, *The Accidental Theorist*, New York 1998, 158; Robert Brenner, *Boom & Bubble. Die USA in der Weltwirtschaft*, Hamburg 2003, 308.

12 Paul Krugman, "How Did Economists Get It So Wrong", *New York Times*, 2. 9. 2009 참조.

13 Daniel Defoe, "The Anatomy of Exchange Alley"(1719), *Political and Economic Writtings of Daniel Defoe*, Bd. 6: *Finance*, hg. v. John McVeage, London 2000, 129~156; Charles MacKay, *Extraordinary Popular Delusions, and the Madness of Crowds*(1841/1852), New York 1980; Robert J. Schiller, *Irrational Exuberance*, Princeton [2]2005. — 이에 대해서는 다음 참조. Urs Stäheli, *Spektakuläre Spekulation. Das Populäre der Ökonomie*, Frankfurt/M.

2007.

14 M.F.M. Osborne, *The Stock Market and Finance from a Physicist's Viewpoint*, Bd. 1: *Market Making and Random Walks in Security Data*, Temple Hills/Madison 1977, 4, 22, passim.

15 Michael Henochsberg, *La place du marché. Essai*, Paris 2001, 212~215.

16 Robert B. Edwards/John Magee, *Technical Analysis of Stock Trends*(1947), Springfield [9]1961, 1~11; Fox, *The Myth of the Rational Market*, 68; John J. Murphy, *Intermarket Technical Analysis. Trading Strategies for the Global Stock, Bond, Commodity, and Currency Markets*, New York u.a. 1991, 39, 275ff.; Friedrich Nagler, *Timing-Probleme am Aktienmarkt. Ein Vergleich von Strategien der Random Walk Hypothese, der Formelanlageplanung und der technischen Analyse*, Köln 1979, 25ff.

17 Benoit B. Mandelbrot/Richard L. Hudson, *Fraktale und Finanzen. Märkte zwischen Risiko, Rendite und Ruin*, München [3]2009, 373에서 재인용.

18 Immanuel Kant, "Über das Misslingen aller philosophischen Versuche in der Theodizee", *Werke*, hg. v. Wilhelm Weischedel, Wiesbaden 1964ff., Bd. 6, 105.

## 2장 | 시장의 목가 I

1 Thomas Hobbes, *Vom Menschen. Vom Bürger. Elemente der Philosophie II/III*, hg. v. Günther Gawlick, Harnburg[2] 1967, 67~68.

2 Peter Sloterdijk, *Im Weltinnenraum des Kapitals. Für eine philosophische Theorie der Globalisierung*, Frankfurt/M. 2005, 79.

3 Immanuel Kant, "Idee zu einer allgemeinen Geschichte in weltbürgerlicher Absicht", *Werke*, Bd. 6, 37; "Zum ewigen Frieden", 같은 책, 224; Samuel Pufendorf, *Die Gemeinschaftspflichten des Naturrechts. Ausgewählte Stücke aus "De officio Hominis et Civis"* (1673), Frankfurt/M. 1943, 9ff. 참조

4 Bernard Mandeville, *Die Bienenfabel oder Private Laster, öffentliche Vorteile*, Frankfurt/M. 1980, 147ff.

5 이에 대해, 그리고 이어지는 논의들에 대해서는 다음을 참조. Albert O. Hirschman, *Leidenschaften und Interessen. Politische Begründungen des Kapitalismus vor seinem Sieg*, Frankfurt/M. 1980, 23~57; Michel Foucault, *Geschichte der Gouvernementalität II. Die Geburt der Biopolitik. Vorlesungen am Collège de France 1978~1979*, Frankfurt/M. 2004, 73ff., 367ff.

6 Claude Adrien Helvetius, *De l'esprit*, Paris 1758, 53: "Si l'univers physique est soumis aux

loix du mouvement, l'univers moral ne l'est pas moins à celle de l'interest."

7 Joannes Sambucus, *Emblemata et aliquot nummi operis*, Antwerpen 1566 (Nachdruck Hildesheim u.a. 2002), 139.(이 책을 알려준 Jason Papadimas에게 감사를 표한다.)

8 Amartya Sen, "Rational Fools: A Critique of the Behavioral Foundations of Economic Theory", Tracy B. Strang (Hg.), *The Self and the Political Order*, New York 1992, 121.

9 Immanuel Kant, "Anthropologie in pragmatischer Hinsicht", *Werke*, Bd. 6, 415.

10 예컨대 다음 저작을 참조. Isaak Iselin, *Versuch über gesellige Ordnung*, Basel 1772, 63: 섭리는 "다양한 이익 간의 다툼을 통해 공익이 생산되게끔" 사물들을 배치해 두었다.

11 Adam Smith, *Der Wohlstand der Nationen. Eine Untersuchung seiner Ursachen und seiner Natur*, hg. v. H.C. Recktenwald, München 1978, 371, 17.

12 Joseph Glanvill, *The Vanity of Dogmatizing: or Confidence in Opinions. Manifested in a Discourse of the Shortness and Uncertainty of our Knowledge, and its Causes; With some Reflections on Peripateticism; and an Apology for Philosophy*, London 1661, 180; Stefan Andriopoulos, "The Invisible Hand: Supernatural Agency in Political Economy and the Gothic Novei", ELH 66, 1999, 741에 따라 인용.(이 책에서 이 뒤로 이어지는 숙고들도 이 저작으로 계속해서 소급된다.)

13 Adam Smith, "The Principles Which Lead and Direct Philosophical Enquiries: Illustrated by the History of Astronomy", *The Early Writings*, London 1967, 48~49; Andriopoulos, "The Invisible Hand", 740에 따라 인용; Syed Ahmad, "Adam Smith's Four Invisible Hands", *History of Political Economy* 22:1, 1990, 137~144 참조 — "보이지 않는 손"의 신학적 근원과 섭리주의에 대해서는 다음을 참조. Giorgio Agamben, *Herrschaft und Herrlichkeit. Zur theologischen Genealogie von Ökonomie und Regierung*, Frankfurt/M. 2010, 332~342.

14 Adam Smith, *Theorie der ethischen Gefühle*, hg. v. W. Eckstein, Hamburg 1994, 316~317.

15 Johann Wolfgang von Goethe, *Wilhelm Meisters Lehrjahre*, *Werke*, Bd. 7, hg. v. E. Trunz, München [13]1981, 388~393.

16 Julius Graivon Soden, *Die Nazional-Oekonomie. Ein philosophischer Versuch, über die Quellen des Nazional-Reichthums, und über die Mittel zu dessen Beförderung*, Bd. 3, Leipzig 1808, 6; Johann Georg Büsch, *Abhandlung von dem Geldumlauf in anhaltender Rücksicht auf die Staatswirtschaft und Handlung*, Bd. 1, Hamburg u.a. 1780, 173.

17 Charles-Louis de Montesquieu, *Vom Geist der Gesetze*, Bd. 2, hg. v. Ernst Forthoff, Tübingen [2]1992, 2. — Karl Marx, "In der sanften politischen Ökonomie herrschte von jeher die Idylle"(*Das Kapital*, Bd. 1, *MEW*, Bd. 23, 742) 참조.

18 Milton Friedman, "Free to Choose", Pierre Rosanvallon: *Le Libéralisme économique. Histoire*

*de l'idée de marché*, Paris 1989, V.; Friedman, *Capitalism and Freedom*, Chicago $^{2}$1982, 13, 133.

19 François Quesnay, "Droit naturel", Louis Dumont: *Homo aequalis. Genèse et épanouissement de l'idéologie économique*, Paris 1977, 53에 따라 인용; Georg Andreas Will, *Versuch über die Physiokratie*, Nürnberg 1782, 3.

20 Foucault, *Geschichte der Gouvernementalität II*, 94~95.

21 Ferdinando Galiani, *De la monnaie*(1751), hg. v. G.-H. Bousquet u. J. Crisafulli, Paris 1955, 65; 같은 저자, *Dialogues sur le commerce des bleds*, London 1770, 145, 235~236.

22 Anne-Robert Jacques Turgot, "Réflexions sur la formation et la distribution des richesses", Écrits économiques, Paris 1970, 123ff.; David Hume, *Nationalökonomische Abhandlungen*, Leipzig 1877, 44; Galiani, *Dialogues*, 145.

23 Horst Claus Recktenwald, "Würdigung des Werks", Smith, *Wohlstand der Nationen*, LVI; Friedrich August von Hayek, *The Trend of Economic Thinking. Essays on Political Economists and Economic History, Collected Works of F.A. Hayek*, Bd. 3, Indianapolis 1991, 120.

24 Smith, *Wohlstand der Nationen*, 51.

25 Jean-Claude Perrot, *Une histoire intellectuelle de l'économie politique(XVIIe~XVIIIe siècles)*, Paris 1992, 245; Kenneth J. Arrow, *General Equilibrium*, Oxford 1983, 107~132. — 해석역학과 정치경제학 사이의 관계에 대해서는 다음을 참조. M. Norton Wise, "Work and Waste. Political Economy and Natural Philosophy in Nineteenth Century Britain (I)". *History of Science* 27, 1989, 274~275.

26 Rosanvallon, *Libéralisme économique*, 41, 70.

## 3장 | 자본의 시간

1 Karl Pribram, *Geschichte des ökonomischen Denkens*, Frankfurt/M. 1992, 1137~1143, 1148~1152; Philip Mirowski, "The Rise and Fall of the Concept of Equilibrium in Economic Analysis", *Recherches Economiques de Louvain* 55/4, 1989, 447~468 참조.

2 Kenneth J. Arrow/F.H. Hahn, *General Competitive Analysis*, San Francisco 1971, VI~VII; Milton Friedman, "The Methodology of Positive Economics", *The Essence of Friedman*, hg. v. Kurt K. Leube, Stanford 1987, 154~156. — 경제 담론의 '경제'에 대해서는 Jakob Tanner, "'Kultur' in den Wirtschaftswissenschaften und kulturwissenschaftliche Interpretationen ökonomischen Handelns", *Handbuch der Kulturwissenschaften. Themen und Tendenzen*, Bd. 3, hg. v. Friedrich Jaeger u. Jörn Rüsen, Stuttgart u.a. 2004, 203, 220 참조.

3 Andreas Langenohl, *Finanzmarkt und Temporalität. Imaginäre Zeit und kulturelle Repräsentation der Gesellschaft*, Stuttgart 2007, 82~86.

4 Immanuel Kant, "Der Streit der Fakultäten", *Werke*, Bd. 6, 351.

5 이것과 다음의 것에 대해서는 Friedrich A. von Hayek, *Der Wettbewerb als Entdeckungsverfahren*, Kieler Vorträge gehalten am Institut für Weltwirtschaft an der Universität Kiel, *Neue Folge* 56, Kiel 1968 참조. — 하이에크의 카탈락시(그리스어 katallatein, 교환하다, 거래하다, 공동체에 받아들이다에서 유래) 개념에 대해서는 Philip Batthyány, *Zwang als Grundübel der Gesellschaft?*, Tübingen 2007, 32~34 참조.

6 리카도 추종자 James R. McCullogh, *The Principles of Political Economy*, Edinburgh 1825에 따름. Wise, "Work and Waste (I)", 277에서 재인용.

7 이에 대해서는 Foucault, *Geschichte der Gouvernementalität II*, 170~174 참조. (특히 프라이부르크학파의) 경제 이론과 후설의 직관적 환원의 관계에 대해서는: 같은 책, 172~173, 184.

8 Friedman, "Methodology of Positive Economics", 154.

9 이에 대해서는 일반적으로 다음 참조. Philip Mirowski, *More Heat than Light. Economics as Social Physics, Physics as Nature's Economics*, Cambridge/MA u.a. 1989; 같은 저자, *Machine Dreams. Economics Becomes a Cyborg Science*, Cambridge/MA u.a. 2002; Wise, "Work and Waste (I~II)", *History of Science* 27, 1989, 263~301, 392~449; Fox, *The Myth of the Rational Market*, 6~10; Pribram, *Geschichte des ökonomischen Denkens*, 521~531, 535~541, 576~586; Osborne, *The Stock Market from a Physicist's Viewpoint*, passim; Joseph Vogl, "Kreisläufe", Anja Lauper (Hg.), *Transfusionen. Blutbilder und Biopolitik in der Neuzeit*, Berlin u.a. 2005, 99~118.

10 F.S.C. Northrop, "The Impossibility of a Theoretical Science of Economic Dynamics", *The Quarterly Journal of Economics* 56/1, November 1941, 1~17; Mirowski, "The Rise and Fall of the Concept of Equilibrium", 449~452.

11 Arrow/Hahn, *General Competitive Analysis*, V; Franklin M. Fisher, *Disequilibrium Foundations of Equilibrium Economics*, Cambridge/MA u.a. 1983, 3~5 참조.

12 George Sorros, *Die Krise des globalen Kapitalismus. Offene Gesellschaft in Gefahr*, Berlin [4]1999; Fox, *The Myth of the Rational Market*, 232에서 Robert Shiller 재인용; János Korani, *Anti-Equilibrium. On Economic Systems Theory and the Tasks of Research*, Amsterdam u.a. 1971, XV~XVI; Jacques Sapir, *Les trous noirs de la science économique. Essay sur l'impossibilité de penser le temps et l'argent*, Paris 2000, 45ff. 참조.

13 Henri Pirenne, *Sozial- und Wirtschaftsgeschichte Europas im Mittelalter*, Bern 1947, 177ff.; Michael North (Hg.), *Kredit im spätmittelalterichen und frühzeitlichen Europas*, Köln u.a.

1991; Michael Hutter, *The Emergence of Bank Notes in the 17th Century* (Typoskript) 참조.

14 Joseph Addison, *The Spectator*, hg. v. D.F. Bond, Oxford 1965, 14~17.

15 Helma Houtman-De Emendt/Hermann van der Wee, "Die Geschichte des modernen Geld- und Finanzwesens Europas in der Neuzeit", *Europäische Bankengeschichte*, hg. v. Hans Pohl, Frankfurt/M. 1993, 156~163; Eva Schuhmann-Bacia, *Die Bank von England und ihr Architekt John Soane*, Zürich 1989, 29~31 참조.

16 〔Anonym〕, "Entwurf der Ephemeriden der Menschheit", *Ephemeriden der Menschheit oder Bibliothek der Sittenlehre und der Politik* 1(1776), 2; William Petty, *The Economic Writings*, Bd. 2, Cambridge/MA 1899, 446 참조.

17 Daniel Defoe, "An Essay on Publick Credit"(1710), *Political and Economic Writings*, hg. v. W.R. Owens u. P.N. Furbank, Bd. 6: *Finance*, hg. v. John McVeagh, London 2000, 53~56. — 계몽주의 시대 화폐 이론에서 화폐 상징, 가치토대, 유통, 균형의 관계에 대해서는 Joseph Vogl, *Kalkül und Leidenschaft, Poetik des ökonomischen Menschen*, Berlin u.a. 32009, 120~123, 224~233 참조.(이어지는 묘사는 광범위하게 이 연구로 소급된다.)

18 〔Anonym〕, *Geschichte der Bank von England von ihrer Entstehung bis auf den heutigen Tag*, Bremen 1797, 1, 43, 48, 80; David Ricardo, *Die Grundsätze der politischen Ökonomie oder der Staatswirtschaft und der Besteurung*, Weimar 1821, 503(여기에서 Jean Baptiste Say의 언급); Henry Thornton, *Der Papier-Credit von Großbritannien. Nach seinen Wirkungen untersucht*, Halle 1803, 511.

19 Joseph Alois Schumpeter, *Geschichte der ökonomischen Analyse*, Göttingen 1965, 406.

20 Adam Müller, *Elemente der Staatskunst*, Bd. 1, hg. v. J. Baxa, Leipzig 1922, 434~435. — 또한 Adam Müller, "Londoner Bank", *Allgemeine deutsche Realenzyklopädie für die gebildeten Stände(Conversations-Lexikon)*, Bd. 6, Leipzig 71827, 656~661 참조.

21 나중에 나폴레옹의 자문이 된 은행가 몰리앙 백작의 말이다. Charles Rist, *Geschichte der Geld- und Kredittheorien von John Law bis heute*, Bern 1947, 71에서 재인용.

22 〔Anonym〕, "Über den neuesten Finanzzustand Frankreichs", *Berlinische Monatsschrift* 16, 1790, 8; 〔Anonym〕, *Examen comparatif des deux mondes. Proposés pour liquider la dette, les quittances, ou les assignats*, Paris 1790, 16; Marie Jean Antoine Condorcet, *Sur la proposition d'acquitter la dette exigible en assignats*, Paris 1790, 13f.; Edmund Burke, *Discours sur la monnaie de papier et sur le systéme des assignats de France*, Paris, September 1790, 4, 11; François d'Ivernois, *Geschichte der französischen Finanzadministration im Jahr 1796*, übers. und bis Ende April 1797 fortgeführt v. F. Gentz, Berlin 1797, XIII 또한 참조.

23 François Véron de Forbonnais, *Observations sussintes sur l'Emission de deux millards d'Assignats territoriaux, avec un cours forcé de monnaie*, o.O. o.J., 1; Burke, *Discours sur la*

*monnaie de papier*, 4f.; Antoine Laurent de Lavoisier, *Réflexions sur les Assignats et sur la liquidation de la dette exigible ou arrièrée*, o.O. o.J., 11f. 참조. — 비례법칙 및 수량이론에 따른 이 화폐정책에 대해서는 다음 참조. Julian Borchardt, *Das Papiergeld in der Revolution 1797~1920*, Berlin 1921, 20.

24 재정전문가 Baron de Cernon이 1789년 11월에 아시냐 발행 문제에 대한 연설에서 이렇게 말했다. Jean Morini-Comby, *Les Assignats. Révolution et inflation*, Paris 1925, 16f.에서 재인용; Marie Jean Antoine Condorcet, *Nouvelles réflexions sur le projet de payer la dette exigible en papier forcé*, o.O. o.J., 1ff. 참조.

25 Edmund Burke, *Betrachtungen über die französische Revolution*, Bd. 2, Berlin 1793, 37ff.; Condorcet, *Sur la proposition*, 31ff.; d'Ivernois, *Geschichte der französischen Finanzadministration*, XX.

26 Thornton, *Der Papier-Credit*, 149.

27 Karl Munk, *Zur Geschichte und Theorie der Banknote mit besonderer Rücksicht auf die Lehren der klassischen Nationalökonomie*, Bern 1896, 44ff.

28 Johann Friedrich Reitemeier, *Neues System des Papiergeldes und des Geldwesens beim Gebrauch des Papiergeldes in zwey Abhandlungen*, Kiel 1814, 34f.

29 Friedrich Gentz, "Über die österreichische Bank", *Schriften*, Bd. 3/2, hg. v. G. Schlesier, Mannheim 1839, 297; Thornton, *Der Papier-Credit*, 121. — 최초의 신용 이론의 발생에 대해서는 다음 참조. Rist, *Geschichte der Geld- und Kredittheorien*, 346; 그리고 손턴을 통해 표시되는 화폐 이론의 "새 시대"에 대해서는 다음 참조. Hayek, *Trend of Economic Thinking*, 321.

30 Adam Müller, *Versuche einer neuen Theorie des Geldes mit besonderer Rücksicht auf Großbritannien*, Leipzig u. Altenberg 1816, 87. — 이에 대해서는 다음 참조. Talcott Parsons, *Zur Theorie der sozialen Interaktionsmedien*, hg. v. S. Jensen, Opladen 1980, 98ff.; Niklas Luhmann, *Die Wirtschaft der Gesellschaft*, Frankfurt/M. 1994, 134.

31 Thornton, *Der Papier-Credit*, 353ff.

32 Rist, *Geschichte der Geld- und Kredittheorien*, 86f.

33 Daniel Defoe, *The Chimera: or, The French Way of paying National Debts Laid Open*, London 1720, 6 참조; John Vernon, *Money and Fiction. Literary Realism in the Nineteenth and Early Twentieth Century*, Ithaca u. London, 1984, 17f., 37 참조.

34 Müller, *Elemente der Staatskunst*, Bd. 1, 353. — 이에 대해서는 다음 참조. Ethel Matala de Mazza, *Der verfasste Körper. Zum Projekt einer organischen Gemeinschaft in der Politischen Romantik*, Freiburg i. Br. 1999, 331~339.

35 Marx, *Das Kapital*, Bd. 1, *MEW*, Bd. 23, 782, 163~167; Rudolf Hilferding, *Das*

*Finanzkapital. Eine Studie über die jüngste Entwicklung des Kapitalismus*, Berlin [2]1995, 62~68; Fredric Jameson, "Culture and Finance Capital", *Critical Inquiry* 24/1, 1997, 246~265. — 16세기 네덜란드의 국가 채무용 자금 조달로 이미 소급될 수 있는, 채무 및 이와 연계된 금융기술적 혁신들의 유통성에 대해서는 다음 참조. Altdorfer (Hg.), *History of Financial Desasters*, XXVII.

36 Adam Müller, *Elemente der Staatskunst*, Bd. 1, 435, Bd. 2, 104~105; "Versuche einer neuen Theorie des Geldes", 97; "Zeitgemäße Betrachtungen über den Geldumlauf(1816)", *Ausgewählte Abhandlungen*, hg. v. J. Baxa, Jena 1931, 55; Thornton, *Der Paper-Credit*, 30ff. — 여기에서 또한 금융자본주의가 자신을 제도화하는 수단이 되는 허구 행위들 또는 권능 부여 허구(enabling fiction)들에 관해 말할 수도 있겠다. 다음을 참조. Andreas Langenohl, "Die Sinndimension der Markt-Zeit. Zum Verhältnis zwischen der Operationsweise von Finanzmärkten und ihren (Selbst-)Darstellungen", Andreas Langenohl/Kerstin Schmidt-Beck (Hg.), *Die Markt-Zeit in der Finanzwirtschaft. Soziale, kulturelle und ökonomische Dimensionen*, Marburg 2007, 2.

37 시간, 기대, 불확실한 미래의 요소들을 통해서 비단 고전적인 균형 구상들뿐만 아니라 경제적 내지 경험적 지식의 위상 자체가 문제시되는 방식에 대해서는 다음 글 참조. Friedrich A. von Hayek, "Economics and Knowledge", *Economia*, New Series 4/13, Februar 1934, 33~54.

## 4장 | 시장의 목가 II

1 이는 특히 19세기 중엽 이후로 금융정책 논쟁들의 연출을 규정해 온 은행업/통화 논란에 해당된다. John Hicks, *Critical Essays in Monetary Theory*, Oxford 1967, VII~VIII 참조.

2 Fred L. Block의 다음 평가 참조. Block, *The Origins of International Economic Disorder. A Study of United States International Monetary Policy from World War I to the Present*, Berkeley u.a. 1977, 5~6.

3 Chancellor, *Devil Take the Hindmost*, 236; Filippo Cesarano, *Monetary Theory and Bretton Woods. The Construction of an International Monetary Order*, Cambridge/MA 2006, X; Richard Tilly, *Geld und Kredit in der Wirtschaftsgeschichte*, Stuttgart 2003, 190; Milton Friedman, *The Essence of Friedman*, 379, 501 참조.

4 이에 대해서는 다음 참조. Barry Eichengreen, *Vom Goldstandard zum Euro. Die Geschichte des internationalen Währungssystems*, Berlin 2000, 45~46; Angela Redish, "Anchors Aweigh: The Transition from Commodity Money to Fiat Money in Western Economies", *The*

*Canadian Journal of Economics* 26/4, November 1 993, 777~795.

5 이에 대한 방대한 문헌의 대표로서 다음 참조. A.L.K. Acheson u.a. (Hg.), *Bretton Woods Revisited. Evaluations of the International Monetary Fund and the International Bank for Reconstruction and Development*, Toronto 1972; Eichengreen, *Vom Goldstandard zum Euro*, 132~182; Eichengreen, *Global Imbalances and the Lessons of Bretton Woods*, Cambridge/MA 2007; Block, *The Origins of International Economic Disorder*, 193~199; Richard Tilly, *Geld und Kredit in der Wirtschatsgeschichte*, Stuttgart 2003, 186~194; Brenner, *Boom & Bubble*, 41~63; Cesarano, Monetary Theory.

6 Friedman, *The Essence of Friedman*, 501. 이러한 경제의 "탈근대적 단절"(rupture postmoderne)에 대해서는 다음 참조. Jean-Joseph Goux, "Spéculations fatales. La crise économique de 2008", *Esprit* 350, Dezember 2008, 45; Cesarano, *Monetary Theory and Bretton Woods*, IX, 189; David Harvey, *The Condition of Postmodernity. An Enquiry into the Origins of Cultural Change*, Oxford 1989, 121 ff.

7 Milton Friedman, "The Need for Futures Markets in Currencies", 189, *The Futures Market in Foreign Currencies. Papers by Milton Friedman and others Prepared for the International Monetary Market of the Chicago Mercantile Exchange*, Chicago 1972, 6~12. 다음도 참조. 같은 저자, *Essays in Positive Economics*, Chicago u.a. 1966, 176; *Capitalism and Freedom*, Chicago 1962, 67ff.; 같은 저자/Robert V. Roosa, *The Balance of Payments: Free versus Fixed Exchange Rates*, Washington 1967, 14~20; *The Essence of Friedman*, 461~498.

8 Dick Bryan/Michael Rafferty, *Capitalism with Derivatives. A Political Economy of Financial Derivatives, Capital, and Class*, New York 2006, 133.

9 Edward LiPuma/Benjamin Lee, *Financial Derivatives and the Globalization of Risk*, Durharn u.a. 2004, 16, 47, 61; Donald MacKenzie, *An Engine, Not a Camera. How Financial Models Shape Markets*, Cambridge/MA u.a. 2006, 145~150 참조.

10 Merton H. Miller, *Merton Miller on Derivatives*, New York 1997, IX~X, 8, 86; Friedman, *Capitalism and Freedom*, 67ff.; *The Essence of Friedman*, 419.

11 Joseph de la Vega, *Die Verwirrung der Verwirrungen*(1688), hg. v. Otto Pringsheim, Breslau 1919, 23~30, 136~140; Isaak Pinto, *Traité des fonds de commerce, ou, Jeu d'actions*, London $^{2}$1772, 282~304. 다음 참조. Chancellor, *Devil Take the Hindmost*, 21; Brian Rotman, *Die Null und das Nichts. Eine Semiotik des Nullpunkts*, Berlin 2000, 150.

12 Pierre-Joseph Proudhon, *Manuel du Spéculateur à la Bourse*, Paris $^{3}$1857, 36.

13 이에 대해서는 다음 참조. Stäheli, *Spektakuläre Spekulation*, 117~120; Marieke de Goede, *Virtue, Fortune, and Faith. A Genealogy of Finance*, Minneapolis u.a. 2005, 47~50; Fox, *The Myth of the Rational Market*, 39~40; Chancellor, *Devil Take the Hindmost*, 246.

14 Max Weber, *Börsenwesen. Schriften und Reden 1893~1898*, hg. v. Knut Borchardt, *Gesamtausgabe*, Abt. I, Bd. 5/1, hg. v. Horst Baier u.a., Tübingen 1999, 140; 다음 참조. Stäheli, *Spektakuläre Spekulation*, 110~111.

15 Samuel Weber, *Geld ist Zeit. Gedanken zu Kredit und Krise*, Berlin u.a. 2009. 사변적 '파기'(Vernichtung)에 대해서는 다음 참조. Georg Wilhelm Friedrich Hegel, *Differenz des Fichteschen und Schellingschen Systems der Philosophie*(1801), *Werke*, Bd. 2, Frankfurt/M. 1986, 34.

16 Elena Esposito, *Die Zukunft der Futures. Die Zeit des Geldes in Finanzwelt und Gesellschaft*, Heidelberg 2010, 110, 172~174. 이미 막스 베버가 선물 거래의 메커니즘이 신용거래의 논리를 통해 해명되어야만 한다고 고수한 바 있다. Weber, "Börsenwesen", Bd. 5/1, 494~550 참조.

17 *Merton Miller on Derivatives*, 80~83.

18 Eugene Fama/Merton H. Miller, *The Theory of Finance*, Hinsdale/II. 1972, 335.

19 Pierre Legendre, *Le désir politique de Dieu. Études sur les montages de l'État et du Droit*, Leçons VII, Paris 1988, 101~102; 섭리와 효율성, 개신교의 자본주의적 '정신'의 관계에 대해서는 다음 참조. Manfred Schneider, *Das Attentat. Kritik der paranoischen Vernunft*, Berlin 2010, 182~192.

20 Louis Bachelier, *Théorie de la spéculation. Annales scientifiques de l'École Normale Supérieure*, Sér. 3, Bd. 17, 1900, 21~86; 다음 참조. John Cassidy, *How Markets Fail. The Logic of Economic Calamities*, New York 2009, 86~90.

21 Paul Samuelson. 다음에서 재인용. Burton G. Malkiel, *A Random Walk Down Wall Street*, New York 2003, 196~197; 다음 참조. Fama/Miller, *The Theory of Finance*, 339~340; Paul A. Samuelsen, "Proof That Properly Anticipated Prices Fluctuate Randomly"(1965), *Collected Papers of Paul A. Samuelson*, Bd. 3, Cambridge/MA u.a. 1972, 782~790; Jürg Niehans, *A History of Economic Theory. Classic Contributions. 1729~1980*, Baitimore u.a. 1990, 441~442.

22 이에 대해, 그리고 블랙/숄즈와 머튼의 모델들 일반에 대해서는 Esposito, *Die Zukunft der Futures*, 189~215; Nicholas Dunbar, *Inventing Money. The Story of Long-Term Capital Management and the Legends Behind it*, Chichester 2000, passim; MacKenzie, *An Engine, not a Camera*, 119~178; de Goede, *Virtue, Fortune, and Faith*, 125~132. 기초가 되는 저작들에는 다음이 있다. Fischer Black/Myron Scholes, "The Pricing of Options and Corporate Liabilities", *Journal of Political Economy* 81, May/June 1973, 637~654; Robert C. Merton, *Theory of Rational Option Pricing*, Cambridge/MA 1971.

23 이러한 맥락에서 비단 바슐리에의 계산(1900)뿐만 아니라 볼츠만의 제자이자 정치적 산

술가인 빈센초 브로친(Vincenzo Brozin)의 "Theorie der Prämiengeschäfte"(1908)에 주의가 환기되었다. 다음 참조. Wolfgang Hafner, "Ein vergessener genialer Wurf zur Bewertung von Optionen. Vinzenz Bronzin nahm die nobelpreiswürdige Black-Scholes-Formel vorweg", *NZZ*, 8.10.2005, "Fokus der Wissenschaft".

24 Robert C. Merton, *Continuous-Time Finance*, Cambridge/MA 1990, 15.

25 MacKenzie, *An Engine, not a Camera*, 20, 158, 174; LiPuma u.a., *Financial Derivatives*, 38, 60~61; Esposito, *Die Zukunft der Futures*, 136, 203; Randy Martin, "The Twin Towers of Financialisation: Entanglements of Political and Cultural Economies", *The Global South* 3/1, Frühjahr 2009, 119.

26 Patrice Flichy, "The Birth of Long Distance Communication. Semaphore Telegraphs in Europe(1790~1840)", *Réseaux* 1/1, 1993, 96~100.(안더스 엥베르크-페더젠Anders Engberg-Pedersen에게 이 자료를 알려준 데에 감사를 표한다.) 이에 대해 전반적으로 다음 참조. Stäheli, *Spektakuläre Spekulation*, 305~363; Rarnon Reichert, *Das Wissen der Börse. Medien und Praktiken des Finanzmarktes*, Bielefeld 2009.

27 Mandelbrot/Hudson, *Fraktale und Finanzen*, 347.

28 Merton, *Continuous-Time Finance*, 470; Reichert, *Das Wissen der Börse*, 113~114, 217 참조.

29 블랙-숄즈-공식의 재주에 관한 1999년의 BBC 다큐멘터리 영화의 제목이 이러했다; http://www.bbc.co.uk/science/horizon/1999/midas.shtml 참조(2010년 5월 7일 접속).

30 S. Ross, "Finance", J. Eatwell u.a. (Hg.), *The New Palgrave Dictionary of Economics*, Bd. 2., London 1987, 332, Esposito, *Die Zukunft der Futures*, 204에서 재인용.

31 Chancellor, *Devil Take the Hindmost*, 237~238; Cesarano, *Monetary Theory*, 208~209. 초단타 매매의 최근의 논란이 된 버전은 섬광 주문(flash order)의 실제에 있다. 그것으로 계산 속도의 우위가 시장의 태도를 시험하기 위해 거의 동시에 매수를 주문하고 취소하는 데에 이용된다.(Jenny Anderson, "S.E.C. Moves to Ban Edge Held by Fast Traders", *New York Times*, 18.9.2008, 1 u. 3 참조.)

32 Fischer Black. Dunbar, *Inventing Money*, 33에서 재인용. 91도 참조.

33 로버트 C. 머튼과 익명의 중개인이 인터뷰에서 그렇게 말했다. Goede, *Virtue, Fortune, and Faith*, 131에서 재인용.

34 James Yorke, James Gleick, *Chaos. Making a New Science*, London 1987, 67~68에서 재인용.

35 Robert C. Merton, "Application of Option-Pricing Theory: Twenty Five Years Later", *American Economic Review* 88/3, Juni 1998, 324, 336; Arrow, *General Equilibrium Theory*. 이에 대해서는 다음 참조. de Goede, *Virtue, Fortune, and Faith*, 140.

36 Robert J. Shiller, *The New Financial Order. Risk in the 21st Century*, Princeton 2003, 5~6.

37 같은 책, 6, 16, 17.

38 같은 책, 2~3.

39 James Glassman/Kevin Hassett, *Dow 36,000*, New York 2000, 20~37.

40 클린턴 행정부와 앨런 그린스펀이 1997년에 내놓은 여러 성명이 그러했다. Chancellor, *Devil Take the Hindmost*, 230에서 재인용.

41 Francis Fukuyama, *Das Ende der Geschichte. Wo stehen wir?* München 1992, 14, 371; 다음도 참조하라. Jacques Derrida, *Marx' Gespenster. Der verschuldete Staat, die Trauerarbeit und die neue Internationale*, Frankfurt/M. 2004, 84~85. 더구나 이미 탈역사적 근대화에 관한 이전의 담론들이 유명한 경제적 균형 이론가들에 대한 환기로 자신들의 위치를 잡는 것은 우연이 아닐 듯하다. 예컨대 아르놀트 겔렌(Arnold Gehlen)은 앙투안 오귀스탱 쿠르노(Antoine Augustine Cournot)에게서 "탈역사"(posthistoire) 개념을, 빌프레도 파레토에게서 "결정화"(Kristallisation) 구상을 찾아냈다고 주장했다. 그러니까 경제의 조절 과정들에 대한 최초의 수학적 공식화와 그 사회철학적 변환이 그 업적이라고 말할 수 있었던 경제학자들에게서 말이다. 이로써 저물어가는 20세기에 탈역사적 10년이 약속되었고, 거기에서는 "지속성"과 "정적 기반 위의 운동성"이 운명이 되었다. 여기에서 역사적 시대의 종말이 얼마나 밝게 또는 어둡게 물들어 사유되었든 간에, 역사의 종말에 관한 담론적 변형들과 자유주의적 기능발상들이 공동의 지식사적 교집합을 내세운다고 짐작할 몇 가지 계기들이 존재한다.(Arnold Gehlen, "Ende der Geschichte?", *Einblicke*, Frankfurt/M. 1975, 115~133 참조. "탈역사적 근대화" 담론과 수학자이자 경제학자인 쿠르노에게서 "탈역사" 개념을 찾아내는 문제에 대해서는 다음 참조. Lutz Niethammer, *Posthistoire. Ist die Geschichte zu Ende?* Reinbek 1989, 25~30. 그리고 쿠르노와 파레토의 수학적 균형모델들에 대해서는 다음 참조. Pribram, *Geschichte des ökonomischen Denkens*, 372~374, 576~586.)

## 5장 | 경제적 재생산과 사회적 재생산

1 다음을 참조. Greta Krippner, *The Fictitious Economy: Financialization, the State, and Contemporary Capitalism*, Diss. Madison 2003; Gerald Epstein (Hg.), *Financialization and the World Economy*, Cheltenham 2005; Martin, "The Twin Towers of Financialization", 108~125.

2 Aristoteles, *Politik*, 1252a; Aristoteles, *Politik*. Buch I. Über die Hausverwaltung und die Herrschaft des Herrn über die Sklaven, übersetzt und erläutert von E. Schtrumpf, Berlin 1991, 37ff., 171ff. 참조.

3 Aristoteles, *Politik*, 1256b.36~39, 1257a.15~32, 1323a.25~30; *Nikomachische Ethik*,

1129a.3~1133b.28 (übersetzt von Olof Gigon, München [2]1995, 203~216). — 다음 참조. Arnaud Bertoud, *Aristote et l'Argent*, Paris 1981, 35; Richard F. Crespo, "The Ontology of 'the Economic': an Aristotelian Analysis", *Cambridge Journal of Economics* 30, 2006, 767~781; João César das Neves, "Aquinas and Aristotle's Distinction of Wealth", *History of Political Economy* 32/3, 2000, 649~657; Skip Worden, "Aristotle's Natural Wealth: The Role of Limitation in Thwarting Misordered Concupiscence", *Journal of Business Ethics* 84, 2009, 209~219.

4 Aristoteles, *Politik*, 1256b.40~1257b.40; 다음 참조. W.L. Newman, *The Politics of Aristotle*, Bd. 1: *Introduction to the Politics*, Salem/NH 1887(Reprint: Salem/NH 1985), 127ff.

5 Aristoteles, *Politik*, 1253b.15, 1256b.40ff., 1258a.37; 다음 참조. Pierre Pellegrin, "Monnaie et Chrématistique. Remarques sur le mouvement et le contenu de deux textes d'Aristote à l'occasion d'un livre récent", *Revue Philosophique de la France et de l'étranger*, 1982/4, 631~644.

6 Aristoteles, *Nikomachische Ethik*, 1129a.31~1129b.10, 1130a.15~36; *Politik*, 1253b.31~32. 다음 참조. Peter Koslowski, "Haus und Geld. Zur aristotelischen Unterscheidung von Politik, Ökonomik und Chrematistik", *Philosophisches Jahrbuch* 86, 1979, 60~83; Arnaud Berthoud, *Essais de Philosopie économique. Platon, Aristote, Hobbes, A. Smith, Marx*, Villeneuve-d'Ascq 2002, 72~79.

7 Aristotels, *Politik*, 1258b.4~8; 다음 참조. Platon, *Politeia*, 555e.

8 Berthoud, *Aristote et l'argent*, 178. — Gilles Deleuze, *Differenz und Wiederholung*, München 1992, 121~122 참조.

9 이에 대해서는 전체적으로 다음 참조. Éric Alliez, "The Accident of Time: An Aristotelian Study", *Capital Times. Tales from the Conquest of Time*, Minneapolis 1996, 1~24, 특히 2, 11~14.

10 Karl Polanyi, Ökonomie und Gesellschaft, Frankfurt/M. 1979, 149~185. — 다음 참조. Platon, *Nomoi*, 704a~705b, *Sämtliche Werke*, hg. v. Ursula Wolf, Bd. 4, Reinbek 1994, 255~256; Michael Austin/Pierre Vidal-Naquet, *Économies et societés en Gréce ancienne*, Paris 1972, 170~173; H. Bolkenstein, *Economic Life in Greece's Golden Age*, Leiden 1958, 105~106; M.I. Finley, *The Ancient Economy*, Berkeley u.a. 1973, 161~162; H. Knorringa, *Emporos. Data on Trade and Trader in Greek Literature from Homer to Aristotle*, Paris u.a. 1926, 9 u. 103.

11 Emile Benveniste, *Indoeuropäische Institutionen. Wortschatz, Geschichte, Funktionen*, Frankfurt/M. u.a. 1993, 111~118. — 생성 중인 시장들의 경제사에 대해서는 다음 참조. Karl Polanyi, *The Great Transformation. Politische und ökonomische Ursprünge von*

*Gesellschaften und Wirtschaftssystemen*, Frankfurt/M. 1978, 87~101; Georges Duby, *Guerriers et paysans*, Paris 1973, 168; Henri Pirenne, *Les Villes au Moyen Âge. Essai d'histoire économique et sociale*, Paris 1992, 34~37; Henochsberg, *La Place du Marché*, 28ff.

12 야콥 폰 비트리(Jakob von Vitry)의 한 도덕설교에서 이렇게 언급되었으며 다음에서 재인용. Jacques LeGoff, *Wucherzins und Höllenqualen. Ökonomie und Religion im Mittelalter*, Stuttgart 1988, 59~60(그리고 여기저기에 중세의 고리대금업자들과 이자법에 관해 서술).

13 Dante Alighieri, *Die göttliche Komödie*, Frankfurt/M. 1974, 55(Hölle 11, 49~50); William Shakespeare, *Der Kaufmann von Venedig, Gesamtwerk*, Bd. 2, hg. v. L.L. Schücking, Augsburg 1995, 489(안토니오와의 첫 만남에서 샤일록은 자신의 금융업을 숫양과 양이 낳은 어린 양에 비유한다. 그러자 안토니오가 대꾸한다. "그러면 그대의 금과 은이 양과 숫양인가?" — 이에 대해 샤일록이 말한다. "모르겠소. 나는 그저 그것들을 빨리 번식시킬 뿐이오.") — LeGoff, *Wucherzins*, 49; Pierre Dockès, "L'esprit du capitalisme, son histoire et sa crise", Pierre Dockès u.a., *Jours de colère. L'esprit du capitalisme*, Paris 2009, 99~101 참조.

14 *Fortunatus*, hg. v. H.-G. Roloff, Stuttgart [2]1996; 다음 참조. Stephan L. Wales, "Potency in *Fortunatus*", *The German Quarterly* 59, 1986, 5~18. — 그런데 여기서는 누차, 그 일을 맡는 여성들의 '음부'에 화폐 흐름을 '뿌림'으로써 동맹이 성사된다.

15 Benjamin Franklin, "Advice to a Young Tradesman. Written from an Old One(12 July 1748)", *The Autobiography and Other Writings on Politics, Economics, and Virtue*, hg. v. A. Houston, Cambridge/MA u.a. 2004, 200(독일어 번역은 다음에 의거. Benjamin Franklin, "Guter Rat an einem jungen Handwerker", *Nachgelassene Schriften und Correspondenz*, Bd. 5, übers. von Gottlob Heinrich Adolf Wagner, Weimar 1819, S. 72); 이에 대해서는 Weber, *Geld ist Zeit*, 11~13 참조.

16 Gilles Deleuze/Félix Guattari, *Anti-Ödipus. Kapitalismus und Schizophrenie I*, Frankfurt/M. 1974, 290~293, 339. — 이러한 배치 구조는 특히 가정의 위치에 해당된다. 아리스토텔레스적으로 말하자면, 가정은 더 이상 '오이코노미아'적인 재생산의 사회적 형태임을 사칭하지 않는다. 가정은 오히려 경제적 재생산에 종속된 한 소재의 형태가 된다. 같은 책, 339~340 참조.

17 Marx, *Das Kapital*, Bd. 1, *MEW*, Bd. 23, 167~169. — Langenohl, *Finanzmarkt und Temporalität*, 89; Deleuze/Guattari, *Anti-Ödipus*, 291~293 참조.

18 Marx, *Das Kapital*, Bd. 1, *MEW*, Bd. 23, 591, 603~604; 다음도 참조. Bd. 3, *MEW*, Bd. 25, 886~891.

19 Alexander Rüstow, "Compte-rendu des séances du colloque Walter Lippmann"(26.~30.8.1938), *Travaux du Centre International d'Études pour la Rénovation du Libéralisme*, Heft

1, Paris 1939, 83(Foucault, *Geschichte der Gouvernementalität II*, 335에서 재인용); Ludwig van Mises, *Human Action. A Treatise on Economics*, New Haven 1949, 2.

20 뤼스토의 개념에 따른다. Foucault, *Geschichte der Gouvernementalität II*, 223~224 참조.

21 같은 책, 359, 367ff.

22 같은 책, 다음 참조. 208, 210~211, 246, 312. — Rifkin, *Access*, 10f도 보라.

23 Gary S. Becker, *The Essence of Becker*, hg. v. R. Ferrero u. P.S. Schwartz, Standford 1995, XXI; 다음 참조. Ingo Pies/Martin Leschke (Hg.), *Beckers ökonnomischer Imperialismus*, Tübingen 1998.

24 Michelle Riboud, *Accumulation du capital humaine*, Paris 1978, 1; 다음 참조. Burkhard Jaeger, *Humankapital und Unternehmenskultur. Ordnungspolitik für Unternehmen*, Wiesbaden 2004; Theodore W. Schultz, *In Menschen investieren. Die Ökonomie der Bevölkerungsqualität*, Tübingen 1986. — 이는 동시에 문화자본과 사회자본을 실마리로 삼는 부르디외의 사회 분석의 출발점들 가운데 하나이다. Pierre Bourdieu, *Die verborgenen Mechanismen der Macht*, Hamburg 2005, 49~79.

25 G. Günter Voß/Hans J. Pongratz, "Der Arbeitskraftunternehmer. Eine neue Grundform der Ware Arbeit?", *Kölner Zeitschrift für Soziologie und Sozialpsychologie* 50, 1998, 131~158; Robert Johansen/Rob Swigart, *Upsizing the Individual in the Downsized Organization. Managing in the Wake of Reengineering, Globalization, and Overwhelming Technological Change*, Reding/Mass. u.a. 1994, 21ff. — 다음 참조. Dirk Baecker, *Postheroisches Management. Ein Vademecum*, Berlin 1994; Richard Sennentt, *Der flexible Mensch. Die Kultur des neuen Kapitalismus*, Berlin 1998; Nikolas Rose, "Tod des Sozialen? Eine Neubestimmung der Grenzen des Regierens", Ulrich Bröckling/Susanne Krasmann/Thomas Lemke (Hg.), *Gouvernementalität der Gegenwart. Studien zur Ökonomisierung des Sozialen*, Frankfurt/M. 2000, 72~109; Ulrich Bröckling, "Totale Mobilmachung. Menschenführung im Qualitäts- und Selbstmanagement", 같은 책, 131~167.

26 예컨대 William Bridges, *Ich & Co. Wie man sich auf dem Arbeitsmarkt behauptet*, Hamburg 1996; Conrad Seidel/Werner Beutelmeiner, *Die Marke Ich. So entwickeln Sie Ihre persönliche Erfolgsstrategie!*, Wien u.a. 1999. — David Harvey, *A Brief History of Neoliberalism*, Oxford 2005, 4 참조.

27 Gary S. Becker, *Der ökonomische Ansatz zur Erklärung menschlichen Verhaltens*, Tübingen 1982. — 다음 참조. Foucault, *Geschichte der Gouvernementalität II*, 305~314, 347~359; Jakob Tanner, "'Kultur' in den Wirtschaftswissenschaften und kulturwissenschaftliche Interpretationen menschlichen Handelns", 207~208.

28 Gary S. Becker, *A Treatise on the Family*, Cambridge/MA u.a. 21993, 7; 다음 참조.

155~156. — 골즈워디의 인용은 다음에서 재인용. John Galsworthy, *Die Forstyte-Sage*, Bd. 2: *In den Schlingen des Gesetzes*, Leipzig u.a. 1985, 10.

## 6장 | 놀람의 공간

1 Gilles Deleuze, "Sehen und Sprechen. Erfahrungen, Aussagen-Erinnerung an ein Denkexperiment", *Lettre International* 33, 1996, 87; "Begehren und Lust", Friedrich Balke/Joseph Vogl (Hg.), *Gilles Deleuze-Fluchtlinien der Philosophie*, München 1996, 235; Deleuze/Guattari, *Anti-Ödipus*, 193.

2 Fernand Braudel, *Sozialgeschichte des 15.~18. Jahrhunderts*, München 1986, Bd. 1: *Der Alltag*, 484; Bd. 2: *Der Handel*, 438, 500~503.

3 다음 참조. Hayek, *The Trend of Economic Thinking*, 28; Northrop, "The Impossibility of a Theoretical Science of Economic Dynamics", 1~10.

4 특히 다음 참조. Benoit Mandelbrot, "Paretian Distribution and Income Maximization", *Quarterly Journal of Economics* 76, Februar 1962, 57~85; "The Variation of Certain Speculative Prices", *The Journal of Business* 36/4, Oktober 1963, 394~419; "New Methods in Statistical Economics", *The Journal of Political Economy* 71/5, Oktober 1963, 421~440; "The Variation of Same Other Speculative Prices", *Journal of Business* 40/4, Januar 1967, 393~413; "Statistical Methodology for Non-periodic Cycles", *Annals of Economic and Social Measurement* 1, Juli 1972, 259~290. — 이어지는 서술은 본질적으로 다음 글에 방향을 맞추고 있다. Mirowski, "The Rise and Fall of the Concept of Equilibrium in Economic Analysis"; 같은 저자, "From Mandelbrot to Chaos in Economic Theory", *Southern Economic Journal* 57/2, Oktober 1990, 289~307; Reichert, *Das Wissen der Börse*, 21~46.

5 Mandelbrot, "The Variation of Certain Speculative Prices", 394, 409. — 다음 참조. David Kelsey, "The Economics of Chaos or the Chaos of Economics", *Oxford Economic Papers*, New Series 40/1, März 1988, 2; Mandelbrot/Hudson, *Fraktale und Finanzen*, 207~306.

6 Ilya Prigogine/Isabelle Stengers, *Order out of Chaos. Man's New Dialogue with Nature*, Toronto u.a. 1984, 14, 140~144; Ilya Prigogine, *From Being to Becoming. Time and Complexity in the Physical Sciences*, San Francisco 1980, 131~150. — 다음 참조. Gleick, *Chaos*, 86~94; Reichert, *Das Wissen der Börse*, 36~40.

7 Mandelbrot/Hudson, *Fraktale und Finanzen*, 209; Mandelbrot, "The Variation of Certain Speculative Prices", 415; "New Methods in Statistical Economics", 434; Weissenfeld,

Horst und Stefan, *Im Rausch der Spekulation. Geschichten von Spiel und Spekulation aus vier Jahrhunderten*, Rosenheim 1999, 666 참조.

8 Kelsey, "The Economics of Chaos", 26 참조.

9 Joachim Peinke u.a., "Turbulenzen am Finanzmarkt", *Einblicke. Mitteilungsblatt der Carl von Ossietzky Universität Oldenburg* 39, 18; Reichert, *Das Wissen der Börse*, 43 재인용; 또한 같은 책, 42 참조.

10 Mandelbrot, "New Methods in Statistical Economics", 433.

11 효율적 시장 이론의 다음과 같은 다양한 대변자들이 이런 식으로 서술한다. M.F. Osborne, Eugene Fama und Paul Cootner, Fox, *The Myth of the Rational Market*, 134~135 재인용; Mirowski, "The Rise and Fall of the Concept of Equilibrium in Economic Analysis", 465; '노마드적' 지식 유형에 대해서는 다음 참조. Gilles Deleuze/Felix Guattari, *Tausend Plateaus. Kapitalismus und Schizophrenie*, Berlin 1992, 669~682.

12 Deleuze/Guattari, *Anti-Ödipus*, 300. — 이에 더해 예컨대 다음 참조. Ping Shen, "Empirical and Theoretical Evidence of Economic Chaos", *System Dynamics Review* 4/1~2, 1988, 81~108: 여기서는 예컨대 비주기적 움직임의 관찰로부터 시장순환의 예측을 위한 추론들이 획득된다. 그리고 아마도 변동성 군집과 주식 수익의 계산을 위한 이른바 GARCH(Generalized Autoregressive Conditional Heteroscedasticity) 모델들을 이러한 화해 성과에 포함해야만 하겠다. 이 모델들로 변동량은 비단 시계열의 역사에 따라서만이 아니라 변수들 자신의 역사와 우연론적 역사에 의거해서도 계산된다.

13 첫 장(章)의 각주 11번 참조; Fox, *The Myth of the Rational Market*, 233; Mandelbrot/Hudson, *Fraktale und Finanzen*, 25~26. — R. Lewinsohn/F. Pick, *La bourse. Les diverses formes de la spéculation dans les grandes bourses mondiales*, Paris 1938, 7 참조.

14 Ritkin, *Access*, 44~45.

15 Friedman, *Capitalism and Freedom*, 14. — 돈의 단순히 베일 같은 특성에 대해 예컨대 존 스튜어트 밀은 이렇게 쓴 바 있다. "돈으로는 현실의 재화를 살 수 없다. 금화 및 은화 소유자를 제외하면 누구의 수입도 귀금속에서 비롯되지 않는다. 누군가가 매주 혹은 매년 받는 마르크와 파운드가 그의 수입을 이루지는 않는다. 그것들은 일종의 표식이나 지침이며, 그는 그것들을 모든 상점에서 지불로서 제공할 수 있고, 그것들을 통해 자신이 선택한 다른 상품의 특정한 가치를 얻을 수 있다. 〔…〕 간단히 말해, 사태의 근본을 보면, 사회의 경제에서 돈보다 더 무의미한 것은 없다."(John Stuart Mill, *Grundsätze der politischen Ökonomie*, Bd. 2, Jena 1921, 7~8.)

16 Hyman P. Minsky, *Stabilizing an Unstable Economy*, New Haven u.a. 1986, 119.

17 Hyman P. Minsky, *John Maynard Keynes. Finanzierungsprozess, Investition und Instabilität des Kapitalismus*, Marburg 1990, 20; *The Financial Instability Hypothesis. A Restatement*, London

1978, 1~3; 다음 참조. John Maynard Keynes, *Allgemeine Theorie der Beschäftigung, des Zinses und des Geldes*, Berlin [6]1983, 124ff.

18 De la Vega, *Die Verwirrung der Verwirrungen*, 65. — 금융시장의 반영성에 대해서는 다음 참조. George Soros, *Die Krise des globalen Kapitalismus*, 8, 70ff.; 같은 저자, *Open Society. Reforming Global Capitalism*, New York 2000, 58ff.

19 Immanuel Kant, *Kritik der Urteilskraft*, §§ 6, 8, 22, *Werke*, Bd. 5, 288~295, 322~324.

20 Keynes, *Allgemeine Theorie*, 131~132; Robert Skidelsky, *Keynes. The Return of the Master*, New York 2009, 83, 93.—Andre Orlean, *Le pouvoir de la finance*, Paris 1999, 32~62 참조. "합리적 기대 균형"(rational expectations equilibria)을 "합리적 신념 균형"(rational belief equilibria)으로 일관되게 대체하는 문제에 대해서는 특히 다음 참조. Mordecai Kurz, *Endogenous Uncertainty and Rational Belief Equilibrium: A Unified Theory of Market Volatility*, Stanford University, 14. Juli 1999 (http:/ /www.stanford.edu/-mordecai/OnLinePdf/13.UnifiedView_1999.pdf).

21 Gabriel Tarde, *Psychologie économique*, Bd. I, Paris 1902, 65; 이에 대해 다음 참조. Bruno Latour/Vincent Lepinay, *Die Ökonomie als Wissenschaft der leidenschaftlichen Interessen*, Frankfurt/M. 2010, 15~48. — 이 내재적 순응성 압력은 어쩌면 화폐시장과 "언론 자유의 경제"의 여지에 대한 신자유주의의 동일시도 해명해 줄 수 있을지 모른다 — 전자에서든 후자에서든 "사람들의 태도, 의견과 기대에 대한 유익한 효과를 지니고" 규범적 강화와 주류의 움직임 속의 간헐적 특이성을 없애주는 규칙들이 통용되는 한에서 말이다.(Friedman, "Should There Be an Independent Monetary Authority?", *The Essence of Friedman*, 443; "The Economics of Free Speech", edb., 9~17 참조.)

22 Hyun Song Shin, *Risk and Liquidity*, Oxford u.a. 2010, 1~6; 다음 참조. Cassidy, *How Markets Fail*, 299~301.

23 Minsky, *Stabilizing an Unstable Economy*, 171~220; "The Financial Instability Hypothesis: Capitalist Process and the Behaviour of the Economy", Charles P. Kindleberger/Jean-Pierre Lafargue (Hg.), *Financial Crises. Theory, History, and Policy*, Cambridge/MA u.a. 1982, 13~39; *The Financial Instability Hypothesis: A Restatement*, London 1978; *Financial Instability Revisited: The Economics of Disaster. Prepared for the Steering Committee for the Fundamental Reappraisal of the Discount Mechanism appointed by the Board of Governors of the Federal Reserve System*, Washington 1970. — 이것과 다음의 것에 대해서는 다음 참조. Riccardo Bellofiore/Piero Ferri (Hg.), *Financial Keynesianism and Market Instability. The Economic Legacy of Hyman Minsky*, Bd. I, Cheltenham u.a. 2001, 1~30(Introduction); Cassidy, *How Markets Fail*, 205~212; Thomas Strohl, *Minsky'sche Momente*, Januar 2008 (http://www. weissgarnix.de/2008/01/01/minsky/).

24 Minsky, *Stabilizing an Unstable Economy*, 280, 6. — 출자 성공이 내장된 회귀 과정을 통해 재앙으로 전환되는, 이와 유사한 움직임이 — 이는 적어도 짧게나마 논평되어 있어야 한다 — 블랙-숄즈 공식으로부터 귀납된 금융세계를 위해 상세하게 기록되었다. 경제학자 머튼과 숄이 공동 설립한 출자회사 — 롱텀 캐피털 매니지먼트Long Term Capital Management, LCTM — 는 환상적인 확장과 수익 뒤에 (그리고 두 학자에게 노벨상이 수여되고 조금 지나서) 파산했다. 이는 동시에 미국 금융계 최초의 대규모 국가적 구제 조치 중의 하나로 귀결되었다.(Dunbar, *Inventing Money*, passim; MacKenzie, *An Engine, not a Camera*, passim 참조.)

25 유동성의 역설에 대해서는 다음 참조. Orlean, *Le pouvoir de la finance*, 33 u. passim; Christian Marazzi, *Capital and Language. From the New Economy to the War Economy*, Cambridge/MA 2008, 24ff., 126.

26 Andre Orlean, *De l'euphorie à la panique: Penser la crise financière*, Paris 2009, 46 재인용. — 이것과 다음 것에 대해서는 특히 다음 참조. Cassidy, *How Markets Fail*, 251~316; Michel Aglietta/Sandra Rigot, *Crise et rénovation de la finance*, Paris 2009, 17~47.

27 Ralf Heidenreich/Stefan Heidenreich, *Mehr Geld*, Berlin 2008, 133.

28 경제학자 게리 고튼(Gary Gorton)이 이렇게 말했다. Cassidy, How *Markets Fail*, 308 재인용.

29 Shin, *Risk and Liquidity*, 4~13; Esposito, *Die Zukunft der Futures*, 225~239; Cassidy, *How Markets Fail*, 307~309; Michel Aglietta, *La crise. Pourquoi en est-on arrivé là? Comment en sortir?*, Paris 2008, 17~31 참조.

30 Dirk Baecker, *Womit handeln Banken? Eine Untersuchung zur Risikoverarbeitung in der Wirtschaft*, Frankfurt/M. 1991, 11, 184 참조.

31 John Maynard Keynes, *A Treatise on Probability*, London 1921, 20~40; 다음 참조. Skidelsky, *Keynes*, 84~86; Paul Davidson, "Risk and Uncertainty", Robert Skidelsky/Christian Westerlind Wigstrom (Hg.), *The Economic Crisis and the State of Economics*, New York 2010, 13~29.

32 Luhmann, *Wirtschaft der Gesellschaft*, 171.

33 Esposito, *Die Zukunft der Futures*, 256.

34 같은 책, 256~257.

35 같은 책, 241, 252~255.

36 Orlean, *De l'euphorie a la panique*, 80.

37 Luhmann, *Die Wirtschaft der Gesellschaft*, 269.

38 Taleb, *Narren des Zufalls*, 304; 다음 참조. George L. S. Shackle, "The Science of Imprecision", *Epistemics & Economics. A Critique of Economic Doctrines*, Cambridge/MA 1972, 359~363.

39 Hans Blumenberg, *Lebenszeit und Weltzeit*, Frankfurt/M. 1986, 27.

40 Léon Walras, *Eléments d'économie politique pure ou théorie de la richesse sociale*, Paris u.a. 1900, 29.

41 Norbert Bolz, "Agenda Freiheit", *Merkur* 736/737, September/Oktober 2010, 892.

42 이에 대해서는 다음 참조. Latour/Lepinay, *Ökonomie als Wissenschaft*, 14; Jacques Sapir, *Quelle économie pour le XXIe siècle?* Paris 2005, 407ff.

43 Luhmann, *Wirtschaft der Gesellschaft*, 270.

# 참고 문헌


Acheson, A.L.K. u.a. (Hg.): *Bretton Woods Revisited. Evaluations of the International Monetary Fund and the International Bank for Reconstruction and Development*, Toronto 1972.

Addison, Joseph: *The Spectator*, hg. v. Donald F. Bond, Oxford 1965.

Agamben, Giorgio: *Herrschaft und Herrlichkeit. Zur theologischen Genealogie von Ökonomie und Regierung*, Frankfurt/M. 2010.

Aglietta, Michel: *La crise. Pourquoi est-on arrivé là? Comment en sortir?*, Paris 2008.

Aglietta, Michel/Rigot, Sandra: *Crise et rénovation de la finance*, Paris 2009.

Ahmad, Syed: "Adam Smith's Four Invisible Hands", *History of Political Economy* 22:1, 1990, 137~144.

Alighieri, Dante: *Die göttliche Komödie*, Frankfurt/M. 1974.

Alliez, Eric: "The Accident of Time: An Aristotelian Study", *Capital Times. Tales from the Conquest of Time*, Minneapolis 1996, 1~26.

Altdorfer, Stefan (Hg.): *History of Financial Disasters, 1763~1995*, Bd. 3, London 2006.

Anderson, Jenny: "S.E.C. Moves to Ban Edge Held by Fast Traders", *New York Times*, 18.9.2008, 1, 3.

Andriopoulos, Stefan: "The Invisible Hand: Supernatural Agency in Political Economy and the Gothic Novel", *ELH* 66, 1999, 739~758.

[Anonym]: *Fortunatus*, hg. v. H.-G. Roloff, Stuttgart $^{2}$1996.

[Anonym]: *Examen comparatif des deux mondes. Proposés pour liquider la dette, les quittances, ou les assignats*, Paris 1790.

[Anonym]: *Geschichte der Bank von England von ihrer Entstehung bis auf den heutigen Tag*, Bremen 1797.

[Anonym]: "Über den neuesten Finanzzustand Frankreichs", *Berlinische Monatsschrift* 16, 1790, 5~44.

[Anonym]: "Entwurf der Ephemeriden der Menschheit", *Ephemeriden der Menschheit oder Bibliothek der Sittenlehre und der Politik* 1(1776), 1~12.

Aristoteles: *Politik*, übersetzt und erläutert von Eckart Schütrumpf, Berlin 1991.

________: *Nikomachische Ethik*, übersetzt von Olof Gigon, München ²1995.

Arrow, Kenneth J.: *General Equilibrium*, Oxford 1983.

Arrow, Kenneth J./Hahn, F.H.: *General Competitive Analysis*, San Francisco 1971.

Attali, Jacques: *La Crise et après?*, Paris 2009.

Austin, Michael/Vidal-Naquet, Pierre: *Économies et societés en Grèce ancienne*, Paris 1972.

Bachelier, Louis: *Théorie de la spéculation. Annales scientifiques de l'École Normale Supérieure*, Sér. 3, Bd. 17, 1900.

Baecker, Dirk: *Womit handeln Banken? Eine Untersuchung zur Risikoverarbeitung in der Wirtschaft*, Frankfurt/M. 1991.

________: *Postheroisches Management. Ein Vademecum*, Berlin 1994.

Balzac, Honoré de: "Das Bankhaus Nucingen", Ders.: *Das Bankhaus Nucingen. Erzählungen*, Zürich 1977, 7~98.

________: "Gobseck", Ders.: *Das Bankhaus Nucingen. Erzählungen*, Zürich 1977, 99~178.

Batthyány, Philip: *Zwang als Grundübel der Gesellschaft?*, Tübingen 2007.

Baudrillard, Jean: *Der symbolische Tausch und der Tod*, München 1991.

Becker, Gary S.: *Der ökonomische Ansatz zur Erklärung menschlichen Verhaltens*, Tübingen 1982.

________: *A Treatise on the Family*, Cambridge/MA u.a. ²1993.

________: *The Essence of Becker*, hg. v. R. Ferrero u. P.S. Schwartz, Stanford 1995.

Bellofiore, Riccardo/Ferri, Piero (Hg.): *Financial Keynesianism and Market Instability. The Economic Legacy of Hyman Minsky*, Bd. 1, Cheltenham u.a. 2001.

Benveniste, Emile: *Indoeuropäische Institutionen. Wortschatz, Geschichte, Funktionen*, Frankfurt/M. u.a. 1993.

Berthoud, Arnaud: *Aristote et l'Argent*, Paris 1981.

________: *Essais de Philosophie économique. Platon. Aristote, Hobbes, A. Smith, Marx*, Villeneuve-d'Ascq 2002.

Beutelmeier, Werner/Seidel, Conrad: *Die Marke Ich. So entwickeln Sie Ihre persönliche Erfolgsstrategie!*, Wien u.a. 1999.

Black, Fischer/Scholes, Myron: "The Pricing of Options and Corporate Liabilities", *Journal of Political Economy* 81, May/June 1973, 637~654.

Block, Fred L.: *The Origins of International Economic Disorder. A Study of United States International Monetary Policy from World War II to the Present*, Berkeley u.a. 1977.

Blumenberg, Hans: *Lebenszeit und Weltzeit*, Frankfurt/M. 1986.

Bolkenstein, H.: *Economic Life in Greece's Golden Age*, Leiden 1958.

Boltanski, Luc/Chiapello, Ève: *Der neue Geist des Kapitalismus*, Konstanz 2003.

Bolz, Norbert: "Agenda Freiheit", *Merkur* 736/737, September/Oktober 2010, 884~892.

Borchardt, Julian: *Das Papiergeld in der Revolution 1797~1920*, Berlin 1921.

Bourdieu, Pierre: *Die verborgenen Mechanismen der Macht*, Hamburg 2005.

Braudel, Fernand: *Sozialgeschichte des 15.~18. Jahrhunderts*, Bd. 1: *Der Alltag*, Bd. 2: *Der Handel*, München 1986.

Brenner, Robert: *Boom & Bubble. Die USA in der Weltwirtschaft*, Hamburg 2003.

Bridges, William: *Ich & Co. Wie man sich auf dem Arbeitsmarkt behauptet*, Hamburg 1996.

Bröckling, Ulrich: "Totale Mobilmachung. Menschenführung im Qualitäts- und Selbstmanagement", Ulrich Bröckling/Susanne Krasmann/Thomas Lemke (Hg.): *Gouvernementalität der Gegenwart. Studien zur Ökonomisierung des Sozialen*, Frankfurt/M. 2000, 138~167.

Bryan, Dick/Rafferty, Michael: *Capitalism with Derivatives. A Political Economy of Financial Derivatives, Capital, and Class*, New York 2006.

Burke, Edmund: *Betrachtungen über die französische Revolution*, Bd. 2, Berlin 1793.

________: *Discours sur la monnaie de papier et sur le système des assignats de France*, Paris, September 1790.

Büsch, Johann Georg: *Abhandlung von dem Geldumlauf in anhaltender Rücksicht auf die Staatswirtschaft und Handlung*, Bd. 1, Hamburg u.a. 1780.

Cassidy, John: *How Markets Fail. The Logic of Economic Calamities*, New York 2009.

Cesarano, Filippo: *Monetary Theory and Bretton Woods. The Construction of an International Monetary Order*, Cambridge/MA 2006.

Chancellor, Edward: *Devil Take the Hindmost. A History of Financial Speculation*, New York 2000.

Condorcet, Marie Jean Antoine: *Nouvelles réflexions sur le projet de payer la dette exigible en papier forcé*, o.O. o.J.

________: *Sur la proposition d'acquitter la dette exigible en assignats*, Paris 1790.

Cowart, David: "Anxieties of Obsolescence: DeLillo's Cosmopolis", Peter Freese/Charles B.

Harris (Hg.): *The Holodeck in the Garden: Science and Technology in Contemporary American Fiction*, Normal/IL. 2004, 179~191.

Crespo, Richard F.: "The Ontology of 'the Economic': an Aristotelian Analysis", *Cambridge Journal of Economics* 30, 2006, 767~781.

Davidson, Paul: "Risk and Uncertainty", Robert Skidelsky/Christian Westerlind Wigstrom (Hg.): *The Economic Crisis and the State of Economics*, New York 2010, 13~29.

Defoe, Daniel: *The Chimera: or, The French Way of Paying National Debts Laid Open*, London 1720.

________: "An Essay on Publick Credit"(1710), *Political and Economic Writings*, hg. v. W.R. Owens u. P.N. Furbank, Bd. 6: *Finance*, hg. v. John McVeagh, London 2000, 49~62.

Deleuze, Gilles: "Begehren und Lust", Friedrich Balke/Joseph Vogl (Hg.): *Gilles Deleuze-Fluchtlinien der Philosophie*, München 1996, 230~240.

________: *Differenz und Wiederholung*, München 1992.

________: "Sehen und Sprechen. Erfahrungen, Aussagen-Erinnerung an ein Denkexperiment", *Lettre International* 33, 1996, 87.

Deleuze, Gilles/Guattari, Félix: *Anti-Ödipus. Kapitalismus und Schizophrenie I*, Frankfurt/M. 1974.

________: *Tausend Plateaus. Kapitalismus und Schizophrenie*, Berlin 1992.

Derrida, Jacques: *Marx' Gespenster. Der verschuldete Staat, die Trauerarbeit und die neue Internationale*, Frankfurt/M. 2004.

*Diagnostic and Statistical Manual of Mental Disorders(DSM-IV-TR)*, hg. v. American Psychiatrie Association, Washington [4]2000.

Dockès, Pierre: "L'esprit du capitalisme, son histoire et sa crise", Pierre Dockès u.a.: *Jours de colère. L'esprit du capitalisme*, Paris 2009, 97~130.

Duby, Georges: *Guerriers et paysans*, Paris 1973.

Dumont, Louis: *Homo aequalis. Genèse et épanouissement de l'idéologie économique*, Paris 1977.

Dunbar, Nicholas: *Inventing Money. The Story of Long-Term Capital Management and the Legends Behind it*, Chichester 2000.

Edwards, Robert B./Magee, John: *Technical Analysis of Stock Trends*(1947), Springfield [9]1961.

Eichengreen, Barry: *Vom Goldstandard zum Euro. Die Geschichte des internationalen Währungssystems*, Berlin 2000.

Eichengreen, Barry: *Global Imbalances and the Lessons of Bretton Woods*, Cambridge/MA 2007.

Epstein, Gerald (Hg.): *Financialization and the World Economy*, Cheltenham 2005.

Esposito, Elena: *Die Zukunft der Futures. Die Zeit des Geldes in Finanzwelt und Gesellschaft*,

Heidelberg 2010.

Fama, Eugene/Miller, Merton H.: *The Theory of Finance*, Hinsdale/Il. 1972.

Finley, M.I.: *The Ancient Economy*, Berkeley u.a. 1973.

Fisher, Franklin M.: *Disequilibrium Foundations of Equilibrium Economics*, Cambridge/MA u.a. 1983.

Flichy, Patrice: "The Birth of Long Distance Communication. Semaphore Telegraphs in Europe (1790~1840)", *Réseaux* 1/1, 1993, 81~101.

Foucault, Michel: *Geschichte der Gouvernementalität II. Die Geburt der Biopolitik. Vorlesungen am Collège de France 1978~1979*, Frankfurt/M. 2004.

Forbonnais, Franoçois Véron de: *Observations succintes sur l'Emission de deux milliards d'Assignats territoriaux, avec un cours forcé de monnaie*, o.O. o.J.

Fox, Justin: *The Myth of the Rational Market. A History of Risk, Reward, and Delusion on Wall Street*, New York 2009.

Franklin, Benjamin: "Advice to a Young Tradesman. Written from an Old One(12 July 1748)", *The Autobiography and Other Writings on Politics, Economics, and Virtue*, hg. v. A. Houston, Cambridge/MA u.a. 2004, 200~202.

________: "Guter Rat an einen jungen Handwerker", *Nachgelassene Schriften und Correspondenz*, Bd. 5, übers. von Gottlob Heinrich Adolf Wagner, Weimar 1819, 72~73.

Friedman, Milton: *Essays in Positive Economics*, Chicago u.a. 1966.

________: "The Need for Futures Markets in Currencies", *The Futures Market in Foreign Currencies. Papers by Milton Friedman [and others] Prepared for the International Monetary Market of the Chicago Mercantile Exchange*, Chicago 1972, 6~12.

________: *Capitalism and Freedom*, Chicago $^2$1982.

________: "The Economics of Free Speech", *The Essence of Friedman*, hg. v. K.K. Leube, Stanford 1987, 9~17.

________: "The Methodology of Positive Economics", *The Essence of Friedman*, hg. v. K.K. Leube, Stanford 1987, 153~186.

________: "Should There Be an Independent Monetary Authority?", *The Essence of Friedman*, hg. v. K.K. Leube, Stanford 1987, 428~445.

Friedman, Milton/Roosa, Robert V.: *The Balance of Payments: Free Versus Fixed Exchange Rates*, Washington 1967.

Fukuyama, Francis: *Das Ende der Geschichte. Wo stehen wir?*, München 1992.

Galiani, Ferdinando: *De la monnaie*(1751), hg. v. G.-H. Bousquet u. J. Crisafulli, Paris 1955.

________: *Dialogues sur le commerce des bleds*, London 1770.

Galsworthy, John: *Die Forsyte-Sage*, Bd. 2: *In den Schlingen des Gesetzes*, Leipzig u.a. 1985.

Gehlen, Arnold: "Ende der Geschichte?", *Einblicke*, Frankfurt/M. 1975, 115~133.

Gentz, Friedrich: "Über die Österreichische Bank", *Schriften*, Bd. 3/2, hg. v. G. Schlesier, Mannheim 1839, 283~299.

Glassman, James/Hassett, Kevin: *Dow 36,000*, New York 2000.

Gleick, James: *Chaos. Making a New Science*, London 1987.

Goede, Marieke de: *Virtue, Fortune, and Faith. A Genealogy of Finance*, Minneapolis u.a. 2005.

Goethe, Johann Wolfgang von: *Wilhelm Meisters Lehrjahre*, in: *Werke*, Bd. 7, hg. v. E. Trunz, München [13]1981.

Hafner, Wolfgang: "Ein vergessener genialer Wurf zur Bewertung von Optionen. Vinzenz Bronzin nahm die nobelpreiswürdige BlackScholes-Formel vorweg", *NZZ*, 8.10.2005, "Fokus der Wissenschaft".

Harvey, David: *The Condition of Postmodernity. An Enquiry into the Origins of Cultural Change*, Oxford 1989.

________: *A Brief History of Neoliberalism*, Oxford 2005.

Hayek, Friedrich August von: "Economics and Knowledge", *Economica*, New Series 4/13, Februar 1934, 33~54.

________: *The Trend of Economic Thinking. Essays an Political Economists and Economic History*, hg. v. W.W. Bartley III u. Stephen Kresge(*Collected Works of F.A. Hayek*, Bd. 3), Indianapolis 1991.

________: *Der Wettbewerb als Entdeckungsverfahren*, Kieler Vorträge gehalten am Institut für Weltwirtschaft an der Universität Kiel, *Neue Folge* 56, Kiel 1968.

Hicks, John: *Critical Essays in Monetary Theory*, Oxford 1967.

Heffernan, Nick: "'Money Is Talking to Itself': Finance Capitalism in the Fiction of Don DeLillo from *Players to Cosmopolis*", *Critical Engagements: A Journal of Theory and Criticism* 1/2, 2007, 53~78.

Hegel, Georg Wilhelm Friedrich : *Differenz des Fichteschen und Schellingschen Systems der Philosophie*, in: *Werke*, Bd. 2, hg. v. E. Maidenhauer und K.M. Michel, Frankfurt/M. 1986, 7~138.

________: *Vorlesungen über Ästhetik III*, in: *Werke*, Bd. 15, Frankfurt/M. 1970.

Heidenreich, Ralf/Heidenreich, Stefan: *Mehr Geld*, Berlin 2008.

Helvetius, Claude Adrien: *De l'esprit*, Paris 1758.

Henochsberg, Michael: *La Place du Marché. Essai*, Paris 2001.

Hilferding, Rudolf: *Das Finanzkapital. Eine Studie über die jüngste Entwicklung des Kapitalismus*,

Berlin ²1955.

Hirschman, Albert O.: *Leidenschaften und Interessen. Politische Begründungen des Kapitalismus vor seinem Sieg*, Frankfurt/M. 1980.

Hobbes, Thomas: *Vom Menschen. Vom Bürger. Elemente der Philosophie II/III*, hg. v. Günther Gawlick, Hamburg ²1967.

Houtman-De Smendt, Helma/Wee, Hermann van der: "Die Geschichte des modernen Geld- und Finanzwesens Europas in der Neuzeit", *Europäische Bankengeschichte*, hg. v. Hans Pohl, Frankfurt/M. 1993, 156~163.

Hume, David: *Nationalökonomische Abhandlungen*, Leipzig 1877.

Hutter, Michael: *The Emergence of Bank Notes in the 17th Century*(Typoskript).

Iselin, Isaak: *Versuch über gesellige Ordnung*, Basel 1772.

D'Ivernois, François: *Geschichte der französischen Finanzadministration im Jahr 1796*, übers. und bis Ende April 1797 fortgeführt v. F. Gentz, Berlin 1797.

Jaeger, Burkhard: *Humankapital und Unternehmenskultur. Ordnungspolitik für Unternehmen*, Wiesbaden 2004.

Jameson, Fredric: "Culture and Finance Capital", *Critical Inquiry* 24/1, 1997, 246~265.

Johansen, Robert/Swigart, Rob: *Upsizing the Individual in the Downsized Organization. Managing in the Wake of Reengineering, Globalization, and Overwhelming Technological Change*, Reding/Mass. u.a. 1994.

Kant, Immanuel: *Anthropologie in pragmatischer Hinsicht*, in: *Werke*, hg. v. Wilhelm Weischedel, Wiesbaden 1964ff., Bd. 6.

________: "Idee zu einer allgemeinen Geschichte in weltbürgerlicher Absicht", *Werke*, hg. v. W. Weischedel, Wiesbaden 1964ff., Bd. 6, 31~50.

________: *Kritik der Urteilskraft*, in: *Werke*, hg. v. W. Weischedel, Wiesbaden 1964ff, Bd. 5.

________: *Der Streit der Fakultäten*, in: *Werke*, hg. v. W. Weischedel, Wiesbaden 1964ff., Bd. 6, 265~393.

________: "Über das Misslingen aller philosophischen Versuche in der Theodizee", *Werke*, hg. v. W. Weischedel, Wiesbaden 1964ff., Bd. 6, 103~124.

________: "Zum ewigen Frieden", *Werke*, hg. v. W. Weischedel, Wiesbaden 1964ff., Bd. 6, 191~251.

Kelsey, David: "The Economics of Chaos or the Chaos of Economics", *Oxford Economic Papers*, New Series 40/1, März 1988, 1~31.

Keynes, John Maynard: *A Treatise on Probability*, London 1921.

________: *Allgemeine Theorie der Beschäftigung, des Zinses und des Geldes*, Berlin ⁶1983.

Knorringa, H.: *Emporos. Data on Trade and Trader in Greek Literature from Homer to Aristotle*, Paris u.a. 1926.

Korani, János: *Anti-Equilibrium. On Economic Systems Theory and the Tasks of Research*, Amsterdam u.a. 1971.

Koslowski, Peter: "Haus und Geld. Zur aristotelischen Unterscheidung von Politik, Ökonomik und Chrematistik", *Philosophisches Jahrbuch* 86, 1979, 60~83.

Krippner, Greta: *The Fictitious Economy: Financialization, the State, and Contemporary Capitalism*, Diss. Madison 2003.

Krugman, Paul: *The Accidental Theorist*, New York 1998.

________: "How Did Economists Get It So Wrong", *New York Times*, 2.9.2009, http://www.nytimes.com/2009/09/06/magazine/06Economic-t.html (Zugriff: 25.11.2010).

Kurtzman, Joel: *The Death of Money. How the Electronic Economy Has Destabilized the World's Markets and Created Financial Chaos*, New York 1993.

Kurz, Mordecai: E*ndogenous Uncertainty and Rational Belief Equilibrium: A Unified Theory of Market Volatility, Stanford University*, 14. Juli 1999(http://www.stanford.edu/~mordecai/OnLinePdf/13.UnifiedView_1999.pdf).

Langenohl, Andreas: *Finanzmarkt und Temporalität. Imaginäre Zeit und kulturelle Repräsentation der Gesellschaft*, Stuttgart 2007.

________: "Die Sinndimension der Markt-Zeit. Zum Verhältnis zwischen der Operationsweise von Finanzmärkten und ihren (Selbst-)Darstellungen", Langenohl, Andreas/Schmidt-Beck, Kerstin (Hg.): *Die Markt-Zeit in der Finanzwirtschaft. Soziale, kulturelle und ökonomische Dimensionen*, Marburg 2007, 7~36.

Latour, Bruno/Lepinay, Vincent: *Die Ökonomie als Wissenschaft der leidenschaftlichen Interessen*, Frankfurt/M. 2010.

Lavoisier, Antoine Laurent de: *Réflexions sur les Assignats et sur la Iiquidation de la dette exigible ou arrièrée*, o.O. o.J.

Legendre, Pierre: *Le désir politique de dieu. Etude sur les montages de l'État et du Droit, Leçons VII*, Paris 1988.

LeGoff, Jacques: *Wucherzins und Höllenqualen. Ökonomie und Religion im Mittelalter*, Stuttgart 1988.

Lewinsohn, R./Pick, F.: *La bourse. Les diverses formes de la spéculation dans les grandes bourses mondiales*, Paris 1938.

LiPuma, Edward/Lee, Benjamin: *Financial Derivatives and the Globalization of Risk*, Durharn u.a. 2004.

Luhmann, Niklas: *Die Wirtschaft der Gesellschaft*, Frankfurt/M. 1994.

MacKay, Charles: *Extraordinary Popular Delusions, and the Madness of Crowds*(1841/1852), New York 1980.

MacKenzie, Donald: *An Engine, Not a Camera. How Financial Models Shape Markets*, Cambridge/MA u.a. 2006.

Malkiel, Burton G.: *A Random Walk Down Wall Street*, New York 2003.

Mandelbrot, Benoit: "Paretian Distribution and Income Maximization", *Quarterly Journal of Economics* 76, Februar 1962, 57~85.

________: "Statistical Methodology for Non-periodie Cycles", *Annals of Economic and Social Measurement* 1, Juli 1972, 259~290.

________: "The Variation of Certain Speculative Prices", *The Journal of Business* 36/4, Oktober 1963, 394~290.

________: "The Variation of Some Other Speculative Prices", *Journal of Business* 40/4, Januar 1967, 393~413.

Mandelbrot, Benoit B./Hudson, Richard L.: *Fraktale und Finanzen. Märkte zwischen Risiko, Rendite und Ruin*, München $^{3}$2009.

Mandeville, Bernard: *Die Bienenfabel oder Private Laster, öffentliche Vorteile*, Frankfurt/M. 1980.

Marazzi, Christian: *Capital and Language. From the New Economy to the War Economy*, Cambridge/MA 2008.

Martin, Randy: "The Twin Towers of Financialization: Entanglements of Political and Cultural Economies", *The Global South* 3/1, Frühjahr 2009, 108~125.

Marx, Karl: *Das Kapital*, Bd. 1, in: *MEW*, Berlin 1956ff., Bd. 23.

________: *Das Kapital*, Bd. 3, in: *MEW*, Berlin 1956ff., Bd. 25.

Marx, Karl/Engels, Friedrich: *Manifest der Kommunistischen Partei*, in: *MEW*, Berlin l956ff., Bd. 4, 458~493.

Matala de Mazza, Ethel: *Der verfasste Körper. Zum Projekt einer organischen Gemeinschaft in der Politischen Romantik*, Freiburg i.Br. 1999.

McCullogh, James R.: *The Principles of Political Economy*, Edinburgh 1825.

Merton, Robert C.: *Theory of Rational Option Pricing*, Cambridge/MA 1971.

________: *Continuous-Time Finance*, Cambridge/MA 1990.

________: "Application of Option-Pricing Theory: Twenty-Five Years Later", *American Economic Review* 88/3, Juni 1 998, 323~349.

Mill, John Stuart: *Grundsätze der politischen Ökonomie*, Bd. 2, Jena 1921.

Miller, Merton H.: *Merton Miller on Derivatives*, New York 1997.

Minsky, Hyman P.: *Financial Instability Revisited: The Economics of Disaster. Prepared for the Steering Committee for the Fundamental Reappraisal of the Discount Mechanism appointed by the Board of Governors of the Federal Reserve System*, Washington 1970.

________: *The Financial Instability Hypothesis. A Restatement*, London 1978.

________: "The Financial Instability Hypothesis: Capitalist Process and the Behaviour of the Economy", Charles P. Kindleberger/Jean-Pierre Lafargue (Hg.): *Financial Crises. Theory, History, and Policy*, Cambridge/MA u.a. 1982, 13~39.

________: *Stabilizing an Unstable Economy*, New Haven u.a. 1986.

________: *John Maynard Keynes. Finanzierungsprozess, Investition und Instabilität des Kapitalismus*, Marburg 1990.

Mirowski, Philip: *More Heat than Light. Economics as Social Physics. Physics as Nature's Economics*, Cambridge/MA u.a. 1989.

________: "The Rise and Fall of the Concept of Equilibrium in Economic Analysis", *Recherehes Economiques de Louvain* 55/4, 1989, 447~470.

________: "From Mandelbrot to Chaos in Economic Theory", *Southern Economic Journal* 57/2, Oktober 1990, 289~307.

________: *Machine Dreams. Economics Becomes a Cyborg Science*, Cambridge/MA u.a. 2002.

Mises, Ludwig van: *Human Action. A Treatise on Economics*, New Haven 1949.

Montesquieu, Charles-Louis de: *Vom Geist der Gesetze*, Bd. 2, hg. v. Ernst Forthoff, Tübingen ²1992.

Morini-Comby, Jean: *Les Assignats. Revolution et inflation*, Paris 1925.

Müller, Adam: *Versuche einer neuen Theorie des Geldes mit besonderer Rücksicht auf Großbritannien*, Leipzig u. Altenberg 1816.

________: "Londoner Bank", *Allgemeine deutsche Realenzyklopädie für die gebildeten Stände* (Conversations-Lexikon), Bd. 6, Leipzig ⁷1827, 656~661.

________: *Elemente der Staatskunst*, Bd. 1 & 2, hg. v. J. Baxa, Leipzig 1922.

________: "Zeitgemäße Betrachtungen über den Geldumlauf" (1816), *Ausgewählte Abhandlungen*, hg. v. J. Baxa, Jena 1931, 50~60.

Munk, Karl: *Zur Geschichte und Theorie der Banknote mit besonderer Rücksicht auf die Lehren der klassischen Nationalökonomie*, Bern 1896.

Murphy, John J.: *Intermarket Technical Analysis. Trading Strategies for the Global Stock, Bond, Commodity, and Currency Markets*, New York u.a. 1991.

Nagler, Friedrich: *Timing-Probleme am Aktienmarkt. Ein Vergleich von Strategien der Random Walk Hypothese, der Formelanlageplanung und der technischen Analyse*, Köln 1979.

Neves, João César das: "Aquinas and Aristotle's Distinction of Wealth", *History of Political Economy* 32/3, 2000, 650~657.

Newman, W.L.: *The Politics of Aristotle*, Bd. 1: *Introduction to the Politics*, Salem/NH 1887 (Reprint: Salem/NH 1985).

Niethammer, Lutz: *Posthistoire. Ist die Geschichte zu Ende?*, Reinbek 1989.

Niehans, Jürg: *A History of Economic Theory. Classic Contributions. 1729~1980*, Baltimore u.a. 1990.

North, Micheal (Hg.): *Kredit im spätmittelalterlichen und frühneuzeitlichen Europa*, Köln u.a. 1991.

Northrop, F.S.C. : "The Impossibility of a Theoretical Science of Economic Dynamics", *The Quarterly Journal of Economics* 56/1, November 1941, 1~17.

Orlean, André: *Le pouvoir de la finance*, Paris 1999.

________: *De l'euphorie à la panique: Penser la crise financière*, Paris 2009.

Osborne, M.F.: *The Stock Market and Finance from a Physicist's Viewpoint*, Bd. 1: *Market Making and Random Walks in Security Data*, Temple Hills/Madison 1977.

Parsons, Talcott: *Zur Theorie der sozialen Interaktionsmedien*, hg. v. S. Jensen, Opladen 1980.

Pellegrin, Pierre: "Monnaie et Chrématistique. Remarques sur le mouvement et le contenu de deux textes d'Aristote à l'occasion d'un Iivre récent", *Revue Philosophique de la France et de l'étranger*, 1982/4, 631~644.

Perrot, Jean-Claude: *Une histoire intellectuelle de l'économie politique(XVIIe~XVIIIe siècles)*, Paris 1992.

Petersen, Per Serritslev: "Don DeLillo's Cosmopolis and the Dialectics of Complexity and Simplicity in Postmodern American Philosophy and Culture", *American Studies in Scandinavia* 37/2, 2005, 70~84.

Petty, William: *The Economic Writings*, Bd. 2, Cambridge/MA 1899.

Pies, Ingo/Leschke, Martin (Hg.): *Beckers ökonomischer Imperialismus*, Tübingen 1998.

Pinto, Isaak: *Traité des fonds de commerce, ou jeu d'actions*, London ²1772.

Pirenne, Henri: *Sozial- und Wirtschaftsgeschichte Europas im Mittelalter*, Bern 1947.

________: *Les Viiles au Moyen Âge. Essai d'histoire économique et sociale*, Paris 1992.

Platon: *Nomoi*, in: *Sämtliche Werke*, hg. v. Ursula Wolf, Bd. 4, Reinbek 1994.

________: *Politeia*, in: *Sämtliche Werke*, hg. v. Ursula Wolf, Bd. 2, Reinbek 1994.

Polanyi, Karl: *The Great Transformation. Politische und ökonomische Ursprünge von Gesellschaften und Wirtschaftssystemen*, Frankfurt/M. 1978.

________: Ökonomie und Gesellschaft, Frankfurt/M. 1979.

Pongratz, Hans J./Voß, G. Günter: "Der Arbeitskraftunternehmer. Eine neue Grundform der Ware Arbeit?", *Kölner Zeitschrift für Soziologie und Sozialpsychologie* 50, 1998, 131~158.

Pribram, Karl: *Geschichte des ökonomischen Denkens*, Frankfurt/M. 1992.

Prigogine, Ilya: *From Being to Becoming. Time and Complexity in the Physical Sciences*, San Francisco 1980.

Prigogine, Ilya/Stengers, Isabelle: *Order out of Chaos. Man's New Dialogue with Nature*, Toronto u.a. 1984.

Proudhon, Pierre-Joseph: *Manuel du spéculateur à la Bourse*, Paris [3]1857.

Pufendorf, Samuel: *Die Gemeinschaftspflichten des Naturrechts. Ausgewählte Stücke aus "De officio Hominis et Civis"*(1673), Frankfurt/M. 1943.

Redish, Angela: "Anchors Aweigh: The Transition from Commodity Money to Fiat Money in Western Economies", *The Canadian Journal of Economics* 26/4, November 1993, 777~795.

Reichert, Ramón: *Das Wissen der Börse. Medien und Praktiken des Finanzmarktes*, Bielefeld 2009.

Reitemeier, Johann Friedrich: *Neues System des Papiergeldes und des Geldwesens beim Gebrauch des Papiergeldes in zwey Abhandlungen*, Kiel 1814.

Riboud, Michelle: *Accumulation du capital humaine*, Paris 1978.

Ricardo, David: *Die Grundsätze der politischen Ökonomie oder der Staatswirtschaft und der Besteuerung*, Weimar 1821.

Rifkin, Jeremy: *Access. Das Verschwinden des Eigentums. Warum wir weniger besitzen und mehr ausgeben werden*, Frankfurt/M. u.a. 2000.

Rist, Charles: *Geschichte der Geld- und Kredittheorien von John Law bis heute*, Bern 1947.

Rosanvallon, Pierre: *Le libéralisme économique. Histoire de l'idée de marché*, Paris 1989.

Rose, Nikolas: "Tod des Sozialen? Eine Neubestimmung der Grenzen des Regierens", Ulrich Bröckling/Susanne Krasmann/Thomas Lemke (Hg.): *Gouvernementalität der Gegenwart. Studien zur Ökonomisierung des Sozialen*, Frankfurt/M. 2000, 75~109.

Rotman, Brian: *Die Null und das Nichts. Eine Semiotik des Nullpunkts*, Berlin 2000.

Sambucus, Joannes: *Emblemata et aliquot nummi operis*, Antwerpen 1566(Nachdruck Hildesheim u.a. 2002).

Samuelsen, Paul A.: "Proof That Properly Anticipated Prices Fluctuate Randomly"(1965), *Collected Papers of Paul A. Samuelson*, Bd. 3, Cambridge/MA u.a. 1972, 782~790.

Sapir, Jacques: *Les trous noirs de la science économique. Essay sur l'impossibilité de penser le temps et l'argent*, Paris 2000.

Schneider, Manfred: *Das Attentat. Kritik der paranoischen Vernunft*, Berlin 2010.

Schuhmann-Bacia, Eva: *Die Bank von England und ihr Architekt John Soane*, Zürich 1989.

Schultz, Theodore W.: *In Menschen investieren. Die Ökonomik der Bevölkerungsqualität*, Tübingen 1986.

Schumpeter, Joseph Alois: *Kapitalismus, Sozialismus und Demokratie*, Tübingen $^{6}$1950.

________: *Geschichte der ökonomischen Analyse*, Göttingen 1965.

Sen, Amartya: "Rational Fools: A Critique of the Behavioral Foundations of Economic Theory", Tracy B. Strong (Hg.): *The Self and the Political Order*, New York 1992, 120~142.

Sennett, Richard: *Der flexible Mensch. Die Kultur des neuen Kapitalismus*, Berlin 1998.

Shackle, George L.S.: "The Science of Imprecision", *Epistemics & Economics. A Critique of Economic Doctrines*, Cambridge/MA 1972, 359~363.

Shakespeare, William: *Der Kaufmann von Venedig*, in: *Gesamtwerk*, Bd. 2, hg. v. L.L. Schücking, Augsburg 1995.

Shen, Ping: "Empirical and Theoretical Evidence of Economic Chaos", *System Dynamics Review* 4/1-2, 1988, 81~108.

Shiller, Robert J.: *The New Financial Order. Risk in the 21st Century*, Princeton 2003.

________: *Irrational Exuberance*, Princeton $^{2}$2005.

Shin, Hyun Song: *Risk and Liquidity*, Oxford u.a. 2010.

Skidelsky, Robert: *Keynes. The Return of the Master*, New York 2009.

Sloterdijk, Peter: *Im Weltinnenraum des Kapitals. Für eine philosophische Theorie der Globalisierung*, Frankfurt/M. 2005.

Smith, Adam: *Der Wohlstand der Nationen. Eine Untersuchung seiner Ursachen und seiner Natur*, hg. v. H.C. Recktenwald, München 1978.

________: *Theorie der ethischen Gefühle*, hg. v. W. Eckstein, Hamburg 1994.

Soden, Julius Graf von: *Die Nazional-Oekonomie. Ein philosophischer Versuch, über die Quellen des Nazional-Reichthums, und über die Mittel zu dessen Beförderung*, Bd. 3, Leipzig 1808.

Soros, George: *Die Krise des globalen Kapitalismus. Offene Gesellschaft in Gefahr*, Berlin $^{4}$1999.

________: *Open Society. Reforming Global Capitalism*, New York 2000.

Stäheli, Urs: Spektakuläre Spekulation. Das Populäre der Ökonomie, Frankfurt/M. 2007.

Strobl, Thomas: *Minsky'sche Momente*, Januar 2008(http://www.weissgarnix.de/2008/01/01/minsky/).

Taleb, Nassim Nicholas: *The Black Swan. The Impact of the Highly Improbable*, New York 2007.

________: *Narren des Zufalls. Die verborgene Rolle des Glücks an den Finanzmärkten und im Rest des Lebens*, Weinheim 2008.

Tanner, Jakob: "'Kultur' in den Wirtschaftswissenschaften und kulturwissenschaftliche Interpretationen ökonomischen Handelns", *Handbuch der Kulturwissenschaften. Themen und*

*Tendenzen*, Bd. 3, hg. v. F. Jaeger u. J. Rüsen, Stuttgart u.a. 2004, 105~224.

Tarde, Gabriel: *Psychologie économique*, Bd. 1, Paris 1902.

Thornton, Henry: *Der Papier-Credit von Großbritannien. Nach seinen Wirkungen untersucht*, Halle 1803.

Tilly, Richard: *Geld und Kredit in der Wirtschaftsgeschichte*, Stuttgart 2003.

Turgot, Anne-Robert Jacques: "Réflexions sur la formation et la distribution des richesses", Écrits économiques, Paris 1970, 121~188.

Varsava, Jerry A.: "The Saturated Self: Don DeLillo on the Problem of Rogue-Capitalisrn", *Contemporary Literature* 46/1, 2005, 78~107.

Vega, Joseph de la: *Die Verwirrung der Verwirrungen*(1688), hg. v. Otto Pringsheim, Breslau 1919.

Vernon, John: *Money and Fiction. Literary Realism in the Nineteenth and Early Twentieth Century*, Ithaca u. London 1984.

Vogl, Joseph: "Kreisläufe", Anja Lauper (Hg.), *Transfusionen. Blutbilder und Biopolitik in der Neuzeit*, Berlin u.a. 2005, 99~118.

________: *Kalkül und Leidenschaft. Poetik des ökonomischen Menschen*, Zürich, Berlin $^{3}$2009.

Wales, Stephan L.: "Potency", *Fortunatus*, in: *The German Quarterly* 59, 1986, 5~18.

Walras, Leon: Éléments d'économie politique pure ou Théorie de la richesse sociale, Paris u.a. 1900.

Weber, Max: *Börsenwesen. Schriften und Reden 1893~1898*, hg. v. Knut Borchardt, in: *Gesamtausgabe*, Abt. I, Bd. 5/1, hg. v. Horst Baier u.a., Tübingen 1999.

Weber, Samuel: *Geld ist Zeit. Gedanken zu Kredit und Krise*, Zürich, Berlin 2009.

Weissenfeld, Horst und Stefan: *Im Rausch der Spekulation. Geschichten von Spiel und Spekulation aus vier Jahrhunderten*, Rosenheim 1999.

Will, Georg Andreas: *Versuch über die Physiokratie*, Nürnberg 1782.

Wise, M. Norton: "Work and Waste. Political Economy and Natural Philosophy in Nineteenth Century Britain", *History of Science* 27, 1989, 263~301, 391~449.

Worden, Skip: "Aristotle's Natural Wealth: The Role of Limitation in Thwarting Misordered Concupiscence", *Journal of Business Ethics* 84, 2009, 209~219.

# 도판 목록

# 옮긴이 해제

## 1. 자본의 유령, 그 계보의 현재성

옮긴이 해제를 쓰고 있는 바로 이 순간에, 미국의 반복된 자이언트 스텝 단행에 원·달러 환율은 무려 1,443원을 돌파했고 국내 증권시장은 또 다시 폭락장을 경험 중이며, 또 한 번의 금리 인상 걱정에 영끌족들은 피눈물을 흘리고 있다. 부동산 가격마저 하락세로 접어들며, 우리가 부동산 버블 붕괴까지 일본의 뒤를 따를까 봐 다들 전전긍긍 중이다. 게다가 물가는 세계 곳곳에서 하루가 다르게 높아져만 간다. 가계부채율이 워낙에 높으니, 혹여 이 모든 불안 요인이 한꺼번에 작용하는 순간 그 파괴력이 얼마나 클지는 차마 생각하기도 두렵다. 하지만 롤러코스터에도 익숙해지는지 일상에서는 묘한 둔감함 또한 병존한다. 그러니 최근의 몇몇 장면들만이라도 되짚어보자.

장면 1. 2021년 1월, 미국의 게임유통업체 게임스톱Gamestop의 주가가 단 하루 만에 135퍼센트 폭등했다. 레딧Reddit의 주식 커뮤니티에 모여든 개미들 덕분이었다. 탐욕에 찌든 월가 헤지펀드의 공매도 공세에 대항하자는 일종의 혁명 서사 아래 개미들은 '로빈후드' 앱으로 매수세를 결집했고, 게임스톱 주가는 "거친 한 주"Wild Week 동안 등락을 거듭하며 최대 400퍼센트 상승을 기록했다. 헤지펀드 기관들은 엄청난 손해를 보았고, 로빈후드는 해당 주식의 거래를 강제로 중지시켰다. 레딧과 로빈후드에 모인 밈meme 투자자 혹은 자칭 유인원ape들은 각종 온라인 플랫폼에서 "바이럴"을 타는 "컬트적" 투자를 반복하며 기업의 생사에 영향을 미친다.•

장면 2. 비트코인으로 테슬라를 살 수 있다는 일론 머크스의 말 한마디가 암호화폐 시장을 우주로 쏘아 올렸다. 이 발언은 약 12만 회 리트윗되며 실시간 코인 가격을 폭발적으로 끌어올렸고, 이후로도 몇 달 동안 시장의 서사를 지배했다. 같은 해 5월, 이번에는 그가 자기 말을 번복하는 트윗을 올렸고, 코인가는 당일에만 10퍼센트가 하락한다. 이른바 '머스크 효과'는 이렇게 악명을 얻는다. 6월에 그가 "#Bitcoin"••을 깨진 하트 이모티콘, 작별을 나타내는 밈과 함께 트윗하자, 가격은 또다시 -3.6퍼센트를 기록했다.

• Alexander Gladstone, "Cineworld Files for Chapter 11 After Sluggish Ticket Sales", *Wall Street Journal*(2022.9.7.); Alexander Gladstone/Erich Schwartzel, "Inside AMC's Crazy, Bonkers, Upside-Down Year of Apes, Memes and Shorts", *Wall Street Journal*(2021.12.18 12:00AM 최종 수정) 참조.

•• https://twitter.com/elonmusk/status/1400620080090730501

장면 3. 2022년 5월, 한국인 권도형이 개발한 가상화폐인 루나·테라의 가격이 곤두박질쳤다. 약 450억 달러의 시가총액을 증발시킨 이 사태로 암호화폐 시장은 순식간에 거래 규모가 3분의 1로 쪼그라들며 종말론적 혼란에 봉착했다. 수많은 개인과 헤지펀드가 파산에 이르렀다. 그러고도 다시 루나2.0이 그럴듯한 빌미로 시장에 나온다. 그 결과는 물론 참담했다.

이 모든 일들은 『자본의 유령』(2010)의 집필 시점에는 아직 발생하지 않은 사건들이다. 출간 연도에서 짐작할 수 있다시피, 이 책의 직접적인 집필 동인은 2007년 이른바 서브 프라임 모기지 사태를 필두로 닥쳐온 2008년 국제 금융위기이다. 금융인들의 도덕적 해이에 대한 원성과 더불어 당시 많은 이가 금융시장의 메커니즘에 대한 신뢰를 잃었다. 경제학적 모델과 경제의 실제 작동 방식은 너무나도 서로 달랐다. 미국 주식시장의 40년 호황을 타고 시카고학파가 지켜온 경제학의 "지적 건축물", 즉 효율적이며 합리적인 시장이라는 이론이 마침내 붕괴한 것이다.• 이론과는 달리 금융시장은 안정을 지향하는 자동조절 방식으로 작동하지 않았다. 이 책의 지은이 요제프 포글의 말처럼, "21세기 첫 10년의 금융경제적 구성물은 (…) '완전한 실패'로 입증"된•• 셈이다. 그리고 "경제 이론은 모호한 전망으로 모호함 속에서 수행되며, 기껏해야 '부정확한 것의 학문'밖

---

• Justin Fox, *The Myth of the Rational Market*, New York 2009. p. 10.

•• 이 책 『자본의 유령』(김지원·이준서 옮김, 도서출판 길, 2023), 189쪽.

에는 기대할 수 없다는 사실을 자인"•할 수밖에 없었다. 결국, *경제는 경제학적으로 작동하지 않는다*. 『자본의 유령』은 경제와 경제학 사이에 구성되어 온 이 필연적 맹점을 꿰뚫는 방식으로 현대 금융 경제의 역사적 계보와 현황을 재구성하며, 그 아래 기층에서 면면히 작동하고 있는 소인들을 가시화한다. 바로 이러한 근본적인 통찰 덕분에 이 책은 현재의 경제 상황에도 여전히 많은 시사점과 해명을 던져준다. 과연 이 모든 사건들의 그물망이 몇몇 당국자나 금융인들의 순간적인 오판 때문에 야기되었을까? 과연 그것들이 예기치 못한 사고일까? 포글은 그렇지 않다고 답한다.

『자본의 유령』이 출간되고 13년이 지난 지금, 국제 금융시장의 불안정성은 더욱 어지럽게 증폭된 듯이 보인다. 그것도 바로 시장 메커니즘이 역사상 가장 정밀하게 기술화되고, 체계의 자가생산성과 확장성이 가장 고도화된 지점들에서 말이다. 내재가치 없이 순수하게 시장 자체의 작동에만 의지하는 암호화폐와 "모두를 위한 금융의 민주화"를 지향하며 시장 참가자 수를 획기적으로 늘린 로빈후드 앱도 그러한 예 중의 하나이다.•• 그리고 이것들 또한 알고 보면 2008년의 금융위기와 밀접하게 연관되어 있다. 2009~2010년 사토시의 비트코인 개발과 출시의 배경에는 기존 금융 체계를 구조적으로 대체할 수단에 대한 소망도 깃들어 있었으며, 로빈후드 앱 역시 이미 그 이름이 말해주듯이 월가의 기관 투자자를

• 이 책, 189~190쪽.

•• Julia Boorstin, Robinhood's Disruptive Force. The Good, The Bad and The Controversy, *CNBC*(2021.5.21. 최종 업데이트) 참조.

중심으로 돌아가는 금융시장을 민주적으로 개선한다는 모토를 따랐다.

하지만 이러한 개선 시도들마저도 시장에 또 다른 커다란 불안정성과 비합리성, 허구성과 신화를 가져오고 말았다. 금융경제와 경제학이 2008년에 스스로가 만들어낸 괴물과 대면해야만 했다면, 2022년에는 그 괴물과 맞서려던 시도가 다시금 또 다른 새로운 괴물들을 낳았다. 『자본의 유령』이 짚어냈던 "현대 금융경제가 어떻게 자기 자신이 만들어낸 세계를 이해하고자 하는가"•에 대한 문제 제기와 비전에 현재적 요청이 더해진 모양새이다. 우리네 독자들에게 『자본의 유령』이 이에 대한 하나의 응답이 될 수 있었으면 좋겠다.

## 2. 전방위적 위기 전문가 요제프 포글

1957년생인 포글은 뮌헨과 파리에서 독어독문학, 철학, 역사학을 전공하고, 1990년 뮌헨 대학교 독어독문학부에서 카프카에 관한 연구로 박사학위를 받았다. 1999년에는 바이마르 바우하우스 대학교 매체학부 교수로 임용되었고, 2006년부터 베를린 훔볼트 대학교 독어독문학과와 문화학 및 매체학부 교수이자 프린스턴 대학 독일학부의 상임 초빙교수로 재직하고 있다.

포글은 비판이론과 후기구조주의(미셸 푸코, 질 들뢰즈)의 전통을 발전적으로 계승하는 방법론을 기반으로 탁월한 연구 성과를 내며 독일어권을 넘어 세계적으로도 주목받는 학자가 되었다. 주 연구 분야는

---

• 이 책, 9쪽.

18~20세기 근현대 문학사와 지식의 역사 및 이론, 위험과 위험성의 근세사, 담론 이론과 매체 이론 등, 그야말로 전방위적이다. 그는 특히 오랫동안 경제학적 지식의 구성과 금융사에 천착해 왔다. 2002년 『계산과 열정』*Kalkül und Leidenschaft*을 교수 자격 취득 논문Habilitation으로 제출한 후, 2010년부터는 『자본의 유령』을 필두로 하여 2015년 『통치권 효과』*Der Souveränitätseffekt*, 2021년 『자본과 원한』*Kapital und Ressentiment* 등을 차례로 출간했다. 현대 금융자본주의에 대한 이러한 끈질긴 분석과 비판은 2022년 5월 귄터 안더스 상Günther Anders-Preis 수상으로 이어지기도 했다.

『자본의 유령』은 학계만이 아니라 일반 독자들에게도 매우 큰 반향을 일으켰다. 인문학적 관점에서 경제(학)에 물음을 던질 필요성이 이미 오래전부터 대두되었으며 많은 이들에게서 이러한 수요가 증가하고 있었음에도 불구하고, 이 책과 더불어 비로소 이러한 작업에 본격적으로 물꼬가 트인 까닭이다. 출간 직후《프랑크푸르트 알게마인》Frankfurt Allgemein이나《디 차이트》Die Zeit,《쥐트도이체 차이퉁》Süddeutsche Zeitung 등 독일의 주요 신문들에서 호평이 쏟아져 나온 것은 물론이고, 미국과 프랑스, 슬로베니아, 헝가리, 노르웨이 등 서양권뿐만 아니라 중국과 일본에서도 진작에 번역이 이루어지며 포글의 저작 중에 가장 널리 알려진 책으로 자리매김했다.

## 3. 인문학의 탈경계, 또 다른 통섭

경제의 논리는 어느 틈에 우리의 삶 속에 깊숙이 스며들었으며, 이와 더불어 우리의 사고와 생활 방식을 지배하기 시작했다. 이른바 "감정자본주의"(에바 일루즈) 시대에 인간관계는 '투자'의 대상이 되고 이를 누리는 행위는 '노동'이 된다. 자신의 내면생활마저 다른 이의 '관리' 대상으로 '외주'를 준다. 그야말로 "기업 신봉건주의"(슬라보예 지젝)의 폭정 아래 "소진된 자아"(알랭 에랑베르)의 "피로사회"(한병철)다. 이제까지 각 분야의 학자들은 각기 다른 용어와 진단들로 경제가 우리에게 끼치는 영향들을 해명해 왔다. 하지만 다른 한편, 거시적으로도 경제 체계가 다른 체계들보다 우위에 선 지 오래다. 과학적이고 합리적이며 우리의 삶에 '실제로' 영향을 미치는 경제의 논리 앞에서 다른 체계의 가치들은 차후의 고려사항들로 밀려나고 만다. 심지어 다른 체계들에까지 경제의 논리가 앞다투어 이식된다.

그러니 경제의 영역 자체에서 해답을 구할 필요가 있다. 어쩌다 이렇게 되었을까? 언제 어디에서 무엇이 잘못된 것일까?

『자본의 유령』은 경제제도, 그중에서도 금융제도의 발전 과정을 그 근원장면에서부터 현재에 이르기까지 꼼꼼히 되짚으며 감춰진 문제들과 잘못된 바들을 조목조목 따져나간다. 그리고 이러한 잘못된 전개 양상에 근거를 제공했던 경제 이론들의 문제점들 또한 예리하게 파고든다. 그렇다고 독자에게 과부하를 걸지도 않는다. 엄청난 이야기들을 차분하게, 쉽게 풀어 설명해 준다. 테제보다 세목들에 공을 들인다. 그러니 '해제'라는 이름으로 포글의 말을 길게 되풀이하느니, 차라리 그가 경제영역의 '미신'들을 퇴치하기 위해 활용하는 방법론 내지는 서술 전략을 독자에게 제공하는 편이 나을 법하다.

일단 제목에서 시작해 보자. 포글은 경제(이론)에 대한 비판의 포문을 여는 자신의 저서에 왜 '자본의 유령'이라는 제목을 붙였을까? 이 제목은 즉각 마르크스와 엥겔스를 소환한다. 하지만 『공산당 선언』에서 유럽을 떠도는 것은 공산주의의 유령이다. 본문의 첫 장章을 읽다 보면 단서가 발견된다. 포글은 첨단 금융제도를 예리하게 비판한 돈 드릴로의 소설 『코스모폴리스』를 인용한다. "한 유령이 세계를 배회하고 있다 — 자본주의라는 유령이."• 『공산당 선언』의 유명한 구절을 패러디하는 이 인용문은 유령의 정체를 바꿔놓았을 뿐만 아니라 유럽에서 세계로 그 영향권도 넓혀놓는다. 하지만 포글의 책을 차분히 읽어나가다 보면 이 또한 정확한 답이 아니라는 결론에 도달한다. 포글은 『자본의 유령』에서 자본이 허깨비들을, 즉 실체에서 멀어진 존재들을 낳는 과정을 추적한다. 그러므로 자본과 유령은 등치의 관계에 머물지 않는다. 책 제목을 '자본이라는 유령'이 아니라 '자본의 유령'이라고 번역한 까닭도 이 때문이다.

포글이 굳이 '경정론'經正論, Oikodizee이라는 신조어까지 만들어내는 이유 또한 이와 궤를 같이한다. 신정론이 세상의 온갖 불의와 고통에도 불구하고 신은 늘 전능하며 옳다고 주장하기 위해 그랬듯이 경정론은 경제 현실과 당위 사이의 커다란 간극을 메꾼다. 그리고 신정론이 그랬듯이 경정론 역시 모순을 덮어버리고, 있는 것을 없게, 적어도 보이지 않게 만든다. 그리고 바로 이를 통해, 끊임없이 허깨비들이 생겨난다. 바로 이를 통해, 할 수 없는 것을 할 수 있다고 주장하는 이론들은 자신들의 후계자들을 만들어낸다. 그러므로 경정론의 흔적들은 잘못된 지점들을 표시한다.

---

• 이 책, 16쪽.

『자본의 유령』은 이를 탐색해 가며 금융시장의 이 "자가생산적이며 체계유지적인 비이성"•이 어떠한 방식으로 작동하고, 어떻게 진화를 거듭하며 세를 불려나가는지를 계보학적으로 기술한다. 이를 통해 우리는 현대 자본주의의 탄생과 진화 과정을 목도할 뿐만 아니라 기존의 경제(학)적 발전 서사가 어떤 작용 메커니즘을 활용하며 우리를 오도해 왔는지에 눈을 뜨게 된다. 더 나아가 자신의 본원을 문예학과 문화학에 두고 있는 지은이답게 금융 시스템의 작동 원리를 일종의 (허구적) 서사화 과정으로 파악하고, 이 과정을 문예학과 문화학의 전문 개념들을 동원해 다른 관점과 다른 방식으로 보여준다는 데에 이 책의 미덕이 있기도 하다.

이러한 까닭에 경제사나 경제사상사 전문가들이 이 책에 비판적인 태도를 보이고 이때 주로 역사적 정합성을 논거로 삼으리라는 점은 충분히 예상되는 일이다. 예를 들어 빌레펠트 대학 역사학과 교수인 얀-오트마 헤세Jan-Otmar Hesse는 포글의 경제사 서술이 지나치게 거칠다고 지적한다. 지폐가 대중화된 이래 고정환율과 금본위제는 예외에 불과했으며, 1800년 이전의 금속화폐 시절부터도 무역어음의 환율은 유연했기에, 1973년 브레턴우즈 체계의 종말은 포글이 주장하듯 "2,500년에 걸친 화폐사의 예상치 못한 단절"이 아니라는 것이다.•• 그는 포글의 경제학사 서술에도 비판을 가한다. 역사주의 경제학Historische Schule der Nationalökonomie

---

• Tomasz Kurianowicz, "Die Finanzwirtschaft ist eine Geisterbahn", *Frankfurter Allgemeine Zeitung*(2011.1.21.).

•• Jan-Otmar Hesse, "J. Vogl. Das Gespenst des Kapitals". In: H-Soz-u-Kult 22.03.2011 참조.

이나 슘페터의 역동성 이론, 혹은 경제학적 게임 이론 등에서 알 수 있듯이, 경제학 이론이라고 늘 경정론이나 경제 체계의 합리성 구축에만 치우치지는 않았으며 오히려 균형에 대한 신고전학파의 순진한 믿음에 저항해 온 역사가 있다는 것이다. 포글이 경제학과 경제 현실의 괴리를 지적하는 데 몰두하느라 정작 경제학의 현실은 깊이 살피지 못했다는 지적이다.• 뮌헨 연방군 대학 국가·사회학부 교수이자 경제사, 경제사상사 및 기업사 전문가인 로만 쾨스터Roman Köster도 포글이 자신의 결론에 맞는 경제학 이론만을 취사선택하는 방식으로 경제사상사를 서술한다고 비판한다. 19세기 후반부터 독일과 영미권의 경제학사는 이미 실용적 서술을 선호하는 길을 택했고, 균형론이나 질서의 약속 따위는 변경으로 밀려났다는 지적이다.••

역사적 정합성에 대한 비판들은 물론 옳은 바가 있고 의미 있는 작업이며, 독자들도 책을 읽는 과정에서 스스로 면밀하게 검토해 볼 필요가 있다. 하지만 포글이 "19세기 그리고 20세기 대부분에 아예 나타난 적이 없는 경제사상의 계보를 상연"하며 이는 "그저 시카고학파에게 가르침을 받은 통속사로나 여겨질 것"•••이라는 식의 비판은 포글의 독특한 방법론에 대한 이해 부족을 스스로 드러내고 있거나 아니면 사실은 내용이 아니라 그 방법론 자체에 문제 제기를 하려는 의도이기도 하다. 조금 어렵게

---

• 같은 글.

•• Roman Köster, "Das Gespenst des Kapitals. Anmerkung aus dogmenhistorischer Sicht", Hanno Pahl/Jan Sparsam(Hg.), *Wirtschaftswissenschaft als Oikodizee? Diskussionen im Anschluss an Joseph Vogls Gespenst des Kapitals*, Wiesbaden 2013, s.222~237 중 s.229 참조.

••• 같은 글, s.230

말하자면, 『자본의 유령』에 서술된 역사적 사실들을 그 서술 방법과 떼어놓고 읽는 것은 불가능하다. 예컨대 경제학 이론의 취사선택은 단순히 '부정확'하다기보다는 다른 인식관심과 방법론적 틀에서 이루어진 것으로 이해해야 한다.

그러고 보면 『자본의 유령』에 대한 비판은 푸코의 계보학적 작업들에 제기되었던 비판들과 상당히 유사하다. 겉으로 드러내지 않았을 뿐, 실제로 포글은 푸코의 계보학적 서술 전략과 니클라스 루만Niklas Luhmann의 체계이론적 방법론의 틀을 결합한다. 『자본의 유령』은 근대 경제사를 경제의 체계 분화Differenzierung 과정으로서, 다시 말해 사회의 다른 부분으로부터 독립된, 자기목적적이며 자생적인 체계가 되어가는 과정으로서 서술함으로써 체계이론의 전형적인 구조를 띠는 한편으로, 기존의 경제사 서술이 신정론의 서사 전략을 재탕하는 인공적인 구성물이며 그 기층에서 이를 추동하는 힘들이 작용하고 있음을 드러낸다. 포글의 목표는 새로운 경제(학)사를 쓰는 것이 아니라 오히려 이를 해체하고, 이제껏 진실의 위치를 차지하던 것들의 허위성을 폭로하며, 그 과정에서 가려져 있거나 드러나지 않던 맥락들을 가시화하고, 이를 통해 현상의 기저에서 작동하는 힘들이 어떻게 (우연히) 서로 작용하며 일관성을 지향하는 지식/담론으로 부상하는가를 보여주는 일이다. 그는 경제학의 내부자들과 경쟁하고자 하는 것도, 어떤 절대적이고 중립적인 제3의 관점에서부터 경제를 바라보는 것도 아니다. 포글은 경제학의 외부자이자 인문학의 내부자라는 특정한 비대칭적 관점에서의 관찰을 지향한다. 그리고 이는 경제학사 내부자들의 관점과는 필연적으로 그리고 의도적으로 어긋날 수밖에 없다.

이러한 큰 맥락 아래에서 매체학자 포글은 현실과 이론의 역전이 일어나는 지점, 즉 "현실이 이론을 모방"•하게 되는 결정적 요소 중 하나를 기술 발달에서 읽어낸다. 블랙-숄즈 모델의 공식은 이론적으로 유효하기에만 영향력을 지니는 것이 아니다. 그보다 이 공식은, 정보 처리 및 원거리 통신과 융합됨으로써 주식시장의 실제 작동 메커니즘으로 물질화된다는 점에서 힘을 얻는다. "금융수학과 매체기술의 맞물림"••이 금융시장의 자연과학적 질서에 대한 믿음을 실체적으로 공고화하는 것이다. 그렇기에 포글이 경제학사를 파악하는 과정도 이와 같은 기준들에 따라 이루어진다. 경제의 체계적 자생성을 고무하는 한편 기술적으로 물질화되어 온 이론들이 경제학사의 전면에 부각된다.

또한 문예학자 포글은 이 모든 과정에서 끊임없이 서사/허구를 읽어내고, 텍스트 분석의 도구들을 활용하여 그 작동 방식을 밝혀낸다. 경정론의 역사가 곧 합리적 시장원리의 실현 가능성에 대한 이론적/허구적 서술의 역사라면, 이들을 서사로서 파악하여 분석하는 것은 전적으로 문예학자의 일일 수 있다. 포글의 또 다른 주저인 『계산과 열정』이 '경제적 인간의 시학'을 부제로 삼아 지식사의 관점에서 경제학, 정치이론, 인간학, 문학, 미학의 상호작용을 탐구했던 것과 비교해 보면, 『자본의 유령』에서는 문예(학)와 경제(학)의 상관성이 암시적으로만 드러날 뿐, 예컨대 "지

• 이 책, 116쪽.

•• 이 책, 118쪽.

식의 시학", "낭만적 경제" 등으로 본격적으로 주제화되지는 않는다. 그럼에도 2003년에 출간된 드릴로의 소설 『코스모폴리스』의 한 장면으로 시작되는 첫 장章은 이후의 장에서 이루어질 작업을 우선 문학 텍스트를 대상으로 제시해 보여준다. 여기에서 포글은 동시대 문학에서 (호메로스까지 거슬러 올라가는) 오디세이아의 서사와 서술 기법을 읽어내고 경제의 기호학적, 문화학적 함의뿐만 아니라 그 밑바탕에 깔린 신화적 특성들에 도달한다. 이미 여기에서 합리성에 기반한다고 주장되는 경제활동과 이론의 세계가 기실은 신화의 세계임이 드러난다. 이어지는 장들에서도 여러 금융수단들의 활용이 기호 작용에 기대고 있음을 밝혀내고 이로써 그 형태와 작동 방식들에 내포된 자의성을 환기한다.

권터 안더스 상 심사위원들은 2022년 수상자 포글이 전체 저작에 걸쳐서 문예학과 지식학, 철학과 문화학, 매체학, 그리고 무엇보다도 문화비평과 경제 등 학문분과들 사이에 다리를 놓았다고 평가했다.• 독자들이 그의 이 '다리를 놓는 방식'에 주목하며 그의 저작을 읽어주기를 희망해 본다.

## 4. 감사의 말씀

『자본의 유령』을 번역하기 시작한 지도 어느덧 6년이 훌쩍 지났다. 공동번역의 단점들은 거두고 장점들은 살리려다 보니 시간과 공이 많이 들었다. 그리고 이번에도 옮긴이들의 부족함을 메꾸기 위해 많은 분의 도움

• https://www.guenther-anders-gesellschaft.org/anders-preis

을 받았다. 특히 독문, 영문과 번역본 모두를 꼼꼼히 대조하며 교정에 힘써주신 도서출판 길의 천정은 선생님께 감사드린다. 독일어가 가능한 편집자를 찾기 어려운 국내 출판계 사정을 넘어서, 이렇게 정확한 독일어 독해 능력을 지닌 편집자의 도움을 받는 것은 참으로 행운이 아닐 수 없다. 덕분에 번역서 출간 과정에서 평소에는 가장 고단한 구간을 즐겁고도 유익하게 지나갈 수 있었다. 이화여대 철학과 이영현 선생님 덕분에 그리스 고전 철학 계통의 좋은 번역서들을 소개받아 번역에 반영할 수 있었던 것도 큰 도움이 되었다. 늘 종교학에 대한 옮긴이의 무지를 해소해 주시는 기독교학과 안선희 교목님, 프랑스 철학을 이해하는 데 도움을 준 인문학연구원 이찬웅 교수, 경제학을 전공했다는 이유로 몇 년을 옮긴이의 질문 공세에 시달렸던 오랜 친구 김기홍과 UNIST 경영과학부 정근석 교수에게도 이 기회에 감사드린다.

두 공동번역자는 사제지간이기도 하다. 제자를 부려먹거나 선생에게 얹혀 가려는 심보에서 시작한 일이 아닌 이상, 제자를 끌고 가는 것도 선생과 함께 가는 것도 쉽지만은 않은 일이다. 더구나 물리적으로도 멀리 떨어져서 같이 일하는 것은 아무리 전지구가 네트워킹되어 있다고 해도 어려움들을 낳고 답답함을 준다. 그럼에도 각자가 자기가 속한 곳에서 해야 할 일들을 해가면서도 뚜벅뚜벅 여기까지 올 수 있었던 데 대해 옮긴이들은 서로에게 감사한다. 김지원 박사가 학부에서 경제학을, 대학원에서 체계이론을 전공한 것은 이 책의 번역에 큰 도움이 되었다. 그리고 마지막으로, 옮긴이들이 인문학에만 관심이 있지 않게 길러주신 부모님께도 감사드린다.

2010년에 나온 독일어 판을 번역의 텍스트로 삼았으나, 특히 경제 용어 번역에는 영어 번역본인 *The Specter of Capital*•도 이따금 참조하였다. 특이하게도 영역본이 독일어 원서에서 과감하다고 할 정도로 자유롭게 번역되어 있더라는 점도 이참에 알려둔다.

• Joseph Vogl, trans. Joachim Redner/Robert Savage, *The Specter of Kapital*, Stanford CA 2014.